गीगी ज़ारा 2.0

@धोलावीरा टाइम ट्रैप

अनबाउंड स्क्रिप्ट

गीगी ज़ारा 2.0

प्रथम संस्करण : जनवरी, 2026

ISBN : 978-93-47125-38-6

प्रकाशक : **अनबाउंड स्क्रिप्ट**
2/41, अंसारी रोड, दरियागंज, दिल्ली– 110002
वेबसाइट : www.unboundscript.com
ई-मेल : books@unboundscript.com
फोन नं. : 011-35807601

GIGI ZAARA 2.0
Written *by* Pragya Mishra
Illustrated *by* Nisha Rawat

मुद्रक : यश प्रिंटोग्राफ़िक्स, नोएडा, उत्तर प्रदेश

मूल्य : ₹ 299/–

मीमी ज़ारा 2.0

@धोलावीरा टाइम ट्रैप

प्रज्ञा मिश्रा

अनबाउंड स्क्रिप्ट

श्री माताजी **श्री निर्मला देवी जी**

के श्री चरणों में समर्पित

1

भीगता धोलावीरा– एक नई आहट

झर-झर झर-झर, बारिश की बूँदें म्यूजियम के उस कमरे की फाइबर की छत पर टप-टप का शोर ऐसे कर रही थीं जैसे जून के महीने में धोलावीरा में बरस कर सबको अपना महत्व बताना चाह रही हों। मौसम में हल्की-सी ठंडक थी और हवा में कुछ नया होने की आहट।

ज़ारा, पापा, मम्मा, गीगी, VEZA की टेक्निकल टीम और पार्थ– सभी उस कमरे में खड़े धोलावीरा की साइट से मिली एक प्राचीन मोहर को ध्यान से देख रहे थे, जैसे उस पर बने यूनिकॉर्न के रहस्य को जानना चाह रहे हों।

तभी ज़ारा ने पलक झपकाई... फिर से देखा... और चौंक गई! यूनिकॉर्न ने जैसे सिर उठाया– उसकी आँखें ज़ारा से मिलीं और उसने आँख मारी!

“क्या मैंने सच में ये देखा?” ज़ारा ने हलके झटके से सिर घुमाया और बाक़ियों को देखा। सब तो शांत खड़े थे, जैसे कुछ हुआ ही नहीं।

“पापा तो कल मेरे 16वें बर्थडे पर VEZA के नए VR और AI प्रोजेक्ट का लॉन्च कर रहे हैं, तो आज से इसने काम करना कैसे शुरू कर दिया?”

ज़ारा की साँसें तेज़ चलने लगीं।

“क्या मैं फिर से किसी रोमांच में उतरने वाली हूँ?”

“ज़ारा चलो... कितनी देर इस मोहर पर बने यूनिकॉर्न को देखती रहोगी?”

पापा की आवाज़ से ज़ारा अपने विचारों की उधेड़-बुन से बाहर निकली।

“लगता है ज़ारा को येल और पिंकी याद आ गए। तभी मेरी गुड़िया फिर सपनों में उड़ने लगी।”

मम्मा हँसते हुए बोलीं।

ज़ारा थोड़ा झेंपी... गीगी की ओर देखा... फिर नज़रें चुरा लीं। क्योंकि गीगी अक्सर बिना कहे सब कुछ समझ जाती थी।

ज़ारा ने धीरे-धीरे आगे बढ़ते हुए अपनी पैंट की पॉकेट से मोबाइल निकाला और कॉल लॉग व व्हाट्सऐप को स्क्रॉल

करने लगी। उंगलियाँ स्क्रीन पर चल रही थीं लेकिन दिल कहीं और अटका था। कुछ पल बाद उसने एक ठंडी आह भरी... और चुपचाप फ़ोन को वापस जेब में रख लिया।

ये क्या हो गया था ज़ारा को?

क्या ये वही बेफिक्र, हवा से बातें करने वाली, हँसने-खिलखिलाने वाली, दौड़ने-कूदने वाली ज़ारा थी?

किसके मेसेज या कॉल का इंतज़ार था उसे?

क्यों वो इन दिनों इतनी खोई-खोई सी रहती थी?

कौन-सा अधूरापन उसके भीतर हलचल मचाए रहता था?

तभी अचानक ज़ारा को लगा जैसे किसी ने पीछे से धीरे से पुकारा हो। उसने झट से पलटकर देखा पर पीछे तो सब अपने-अपने में व्यस्त थे।

पार्थ अब भी मोहर की टेक्सचर और इमेज स्कैन कर रहा था, पापा VEZA की टीम को टेक्निकल ब्रीफिंग दे रहे थे।

मम्मा, हल्की ठंडक में चाय की तलब के साथ, मोबाइल से फोटो खींचने में लगी थीं।

और उस मोहर पर बना यूनिकॉर्न– अब बस एक ठंडी, चुप और पुरानी आकृति जैसा ही लग रहा था।

ज़ारा ने धीमी-सी बुदबुदाहट में ख़ुद से कहा–

“क्या वाकई मैंने देखा… ? उसकी आँखें… उसका सिर उठाना… और वो हल्की-सी आँख मारना… ?”

फिर एक लंबी साँस लेते हुए मन ही मन बोली– “ये क्या हो गया है मुझे आजकल! वीर के अमेरिका चले जाने से आया ये खालीपन और उदासी मुझ पर इतना हावी हो गया है कि मुझे दिन-दहाड़े भ्रम होने लगे हैं!!!”

“नहीं ज़ारा, तुम अब छोटी नहीं रहीं। अब कोई बचपना नहीं… तुम्हें वीर के बिना रहने की आदत डालनी होगी। वो भी तो तुम्हें याद नहीं करता… ना कोई मेसेज… ना कोई फ़ोन… फिर तुम इतनी परेशान क्यों हो?”

ज़ारा के मन में सवालों का तूफ़ान उठ खड़ा हुआ।

गीगी पास ही खड़ी थी। ज़ारा जानती थी– उनसे कुछ भी छुपाना नामुमकिन था। वो अक्सर बिना कहे सब समझ जाती थी।

तभी ज़ारा को अपने कंधों पर गीगी के नर्म, प्यारे भरे हाथों का एहसास हुआ, और उनसे आँखें मिलते ही, ज़ारा को ऐसा लगा जैसे गीगी ने उसका मन पढ़ लिया हो।

“सब ठीक हो जाएगा ज़ारा! डोंट वरी…”

गीगी की आवाज़ में वही जानी-पहचानी नर्मी थी।

गीगी के ऐसा कहते ही ज़ारा थोड़ी झेंपी, फिर बोली, “मैं ठीक हूँ गीगी… ऑल इज़ वेल”

पर मन में अब भी गूँज रहा था– "पर मैंने देखा, ये कोई भ्रम नहीं था! क्या ये कोई संकेत था? क्या फिर से कोई रोमांच शुरू होने वाला है...?"

ज़ारा का दिल अब ज़ोर-ज़ोर से धड़क रहा था।

तभी पापा ने ज़ोर से ताली बजाई और सबका ध्यान खींचा– "चलो-चलो सब लोग! आज के लिए इतना ही काफ़ी है। कल का दिन बहुत महत्वपूर्ण है– एक तो मेरी ब्रेव एंजल का बर्थडे है, और दूसरा VEZA के नए VR और AI प्रोजेक्ट का लॉन्च! इसलिए, एवरीवन हैज़ टू बी टाइट एंड राइट... फॉर टुमारो !"

अंधेरा घिर चुका था और धोलावीरा की बारिश अब धीमी पड़ गई थी।

ज़ारा चुपचाप अपनी कार में गेस्ट हाउस लौट रही थी। बारिश की बूँदें खिड़की पर गिरकर धीरे-धीरे फिसलती जा रही थीं, और ज़ारा उँगली से उन्हें ट्रेस करती जा रही थी– मानो हर बूँद के पीछे कुछ सोचती जा रही हो। उसके मन में अब भी वह यूनिकॉर्न की आँख मारने वाली झलक घूम रही थी। साथ ही, VEZA के कल होने वाले लॉन्च को लेकर एक उत्साह भी था, लेकिन अब उस उत्साह में एक अनजानी-सी बेचैनी भी घुल गई थी।

VEZA– यानी वीर (Veer) और ज़ारा (Zara) के नाम के पहले दो अक्षर से मिलकर बना एक IT फर्म का नाम, जिसे उसके पापा और वीर के पापा ने मिलकर शुरू किया था।

यह उनकी बचपन की दोस्ती का ही परिणाम था कि आज उनकी इस कंपनी ने भारत और विदेश में अपने झंडे गाढ़े हुए थे। ड्रोन तकनीक से लेकर ऐतिहासिक स्थलों के लिए ऑडियो गाइड बनाने तक, VEZA ने कई बड़ी सफलताएँ हासिल की थीं।

अब इसके साथ कई सरकारी अनुसंधान, संस्थानों के इंजीनियर और वैज्ञानिक भी काम कर रहे थे।

इन दिनों उनका सबसे नया और महत्वाकांक्षी प्रोजेक्ट था:

धोलावीरा में AI और VR तकनीकों का प्रयोग कर 4500 साल पुरानी सिंधु घाटी सभ्यता को जीवंत करना।

यह प्रयास इतना अनोखा था कि इसके कारण आने वाले समय में पर्यटक केवल इतिहास को देख ही नहीं, बल्कि उसे जी भी सकते थे।

इस तरह VEZA की पहली टेस्टिंग साइट बनी–
धोलावीरा

यह प्रोजेक्ट ज़ारा के जीवन का हिस्सा सिर्फ़ इसलिए नहीं था कि उसके पापा इस प्रोजेक्ट के कर्णधार थे, बल्कि इसलिए भी कि इसके नाम में उसके सबसे क़रीबी दोस्त वीर का नाम भी जुड़ा हुआ था।

वीर– जो कभी ज़ारा का सबसे अच्छा दोस्त था, जो उसकी हर बात बिना कहे समझ जाता था, और जो कुछ महीने पहले उच्च शिक्षा के लिए मिशिगन, अमेरिका चला गया था।

वीर के जाने के बाद से ही ज़ारा की ज़िंदगी में एक अजीब-सा खालीपन आ गया था। शुरू में वीर ने कुछ दिन कॉल और मैसेज किए, पर धीरे-धीरे उसकी तरफ से बातचीत कम होती गई और, अब तो शायद ही कोई बात होती थी।

फिर था पार्थ– कंप्यूटर इंजीनियरिंग का तीसरे साल का छात्र। एक होनहार और तेज़ दिमाग वाला टेक-जीनीयस, डेटा और स्कैनिंग में विशेषज्ञ। इसी कारण भारतीय सरकार ने उसे बतौर इंटर्न, VEZA टीम के तकनीकी सहायक के रूप में भेजा था। पर पार्थ को एक और बात खास बनाती थी– वह श्री महादेव का पोता था, जिन्होंने 1960 के दशक में धोलावीरा के पुरातत्व स्थल की खोज की थी और इस स्थान को सरकार की नज़रों में लाने में अहम भूमिका निभाई थी।

पिछले दो महीनों से जब से ज़ारा अपनी मम्मी और गीगी के साथ यहाँ आई थी उसे पार्थ की समझदारी और शांति में अपने पापा की झलक दिखती थी।

रात के एक बजे, गेस्ट हाउस की बालकनी में बैठी ज़ारा, ना जाने आसमान में क्या निहार रही थी। बस, हर पाँच मिनट में फ़ोन उठाती, नोटिफिकेशन चेक करती, और फिर उसे उल्टा रख देती थी। गीगी पिछले आधे घंटे से अपने कमरे की खिड़की से यह सब देख रही थीं। जब उनसे रहा नहीं गया, तो एक हल्की खटखटाहट के साथ वह बालकनी में आकर ज़ारा के पास खड़ी हो गई।

ज़ारा झेंपते हुए कुर्सी पर सीधी बैठ गई और गीगी की कमर से लिपटते हुए बोली, "गीगी आई एम सॉरी, मुझे मम्मा-पापा और आपके साथ ऐसा बर्ताव नहीं करना चाहिए था। आप लोग बस रात के बारह बजे मेरा बर्थडे सेलिब्रेट करने आए थे– मुझे तमीज़ से पेश आना चाहिए था।"

"कोई बात नहीं ज़ारा। हम ऐसा अक्सर कर बैठते हैं– अंदर की उलझन का ग़ुस्सा हम उन पर निकाल देते हैं जो सबसे क़रीब होते हैं और उनका उस उलझन से दूर-दूर तक कोई वास्ता नहीं होता, और फिर हमें बस पछतावा ही रह जाता है। चाहे कितनी भी 'सॉरी' बोलो, जो बात दिल में चुभ जाती है, वह इतनी जल्दी नहीं निकलती।" गीगी, ज़ारा के सिर पर हाथ फेरते हुए बोली।

"आप सही कह रही हैं, गीगी... लेकिन शायद आप समझ रही हैं ना, मैंने ऐसा क्यों किया?" ज़ारा ने थोड़ा सकुचाते हुए कहा।

"हाँ, समझ रही हूँ। इसकी ट्रेनिंग तुम्हारे नाना ने मुझे अच्छी तरह दी थी। जब वो ऑफ़िस से मूड ख़राब कर लौटते थे, तो मैं ही उनका सबसे आसान टारगेट होती थी। पर मैं समझ जाती थी, क्योंकि जब आप किसी से सच्चा प्यार करते हो, तो उसके प्यार के साथ-साथ उसका ग़ुस्सा भी समझते हो।" गीगी ने हँसते हुए कहा।

"ओह गीगी! आई एम सो लकी टू हैव यू", तभी उस पल फ़ोन पर नोटिफिकेशन की बीप बजी, ज़ारा ने ख़ुशी से फ़ोन उठाया– पर अगले ही पल उसका चेहरा मुरझा गया।

जिसे देख गीगी ने तुरंत पूछा, "क्या हुआ? वीर का अभी तक कोई कॉल या मैसेज नहीं आया?"

ज़ारा के तो जैसे मन की बात पूछ ली हो गीगी ने, उसने उतावलेपन में उत्तर दिया, "देखिए ना, गीगी! पता नहीं उसे क्या हो गया है... वो पूरा बदल गया है! पहले तो रोज़ बात होती थी पर अब जैसे उसे मेरी परवाह ही नहीं रही।"

गीगी ने ज़ारा के पास सरकते हुए कहा, "उदास मत हो, ज़ारा। कॉलेज में बहुत कुछ बदल जाता है– नई जगह, नए दोस्त, और अलग टाइमज़ोन भी!

शायद उसे भी समय लग रहा हो सब कुछ समेटने में और वह सच में बहुत बिज़ी हो, जैसे तुम हो गई थी जब दो साल पहले, तुम यूनिकॉर्न वैली गई थीं– "क्या तब तुमने वीर को याद किया था? या सोचा था कि वो कैसा महसूस कर रहा होगा?"

ज़ारा, थोड़ा रुककर बोली, "हाँ... याद नहीं किया था... लेकिन परवाह करना नहीं छोड़ा था, पर उसके ऐसे बर्ताव से तो ऐसा लगता है कि जैसे उसे कोई फ़र्क़ ही नहीं पड़ता हैं।"

बोलते-बोलते ज़ारा की आँखों में हल्की नमी आ गई। "और मुझे समझ नहीं आता कि यह सब मुझे इतना परेशान क्यों कर रहा है?"

गीगी ने ज़ारा को गले से लगाते हुए कहा, "ज़ारा, तुमने कभी अनंत के बारे में सुना है?

जैसे ये आसमान, ये हवा, ये तारे– प्यार भी ऐसे ही इनफिनिट होता है। जिसे ना नापा जा सकता हैं, ना बाँधा। और जब हम ऐसा करने की कोशिश करते हैं, तब ही दुःखी होते हैं– जैसे तुम अभी हो रही हो।"

"तो क्या मैं ही सिर्फ़ वीर से प्यार करती हूँ? वो मुझसे नहीं?" ज़ारा ने बेपरवाह होकर गीगी से पूछा।

गीगी ने शांत आवाज़ में उत्तर दिया, "हो सकता है, ज़ारा जिसे तुम प्यार समझ रही हो वो एक गहरी दोस्ती हो। प्यार

तो तुम मुझसे भी करती हो, मम्मा-पापा से भी और स्काई से भी। क्या अगर हम तुमसे कुछ दिन बात न करें, तो तुम परेशान हो जाओगी?"

गीगी के सवाल ने ज़ारा को सोचने पर मजबूर कर दिया फिर उसने कंधे उचका कर कहा, "शायद नहीं... क्यूँकि मुझे पता है कि आप सब हमेशा मेरे अपने रहेंगे।"

गीगी जैसे इसी उत्तर की अपेक्षा कर रही थी, और बोली, "बस, यही बात वीर पर भी लागू होती है। वह बात करे या न करे, तुम्हारा हमेशा सबसे अच्छा दोस्त रहेगा।"

गीगी ने आगे समझाते हुए कहा, "ज़ारा, तुम अभी सोलह साल की हो और यह उम्र बहुत कुछ सिखाती है। यही वो समय है जब हम बचपन से युवावस्था की ओर बढ़ते हैं– सीखते हैं, सपने देखते हैं, और सबसे ज़रूरी– ख़ुद को समझते हैं।"

ज़ारा ने बड़ी मासूमियत से पूछा, "और प्यार?"

"ज़ारा!!! रिश्तों को ध्यान से समझना तो सीखो, मेरी बच्ची!! सच्चे रिश्ते बिना शर्त के होते हैं, बिना उम्मीदों के। जिनमें बस निर्मल प्यार होता है, समझ होती है। पर उससे पहले, ख़ुद पर ध्यान देना ज़रूरी है– अपनी पढ़ाई पर, अपने सपनों पर, अपने परिवार पर और अपने दोस्तों पर।

फिर चाहे कोई हमें याद करे या न करे, हमारी 'कीमत' कभी कम नहीं होती। ज़ारा, ख़ुद से प्यार करना सीखो। सच्चे रिश्ते वही होते हैं जो हमें आईने की तरह दिखाते हैं कि हम कौन हैं और कितने अनमोल हैं।"

ज़ारा की आँखों में नमी थी, पर होंठों पर एक हल्की मुस्कान लौट आई, "आप बिल्कुल ठीक कह रही हैं गीगी, मुझे पहले ख़ुद को समझने और प्यार करने की ज़रूरत है।"

"रात ज़्यादा हो गई है अब। बाकी बातें बाद में होंगी, अब तुम सो जाओ। कल प्रोजेक्ट का लॉन्च भी है," गीगी प्यार से ज़ारा को दोहर उढ़ाते हुए अपने कमरे की तरफ़ बढ़ गईं।

"गुड नाइट, गीगी!" ज़ारा की आवाज़ में फिर से वही खनक लौट आई थी। उसने कहा, "सीरी, प्लीज़ प्ले– माय प्लेलिस्ट!"

कमरे की नरम रोशनी में ज़ारा के पसंदीदा गाने मध्यम आवाज़ में गूँजने लगे।

2

टाइमफ्रैक्चर– सब गायब

सुबह की पहली किरण जैसे ही धोलावीरा की धरती से टकराई, रात भर की बारिश की बूँदें भाप बनकर उड़ने लगीं। मिट्टी की उस भीनी ख़ुशबू ने पूरे वातावरण को ऐसे महका दिया– जैसे प्रकृति ने ख़ुद अपना एरोमा डिफ्यूज़र ऑन कर दिया हो।

ज़ारा अपने फेवरेट बेल-स्लीव्स वाले नेवी ब्लू क्रॉप टॉप और लेयर्ड वाइट स्कर्ट में जैसे ही गेस्ट हाउस के ब्रेकफ़ास्ट हॉल में दाखिल हुई, वहाँ मौजूद हर नज़र बस उसे देखने लगी......

अपने बालों के कर्ल्स को उसने लूज़ पिन कर बाँधा था, जिनमें नीला ऑर्किड चमक रहा था– वही फूल जो मम्मा कल रात लाईं थीं। और क्रिश्चियन डियोर के डियोरिसिमो से महकती-चहकती ज़ारा अब वाक़ई में वही पुरानी, आत्मविश्वास से भरी ज़ारा लग रही थी।

अपनी स्कर्ट को हल्के से हवा में लहराते, वह गीगी के पास पहुँची और उनके कानों में फुसफुसाई, "गीगी, देखो! मैं आपकी लाई हुई ड्रेस में कैसी लग रही हूँ? जब आप पेरिस की कॉन्फ्रेंस से लौटी थीं और ये टॉप-स्कर्ट मुझे गिफ़्ट किया था, तभी से मैंने सोच रखा था कि इसे अपने सोलहवें जन्मदिन पर पहनूँगी।"

गीगी ने बिना शब्दों के 'बहुत खूब' का साइन उँगलियों से बना दिया।

ज़ारा ने मम्मा को पास खींचते हुए कहा, "देखिए मम्मा, आज बाल भी आपके स्टाइल में बाँधे हैं... और ये ऑर्किड उसी गुलदस्ते से निकाला है जो कल रात आपने मुझे दिया था।"

मम्मा ने भी झटपट प्यार से अपनी ज़ारा की बलैया ले ली।

"एंड माय डियर पापा..." ज़ारा ने थोड़े नाटकीय अंदाज़ में कहा, "इस ख़ूबसूरत ब्रांडेड परफ्यूम के लिए थैंक यू! देखिए मैंने आपकी फ्रेंच स्टाइल भी सीख ली!"

और फिर फ्रेंच अंदाज़ में झुककर बोली, "Merci beaucoup, mon cher papa."

पापा ठहाका लगाते हुए बोले, "Beauvoir, ma chérie!"

VEZA की टीम के अन्य सदस्य एक-एक कर ज़ारा को बधाई देने लगे। और फिर आया पार्थ, उसके हाथ में एक

बैंगनी रंग का छोटा सा डिब्बा था जो उसने ज़ारा को देते हुए कहा, "हैप्पी बर्थडे ज़ारा... लगता है अभी डर तुमसे पूरी तरह से नहीं हारा।"

ज़ारा ने चौंकते हुए कहा, "व्हाट? ये लाइन, तुमने कहाँ से कॉपी की?"

इस बार पार्थ थोड़ा शरारती हँसी हँसते हुए बोला, "ओह डोंट ओवरथिंक ज़ारा! मुझे क्या, पूरी VEZA की टीम को पता है। आप फ़ेमस पर्सनालिटी हैं, आपके साहस पर लिखी किताब 'गीगी ज़ारा' हम सभी ने पढ़ी है।"

ज़ारा लगभग शरमाते हुए जैसे ही बॉक्स खोलने लगी, पार्थ ने उसका हाथ पकड़ लिया, "ना, ना, ना ज़ारा, ये सरप्राइज़ तो तुम VEZA के VR और AI प्रोजेक्ट के लॉन्च इवेंट की साइट पर ही खोलना।"

और तभी स्काई की एंट्री हुई– अपनी पीठ पर ज़ारा का बर्थडे केक बाँधे हुए।

"ओह! मेरा क्यूटी केक लेकर आया है!" ज़ारा उसे देखकर खिल उठी, और स्काई भी तेज़ी से उसकी ओर लपका। केक तो स्काई की पीठ से गिर ही जाता, लेकिन ऐन मौके पर पार्थ ने झट से लपक कर केक पकड़ ही लिया।

और पापा ने जैसे ही क्रिकेट स्टाइल में चिल्लाया, "हाउज़दैट!" पूरा हॉल ठहाकों से गूँज उठा।

सभी लोगों के बीच हँसी-मज़ाक और मौज-मस्ती के माहौल में ज़ारा ने केक काटा और नाश्ता ख़त्म कर सभी जल्दी से साइट पर पहुँचने के लिए निकल पड़े।

धोलावीरा का खुदाई स्थल अब एक आम पुरातात्विक परिसर नहीं रहा था।

VEZA टेक्नोलॉजी ने इसे अपने अत्याधुनिक VR और AI प्रोजेक्ट के लॉन्च इवेंट के बेस कैंप में बदल दिया था। आज, धोलावीरा के म्यूज़ियम की चमक-दमक के आगे बाकी सब कुछ फीका पड़ रहा था। सफेद मलमल से बने वातानुकूलित टेंट्स म्यूज़ियम से आगे तक फैले हुए थे, ताकि वहाँ लगे हार्डवेयर इक्विपमेंट्स की ठीक-ठाक व्यवस्था हो सके। म्यूज़ियम के भीतर जाने का रास्ता एक नक़ली सुरंग से होकर जाता था, जो एक रहस्यमय रास्ते जैसा लग रहा था। सुरंग में कदम रखते ही हर ओर फैली धुंध, और माइल्ड इलेक्ट्रॉनिक बीट्स में घुली एक साउंडस्केप, वातावरण को रोमांच से भर देती थी।

म्यूज़ियम के मेन हॉल के बीचों-बीच एक फ्यूचरिस्टिक मंच बना था– चमचमाता और चकाचौंध करता हुआ। और चारों ओर खुदाई से मिले अवशेषों के डिस्प्ले पैनल उसे घेरे हुए थे। लेज़र लाइट्स हवा में थिरक रही थीं। मंच के दाहिनी ओर VEZA के अत्याधुनिक उपकरण रखे हुए थे, और पीछे की ओर एक विशाल स्क्रीन थी, जिस पर सुनहरे अक्षरों में लिखा था:

VEZA– जो इतिहास को अनुभव बना दे।

मंच के ठीक सामने बड़े-बड़े वैज्ञानिकों, पुरातत्वविदों, सरकारी अधिकारियों और मीडियाकर्मियों की आरक्षित सीटें थीं। उनके पीछे आमंत्रित लोगों की बैठक व्यवस्था थी। हर तरफ़ कैमरों की फ्लैशलाइट्स झिलमिला रही थीं, लाइव प्रसारण की अंतिम टेस्टिंग हो रही थी, और सफेद जैकेट पहने VEZA की टीम परीक्षण से पहले की आपा-धापी में व्यस्त थी।

ज़ारा, अपनी मम्मा और गीगी के साथ मेन स्टेज के बायें तरफ़ बने छोटे से लॉन्च स्टेज पर खड़ी थी।

पापा और पार्थ सारे लास्ट मिनट चेक्स को ओके करने में व्यस्त थे और फिर सारी टीम को थंब्स अप का इशारा करते हुए पापा माइक लेकर स्टेज पर आए।

लॉन्च से कुछ ही मिनट पहले ऐसा प्रतीत हो रहा था मानो अतीत, वर्तमान और भविष्य ने एक ही जगह मिलने की ठान ली हो।

पापा की आत्मविश्वास से भरी आवाज़ से पूरा हॉल गूँज उठा, "गुड मॉर्निंग, लेडीज़ एंड जेंटलमैन! मेरा नाम हेनरी मोरो है और मैं VEZA IT फर्म में बतौर इंजीनियर इस प्रोजेक्ट का हेड हूँ। हिंदी मेरी मातृभाषा नहीं है, क्यूँकि मैं फ्रेंच हूँ, पर मेरी फ़ैमिली ने मुझे धीरे-धीरे इस भाषा से प्यार करवा दिया, इसीलिए इस प्रोजेक्ट का छोटा-सा परिचय मैं

हिंदी में दूँगा। कृपया मेरी भाषा की गलतियों को माफ़ करें और मेरे फ्रेंच साथी अनुवाद के लिए हेडसेट पहन लें।"

वे बोले, "जैसा कि हम जानते हैं– गुजरात राज्य के कच्छ ज़िले में स्थित एक प्राचीन सिंधु घाटी सभ्यता का प्रमुख नगर है– धोलावीरा। लगभग 4500 वर्ष पहले यह एक धनवान और विकसित नगर था, जिसकी नगर योजना इतनी ग़ज़ब की थी कि आज के इंजीनियर भी हैरत में पड़ जाएँ। यहाँ की जल संचयन प्रणाली यानी पानी जमा करने की तकनीक इतनी ज़बरदस्त थी कि यहाँ कभी सूखा या अकाल नहीं पड़ सकता था। यहाँ से एक बड़ी-सी सिंधु लिपि की पट्टी भी मिली है, और ढेरों बर्तन, मोहरें, गहने मिले हैं– जो बताते हैं कि यहाँ उन्नत जीवन था।"

"इस स्थल की पुरातात्विक खुदाई से सात सांस्कृतिक चरणों की जानकारी मिली– जो दक्षिण एशिया की प्रथम नगरीय सभ्यता के उदय और पतन का सजीव दस्तावेज़ हैं। परंतु, सातवें चरण में ऐसा क्या हुआ कि इस फलती-फूलती सभ्यता का पतन हो गया?"

"इसी रहस्य को सुलझाने और अनुभव कराने के लिए VEZA ने VR और AI की मदद से इस अनुभव को सजीव बना दिया है– ताकि यहाँ आने वाले लोग केवल इस इतिहास को पढ़ें और देखें नहीं, बल्कि इस इतिहास को जी सकें। और मेरी ब्रेव एंजल ज़ारा को इस प्रोजेक्ट की बीटा टेस्टिंग के लिए चुना गया है।"

"आज, उसके 16वें जन्मदिन पर, इस परीक्षण के साथ ही पूरी दुनिया के लिए साढ़े चार हज़ार साल पुराने एक नगर के द्वार खुलने जा रहे हैं।"

"तो आइए, स्वागत करें ज़ारा का– हमारा पहली टाइम वॉकर!"

तालियों की गड़गड़ाहट के साथ ज़ारा स्टेज के बिल्कुल बीचों-बीच खड़ी थी, उसके हाथ में वहीं बैंगनी रंग का छोटा-सा डिब्बा था। पार्थ का इशारा पाते ही जैसे ही ज़ारा ने डिब्बा खोला, उसकी आँखों की चमक पूरे हॉल में फैल गई।

डिब्बे के अंदर था– एक बेहद खूबसूरत, कांच जैसा ट्रांसपेरेंट VR हेडसेट, जो हल्की नीली आभा में दमक रहा था, और साथ में एक छोटी-सी मोहर थी जिस पर यूनिकोर्न बना था। VR हेडसेट के भीतर एक शेल्फ़-इन-बिल्ट पिन था, जिस पर खुदा हुआ था: "ज़ारा | बीटा #001 | टाइमवॉकर शृंखला"

तभी गीगी की आवाज़ पास ही बने लॉन्च स्टेज से आई, "ज़ारा, यह तुम्हारे लिए पहला कस्टमाइज्ड प्रोटोटाइप है, क्योंकि तुम्हारी बहादुरी ही इस प्रोजेक्ट की प्रेरणा रही है।"

"रेडी व्हेन यू आर," गीगी के ऐसा कहते ही ज़ारा ने हेडसेट पहना, मोहर को मुट्ठी में भींचा और पलक झपकते ही मंच पर सुई पटक सन्नाटा छा गया।

स्टेज के बैकड्रॉप की बड़ी-सी स्क्रीन पर बड़े-बड़े शब्दों में लिख कर आने लगा जिसे AI नोना ने पढ़ा:

VEZA इंटरफ़ेस बूट हो रहा है...

रेटिना स्कैन: मिलान सफल। टाइमवॉकर मोड सक्रिय हुआ।

और तभी ज़ारा ने ख़ुद को एक चमकते शीशे की दीवार के सामने पाया।

"इस टाइमवॉकर शीशे को मोहर पर बना यूनिकॉर्न दिखाओ" नोना की आवाज़ फिर गूँजी।

जैसे ही ज़ारा ने मोहर को शीशे की ओर बढ़ाया, शीशे के टुकड़े हवा में तैरने लगे, घूमे और फिर एक आर्च-वे का आकार ले लिया। सामने एक पगडंडी खुल रही थी, जो एक विशाल प्राचीन द्वार की ओर जाती थी। उसके ऊपर एक शिलालेख था– जिस पर सिंधु लिपि में उकेरे गए संकेत बने हुए थे।

VEZA की विशाल स्क्रीन पर, जो मंच के पीछे थी– पूरी दुनिया अब ज़ारा की आंखों से देख रही थी, 360° पर फैला उसका– VR विज़न।

नोना की आवाज़ फिर गूँजी:

"टाइम इज़ अ लूप, ज़ारा...स्टेप इन!"

ज़ारा का दिल ज़ोर से धड़क रहा था। उसने पहला क़दम आगे बढ़ाया ही था कि...अचानक...!!!

हॉल के अंदर सभी को एक ज़ोर का झटका महसूस हुआ। स्क्रीन पर चमकते हुए शब्द उभरे– "ग्लिच डिटेक्टेड!"

गीगी चिल्लाई– "सिस्टम हाल्टेड!"

पार्थ तुरंत मेन कंप्यूटर की ओर झुका– "ये... ये तो... क्या होलोग्राफिक टाइम फ्रैक्चर है? उसने... उसने क्या टाइम ट्रैप को ट्रिगर कर दिया है?"

स्क्रीन पर अजीब-सी तरंगें उभरने लगीं!

अपने-आप उपकरणों में शॉर्ट सर्किट होने लगा! पूरे हॉल में घना धुआँ भर गया जिससे अफ़रा-तफ़री मच गई।

मम्मा की काँपती आवाज़ गूँजी– "ज़ारा कहाँ है? वो दिखाई नहीं दे रही... कोई उसे ढूँढो... प्लीज़!"

पापा ने भीड़ से चिल्ला कर कहा– "ज़ारा स्टेज पर नहीं है!"

मम्मा पसीने से तर-बतर हो चुकी थीं। पार्थ ने मम्मा को किसी तरह ढूँढा और पानी की बॉटल दी और पास रखी चेयर सरकाते हुए बोला, "आप यहाँ बैठो, मैं ज़ारा और गीगी को ढूँढकर लाता हूँ, बस आप कहीं जाइएगा नहीं।"

धीरे-धीरे धुआँ कम होने लगा।

पापा स्टेज पर हताश होकर दोनों हाथों से मुँह ढाँककर बैठ गए थे। और तभी मम्मा की निगाह पड़ी– सामने से गीगी और पार्थ आते हुए दिखाई दिए...पर ज़ारा... ?

ज़ारा उनके साथ नहीं थी।

3

धोलावीरा का रहस्य– एक अनकही सभ्यता

नोना के 'स्टेप इन' कहने की देर थी कि ज़ारा ने बिना डरे आर्च-वे के भीतर कदम रख दिया। एक सिहरन, एक झुनझुनी उसके पूरे शरीर में दौड़ गई, ख़ुद को संभालते हुए ज़ारा ने जैसे ही पीछे मुड़ कर देखा– वह आर्च-वे अब वहाँ नहीं था बल्कि उसकी जगह एक चमचमाती शीशे की दीवार खड़ी थी जिसमें न तो लौटने का रास्ता था और न कोई आशा बस एक ठंडी-सी चुप्पी थी।

ज़ारा ने एक हकलाती-सी साँस ली और फुसफुसाई, "ये... ये क्या हो गया!" उसने जल्दी से VR सेट उतारने की कोशिश की, लेकिन अगले ही पल वह चौंक गई। उसके सिर पर कोई VR हेडसेट था ही नहीं।

फिर, काँपते हाथों से उसने अपनी मुट्ठी खोली– मोहर अब भी उसके हाथ में थी, वैसी ही चमकती, वैसा ही यूनिकॉर्न उकेरा हुआ।

उसने अपने कपड़े छूकर देखा... अपनी साँसें महसूस कीं...

"क्या... क्या मैं सही में यहाँ आ गई हूँ?"

उसकी आवाज़ धीमी थी, मानो शब्द भी थक गए हों।

"ये दीवार... अब मैं वापस कैसे जाऊँगी? क्या मैं... क्या मैं यहाँ फँस गई हूँ?"

उसकी आँखें डबडबा आईं– किसी इंसानी आवाज़, किसी मदद की आस में उसने दूर-दूर तक देखा... पर वहाँ बस हवा थी और समुद्र की लहरों का शोर।

और तभी, भौंकने की एक जानी-पहचानी आवाज़ उसके कानों में गूँजी।

उसने तेजी से आँखें मलते हुए सामने देखा– वहाँ, उस विशाल प्राचीन द्वार के पास, उसका प्यारा स्काई खड़ा था!

"स्काई!" ज़ारा चिल्लाई और बिना कुछ सोचे उसकी ओर दौड़ पड़ी। पास पहुँचते ही उसने स्काई को कसकर अपनी बाँहों में भर लिया।

स्काई ने अपनी नम जीभ से ज़ारा के चेहरे को ऐसे चाटा मानो वह बहुत देर से वहीं खड़ा उसका इंतज़ार कर रहा हो।

ओह थैंक गॉड... कोई तो अपना मिला!" ज़ारा की हँसी और आँसू एक साथ छलक पड़े।

"मुझे लगा था, मैं बस यूँ ही बिना किसी अपने के यहाँ पूरी ज़िंदगी भटकती रह जाऊँगी।"

तभी ज़ारा चौकीं जैसे उसे कुछ याद आया हो, "पर स्काई तो मेरे साथ अंदर आया ही नहीं था!"

वह थोड़ी देर तक चुपचाप उसे देखती रही, फिर अपने चित परिचित अंदाज़ में कंधे उचकाकर बोली, "ख़ैर... छोड़ो... कम से कम स्काई है तो!"

तभी उसने देखा, स्काई बड़ी गम्भीरता से उस द्वार के ऊपर बने शिलालेख को देख रहा था। उस पर सिंधु लिपि में कुछ प्रतीक उकेरे गए थे– जिन्हें अब तक कोई इंसान, कोई डेटाबेस, यहाँ तक कि सुपर AI भी समझ नहीं पाया था।

"अरे... अब क्या तुम्हें इसे पढ़ना भी आता है?" ज़ारा ने हैरानी से कहा।

जवाब में, स्काई ने धीमे से सिर हिलाया।

"क्या?" अब ज़ारा सचमुच हैरान थी।

"ठीक है, अगर तुम्हें समझ आ रहा है, तो फिर, मुझे राह दिखाओ।"

ज़ारा के ऐसा बोलते ही स्काई धीरे-धीरे चलने लगा। ज़ारा ने तुरंत उसका पीछा किया।

स्काई के पीछे-पीछे चलते हुए ज़ारा को बस एक बात बहुत अजीब लग रही थी कि स्काई अब उसका नाम लेकर

दी जा रही पुकार का जवाब नहीं दे रहा था। लेकिन जब वह बिना नाम पुकारे, सिर्फ़ किसी भावना या इरादे से कुछ कहती और स्काई तुरन्त प्रतिक्रिया देता।

ज़ारा ने थोड़ा सिर खुजलाते हुए मन ही मन कहा, "अब ये क्या माजरा है? ये महाराज अंदर आकर अपना नाम ही भूल गए क्या?"

ज़ारा स्काई के पीछे-पीछे चलते हुए चारों ओर बड़े ध्यान से देख रही थी। जैसे-जैसे वह आगे बढ़ रही थी, उसे हवा में मधुर संगीत सुनाई देने लगा। यह धुन उसे कुछ जानी-पहचानी सी लग रही थी। अचानक उसे याद आया कि यह तो यूनिकॉर्न वैली के 'वैली सॉन्ग' से काफी मिलती-जुलती है। उसके लिए ये सारा अनुभव अनोखा था। इस सभ्यता से खुदाई में मिले अवशेषों से जो धारणा पुरातत्वविदों (Archeologist) ने बनाई थी, वो अब उसकी आँखों के सामने जीवंत हो उठी थी।

उसकी आँखें आश्चर्य से फटी जा रही थीं।

उसके सामने 4500 साल पुरानी धोलावीरा सभ्यता अपने पूरे वैभव में जो खड़ी थी। यह इस सभ्यता का सातवाँ चरण था– पतन से ठीक पहले का समय।

सड़कें चौड़ी और सुव्यवस्थित थीं, मिट्टी के घर एक-दूसरे से सटे हुए थे, जिनपर सुंदर नक्काशी की गई थी। हवा में पकी हुई मिट्टी और ताज़े भोजन की सुगंध घुली हुई थी।

लोग अपने-अपने कार्यों में व्यस्त थे– कहीं कुम्हार चाक पर बर्तन बना रहे थे, कहीं बुनकर करघे पर कपड़ा बुन रहे थे और बच्चे गलियों में खेल-कूद में मग्न थे। बाज़ार में चहल-पहल थी, व्यापारी अपने माल बेच रहे थे और लोग सौदे कर रहे थे। कुछ किसान बैल और हल के साथ खेतों से लौटते दिख रहे थे। औरतें न केवल घर के कामकाज में लगी थीं, बल्कि पुरुषों के साथ कंधे से कंधा मिलाकर अन्य कार्यों में भी योगदान दे रही थीं।

शहर में उचित दूरी पर छोटी-छोटी बावड़ियाँ बनी हुई थीं, बिल्कुल वैसे ही जैसे आज के समय में मोहल्लों की निजी पानी की टंकियाँ होती हैं। दूर किनारे पर एक विशाल जलाशय था– शांत और लबालब भरा हुआ। संभवतः इसी जलाशय से ये छोटी-छोटी बावड़ियाँ पानी की आपूर्ति के लिए जुड़ी हुई थीं।

ज़ारा ने देखा कि कुछ लोग वहाँ से पानी भर रहे थे, और कुछ बच्चे किनारे पर खेल रहे थे। तभी उसकी नज़र उस जलाशय के बीच में रखी एक विचित्र मूर्ति पर पड़ी– मानव शरीर पर यूनिकॉर्न का सिर, और हाथों में तराजू!

मूर्ति के पैरों के पास एक शिलालेख रखा हुआ था, जो सिंधु लिपि में था।

ज़ारा जैसे ही मूर्ति के पास पहुँची, उसे एक हल्की-सी गूँज सुनाई दी, जैसे कोई हवा में फुसफुसा रहा हो, पर

बिल्कुल अलग भाषा में और फिर अचानक, उसकी यूनिकॉर्न वाली मोहर रहस्यमय ढंग से जगमगाने लगी। इससे पहले कि वह कुछ समझ पाती, उसने स्काई के पीछे-पीछे चलते हुए देखा– वहाँ के लोग उसे देखकर इस प्रकार मुस्कुरा और सिर झुका रहे हैं, मानो बरसों से उसी की प्रतीक्षा कर रहे हों।

कुछ लोग पास आकर उससे एक ही साँस में कुछ कहते भी और चले जाते– कुछ वैसी ही भाषा में, जिसकी फुसफुसाहट की गूँज उसे अभी-अभी सुनाई दी थी।

दूर से ज़ारा मुस्कुराहटों में सहज थी, लेकिन जैसे ही कोई पास आता, उनके कद की ऊँचाई और चेहरे की बनावट उसे थोड़ी असहजता महसूस कराती। वे आकार में विशाल थे, उनके हाथ घुटनों तक पहुँचते थे, नैन-नक्श असाधारण रूप से तीखे थे, और उनके शरीर के अलग-अलग हिस्सों पर टैटू बने हुए थे।

ऐसे में, ज़ारा की असहजता को भाँपकर स्काई हर बार उसके ठीक सामने ढाल बनकर खड़ा हो जाता था।

"थैंक यू, मेरे क्यूटी," ज़ारा मुस्कराकर बोली, "साथ देने के लिए। ये सब कुछ बहुत अटपटा-सा लग रहा है... है ना!!! न जाने क्यों ये अजनबी, जो इतने अलग दिखते हैं, मुझे देखकर ऐसे बर्ताव कर रहे हैं जैसे मुझे बहुत अच्छे से जानते हों।"

स्काई ने भी बड़े प्यार से ज़ारा की ओर देखा, और ऐसा लगा जैसे वह आँख दबाकर मुस्कुराया।

"ओह! अब तुम भी शुरू हो गए महाशय?" ज़ारा ने हँसते हुए कहा। "पर कम से कम ये तो बता दो कि मुझे लेकर कहाँ जा रहे हो?"

जैसे-जैसे ज़ारा आगे बढ़ती जा रही थी, हवाओं में तैरता संगीत धीमा होता जा रहा था, और उसकी जगह समुद्र की लहरों की गूँज भर रही थी। ज़ारा चलते-चलते लगभग थक चुकी थी, शाम भी ढलने लगी थी और सुबह से ज़ारा ने सिर्फ़ नाश्ता किया था, इसलिए अब उसे बहुत तेज़ भूख और प्यास लग रही थी। उसके कपड़े पसीने से भीग चुके थे और उसके बालों में लगा ऑर्किड अब मुरझा चुका था। तभी स्काई अचानक ठहर गया।

ज़ारा ने सामने देखा– एक छोटा-सा टीला था, जिसकी चोटी पर गोल पत्थरों से बना हुआ एक चबूतरा दिख रहा था। ज़्यादा कुछ सोचे बिना, थकान से चूर ज़ारा ने तेजी से टीले पर चढ़ाई की और चबूतरे पर जा बैठी, स्काई भी लपककर उसके बगल में आकर बैठ गया और उसकी गोद में अपना सिर रखकर आराम से सुस्ताने लगा।

ज़ारा ने धीमे-धीमे स्काई के सिर पर हाथ फेरते हुए आसमान की ओर देखा। हवा में अब समुद्र की नम गंध घुली हुई थी। सूरज धीरे-धीरे समुद्र में डूब रहा था और उसकी सुनहरी किरणें समुद्र की लहरों को ऐसे अपनी चमक में डुबो रही थीं, जैसे वो किरणें किसी खोए हुए ख़ज़ाने की तरह उन लहरों को संजो लेना चाहती हों।

देखो तो... ज़ारा बुदबुदाई, "ये लहरें किनारे से यूँ टकरा रही हैं, जैसे आज ज़मीन को खिसका कर समुद्र को बड़ा करके ही मानेंगी और ये सूरज भी विशाल समुद्र के अंदर ऐसे धीरे-धीरे सरक रहा है, जैसे दिन भर से काम कर कोई अपने घर लौट रहा हो!"

"अपने घर..." ज़ारा को एक ज़ोर की सिसकी बँध आई। उसे अपने घर की याद जो आ गई थी!

घर यानी अपनी आरामदायक चारदीवारी, जहाँ बसती हैं माँ की खिलखिलाहट, पापा का मज़ाक, और गीगी का प्यार...

स्काई ने लेटे-लेटे ज़ारा की ओर देखा। उसकी गहरी, चमकती आँखों में एक ऐसी अजीब-सी समझदारी थी जो शब्दों से परे थी। ज़ारा को लगा जैसे वो चुपचाप कह रहा हो– "घबराओ मत, मेरी प्यारी दोस्त... तुम अकेली नहीं हो।"

ज़ारा ने हल्के से मुस्कुरा कर उसकी नाक सहलाई और एक लम्बी साँस ली। तभी जैसे कोई बात उसे याद आई हो, आज उसका जन्मदिन था।

सुबह जब उसकी आँख खुली, तो दुनिया कुछ अलग ही लग रही थी। गीगी की तेज़ आवाज़ गूँज रही थी– 'हैप्पी बर्थडे ज़ारा!' गेस्ट हाउस में चारों ओर रंग-बिरंगे बैलून थे, माँ के बनाए गुलाब जामुन की मिठास भरी खुशबू हवा में तैर रही थी, और पापा हमेशा की तरह टेक्नोलॉजी वाले गिफ्ट पेपर में लिपटा हुआ एक नया बीटा-टेस्टिंग 'एडवेंचर' लेकर आए थे।

सुबह से ही पूरे परिवार ने आज के दिन के लिए ढेर सारे प्लान बना रखे थे! सबकुछ कितनी ख़ुशी से भरा लग रहा था! कितना सोच रखा था इस दिन के लिए!

VEZA के VR प्रोजेक्ट की बीटा टेस्टिंग का लाँच... भुज की महिला कलाकारों से मिलने जाना... ओपन थिएटर में ज़ारा की फेवरेट मूवी... और फिर गुजराती लोक-संगीत व भोजन के साथ देर रात तक जश्न...

और अब?

ज़ारा ने आँखें मूँद लीं।

"पापा भी ना..." उसने मन ही मन खीजते हुए कहा, "सारे एक्सपेरिमेंट्स हमेशा मेरे साथ ही करने होते हैं! एक बार भी नहीं सोचा कि अगर कुछ ग़लत हो गया तो?"

उसके दिल में हल्का-सा गुस्सा उठ रहा था पर उससे भी गहरा था वो खालीपन, जो हर सोच के बीच आकर बैठ जाता था। एक कसक... एक अधूरी इच्छा... जिसे वो शब्दों में नहीं ढाल सकती थी।

उसका मन अजीब-सी बेचैनी से भर गया– उसे वीर याद आया। कितने अलग थे दोनों– वीर, जो हमेशा अपनी ही दुनिया में खोया रहता, और कुछ कहना हो तब भी आधा छुपा लेता। और ज़ारा? वो तो जैसे हर पल शब्दों की बारिश में भीगती रहती थी।

वो धीमे से बुदबुदाई, "कैसा लड़का है ये? उसे तो शायद भनक भी नहीं होगी कि मैं किस मुसीबत में फँसी हूँ। और अगर पता भी होता... तो क्या ही कर लेता जो एक फ़ोन या मैसेज तक कर नहीं सकता? उसे तो शायद यही लग रहा होगा कि मैं किसी प्रोजेक्ट में बिज़ी हूँ या फिर किसी और दुनिया में।"

उसने अपने घुटनों को सिकोड़ लिया और चुपचाप बैठी रही। समुद्र की लहरों का शोर अब किसी दूर के सन्नाटे जैसा लग रहा था– एक ऐसा सन्नाटा जो उसके भीतर भी उतर आया था।

उसे याद आने लगी, कल रात की वो छोटी-सी बात, जो अब दिल का बोझ बन गई थी। कैसे वीर की चुप्पी और उदासीनता ने उसे खिसिया दिया था? और वो खिसियाहट... उसने मासूम लोगों पर उतार दी थी।

मम्मा, पापा और गीगी– सब तो बस उसका जन्मदिन मनाने के लिए आधी रात को धड़धड़ाते हुए कमरे में चले आए थे। उनके चेहरों पर बच्चों जैसी उत्सुकता थी, हाथ में चमकती केक की प्लेट और उम्मीद से भरी तीन जोड़ी आँखें।

पर ज़ारा... उसने झुँझला कर सब पर झाड़ लगा दी थी, "प्लीज़ मम्मा, पापा, गीगी ... आप लोग थोड़ा तो कभी मैच्योर बिहेव किया करो!"

वो तो अच्छा हुआ कि गीगी ने अपनी समझदारी से सब सँभाल लिया– बात का रुख मोड़ दिया, मम्मा-पापा को हँसाया, और ज़ारा की खिसियाहट को हल्के में ले गई।

अब वो सब याद करके ज़ारा की आँखें नम हो गई थीं। उसके भीतर कहीं ये एहसास गूँजने लगा– "कभी-कभी ये समझने में बहुत देर हो जाती है कि हमारे पास जो हैं, वही सबसे अनमोल हैं। और जो नहीं हैं– उनकी याद में अगर हम अपना आज भी गवाँ दें, तो फिर हमारे पास कुछ भी नहीं बचता।"

ज़ारा ने अफ़सोस और सीख की नमी से भरी आँखों से आसमान की ओर देखा।

सूरज पूरा डूब चुका था।

नीले से नारंगी होते आसमान में तारे टिमटिमाने लगे थे। समुद्र की लहरें शांत थीं, मानो रात की चादर उन्हें ढँक रही हो।

उसने स्काई की पीठ पर धीरे से हाथ फेरा, जैसे अपना माफ़ी-भरा मन उस तक पहुँचा रही हो और समुद्र के किनारे लाइन से खड़े हुए नारियल के पेड़ों को हवा में झूमते हुए बिना पलक झपकाए देखने लगी।

हर चीज़ जैसे अब ठहर गई थी। हवा में एक गंध थी– नम मिट्टी, समुद्र की खार, और किसी पुराने, धूल-भरे इतिहास की।

और तभी... अपनी गोदी में रखे स्काई के सिर की परवाह किए बिना, ज़ारा एकदम से चौंककर खड़ी हो गई।

स्काई भी हड़बड़ा कर उठ बैठा। कुछ तो अजीब लगा था उसे, उन नारियल के पेड़ों की कतार में कोई एक पेड़... जैसे अपनी मोटी-मोटी, गोल-गोल आँखों से बिना पलक झपकाए उसे घूर रहा हो। ज़ारा ने झटपट अपनी आँखें मलीं और दोबारा ध्यान से देखने की कोशिश की, लेकिन इस बार वहाँ केवल पेड़ ही दिखे, जो समुद्र की नम हवा में हल्के-हल्के झूम रहे थे।

उसने अपने माथे पर हल्की-सी चपत लगाई और बड़बड़ाई, "ओह ज़ारा! संभालो अपने आप को!"

पर तभी उसकी नज़र स्काई पर पड़ी– वो भी उसी दिशा में टकटकी लगाए देख रहा था और हल्की-सी "कू-कू" की आवाज़ें निकाल रहा था।

ऐसा लग रहा था जैसे उसे वहाँ किसी अपने की मौजूदगी का आभास हुआ हो।

"नहीं, नहीं... मेरे इस तरह चौंक पड़ने से बेचारा स्काई भी घबरा गया है, वहाँ कुछ नहीं है!" ज़ारा ख़ुद को समझाने लगी।

"लगता है पूरे दिन कुछ खाया-पिया नहीं है... ऊपर से थकावट, इसीलिए अब तो दिमाग़ भी काम करना बंद कर रहा है। प्यास तो जैसे जान ही निकाल रही है, और भूख का तो पूछो ही मत!

ऐसे में गीगी के हाथ के गरमा-गरम आलू के पराठे याद आ रहे हैं... उफ़्फ़!"

ज़ारा अपने ख्यालों की उधेड़बुन में डूबी, धीमे-धीमे आगे बढ़ने लगी, वो भी बिना किसी तय गंतव्य के। इस बार स्काई भी उसके पीछे-पीछे था, जैसे उसे भी नहीं पता हो कि आगे कहाँ जाना है?

अँधेरा कुछ इस तरह गहराने लगा था, मानो किसी के हाथ से रात की स्याही की बोतल लुढ़क गई हो... और उससे फैलती हुई रात छूकर जैसे कहना चाह रही हो– "अब घर की ओर चलो... वहाँ कोई तुम्हारा इंतज़ार कर रहा है।"

"पर कहाँ जाऊँ? कहाँ रात बिताऊँ?

कोई नहीं जो खाने-पीने को पूछे, मुझसे मेरा हाल-चाल जाने और ऊपर से, मेरे चक्कर में ये मासूम भी देखो– कितना थक गया है। क्या करूँ? इस जगह के सभी लोग तो मुझे पहचानते हैं, पर मैं... मैं किसी को भी नहीं जानती। फिर ऐसे कैसे किसी के घर चली जाऊँ?

"उफ़्फ़... ये उधेड़बुन! और ये मुझे अजीबो-गरीब चीज़ें दिखना– जो लॉन्च इवेंट की शुरुआत से शुरू हुआ है, अब तो रुकने का नाम ही नहीं ले रहा!"

मन ही मन बड़बड़ाते हुए ज़ारा चलती चली जा रही थी।

तभी दूर, आधे-अधूरे चाँद की रोशनी में उसे एक छाया-सी दिखी। ज़ारा के कदम अनजाने में उसी ओर बढ़ने लगे। पर वहाँ पहुँचकर देखा... तो वहाँ कुछ भी नहीं था।

निराश और हताश, ज़ारा एक नारियल के पेड़ से सटी ऊँची चट्टान पर बैठ गई। स्काई चुपचाप उसकी बाईं तरफ़ आकर सटकर खड़ा हो गया।

ज़ारा ने प्यार से स्काई को पुचकारा...

और जैसे ही उसने चेहरा दाईं ओर घुमाया– उसका चेहरा किसी नरम, मुलायम-सी चीज़ के सामने था। वहीं से झाँक रही थीं वही दो बड़ी-बड़ी, गहरी आँखें, जिन्होंने मानो ज़ारा की साँसें रोक दीं!

4

टाइम ट्रैप– ज़ारा अतीत में क़ैद

VEZA लांच साइट, धोलावीरा, गुजरात –

म्यूज़ियम के मेन हॉल का धुआँ, अब धीरे-धीरे छँटने लगा था लेकिन हॉल के अंदर अभी-भी बदहवासी और अफ़रा-तफ़री मची हुई थी। हर कोई अपनी जान की परवाह करते हुए ख़ुद को किसी तरह सुरक्षित करने की कोशिश में था, मगर मम्मा-पापा और गीगी की तो जान– उनकी ज़ारा ना जाने कहाँ असुरक्षित थी!

VEZA के टीम के सदस्य एक बार फिर से सक्रिय हो गये थे। वे अब धीरे-धीरे लोगों को लाइन में लगाकर, उन्हें हॉल से सुरक्षित बाहर निकालने में जुटे थे।

वहीं, पार्थ मंच पर चढ़कर सब से निवेदन कर रहा था कि सभी लोग जल्द से जल्द हॉल खाली करें, ताकि VEZA की टेक्निकल टीम इस अचानक आए ग्लिच की जाँच कर सके।

थोड़ी ही देर में म्यूज़ियम के मेन हॉल में बस VEZA की टेक्निकल टीम के सदस्य, पार्थ, मम्मा–पापा और गीगी ही बचे थे। पार्थ ने टीम के सदस्यों को अपने-अपने काम में लगने का इशारा किया और फिर धीरे-धीरे ज़ारा के पापा की ओर बढ़ा, जो अब भी मंच पर हताश-निराश बैठे थे।

पार्थ ने मदद और सहानुभूति से भरा हाथ उनके कंधे पर रखा और पूरी गंभीरता से बोला, "सर, आप चिंता नहीं कीजिए! हम सभी ज़ारा को ढूँढने में अपनी जान लगा देंगे। वो सिर्फ़ मैडम, गीगी और आप की ही प्यारी नहीं है, बल्कि हम सभी उसके साहस और निडरता के कारण उसे बहुत पसंद करते है।"

फिर पार्थ ने मंच से ही ज़ारा की मम्मा की ओर देखा, जो ठीक सामने बैठी थीं। उसने नरम लेकिन भरोसे से भरे स्वर में कहा, "आप बिल्कुल परेशान मत होइए, मैडम! ज़ारा बहुत समझदार और निडर बच्ची है। जहाँ भी होगी, सुरक्षित होगी और हम उसका पता बहुत जल्द लगा लेंगे।"

ज़ारा की मम्मा ने पास ही बैठी गीगी का हाथ अपने दोनों हाथों के बीच कसकर दबा लिया और भर्राए स्वर में बोलीं, "आई डोंट नो एनीथिंग, हेनरी... आई जस्ट वांट माय ज़ारा बैक!"

फिर उनकी आवाज़ सिसकियों में घुल गई।

गीगी ने अपने दूसरे हाथ से मम्मा के गालों पर बहते आँसू धीरे से पोंछते हुए कहा, “हेनरी, डू यू रिमेंबर... वो स्काई का होलोग्राम? उसे इंटरसेप्ट करने की कोशिश करो!! शायद उसी से ज़ारा का पता चल सके!”

ज़ारा के पापा झटके से स्टेज से उठे और मदर कंप्यूटर की ओर लपकते हुए बोले, “थैंक यू, गीगी!! मेरा तो दिमाग़ ही जाम हो गया था, हाउ कैन आई फॉरगेट दिस!”

पार्थ भी बिना एक पल गँवाए उनके पीछे दौड़ा और दोनों ने एक साथ चेयर खिसकाई और मदर कंप्यूटर की स्क्रीन में खो गए। उनकी तेजी देख, बाकी टीम मेंबर्स भी अपने-अपने टैबलेट्स और आईपैड्स लेकर उनके चारों ओर इकट्ठा हो गए अब सबका ध्यान सिर्फ एक बात पर था– ज़ारा को ढूँढना वो भी किसी भी क़ीमत पर।

मम्मा बिना पलक झपकाए मंच के पीछे लगी विशाल स्क्रीन पर ऐसे नजरें गड़ाये हुई थीं, जैसे वो अब भी उसमें अपनी ज़ारा को तलाश रही हों। लेकिन उस स्क्रीन पर अब बस धोलावीरा के सातवें चरण का ग्राफ़िकल रेंडर हौले-हौले चमक रहा था– जहाँ अब ज़ारा नहीं थी।

कुछ ही पल पहले तक उसकी आवाज़, उसकी साँसें, उसकी हरकतें... सब वहीं थीं। और अब?

सिर्फ़ एक ख़ामोशी, एक रहस्यमयी झलक, जिसमें अतीत ने वर्तमान को चुपचाप निगल लिया था।

गीगी हमेशा की तरह अपनी सारी भावनाएँ भीतर दबाए, बड़ी मजबूती के साथ मम्मा का सहारा बन कर खड़ी थी। ज़ारा को लेकर उनके भीतर भी एक तूफ़ान मचा हुआ था, लेकिन उनके चेहरे पर सिर्फ़ हिम्मत और ठहराव था। उनका दिमाग़ लगातार ज़ारा को ढूँढने के नए रास्ते तलाशने में जुटा था।

उधर पापा और पार्थ अब भी मदर कंप्यूटर की स्क्रीन पर आ रहे हर डेटा फाइबर को ध्यान से स्कैन कर रहे थे। पार्थ बीच-बीच में उठकर VEZA की टेक्निकल टीम से फीडबैक लेता, फिर वापस कंप्यूटर पर लौट आता– मानो किसी भी स्कैन के पीछे वो कोई चूक नहीं होने देना चाहता हो।

तभी पार्थ, हाथ में आई-पैड लिए, तेज़ क़दमों से ज़ारा के पापा– हेनरी के पास आया और बोला, "सर, हमें एक लीड मिली है।"

उसने तुरंत आई-पैड की स्क्रीन हेनरी के सामने करते हुए कहा, "अगर हम इस डिजिटल मैप पर ज़ारा की आख़िरी लोकेशन को ज़ूम इन करें, तो AI नोना के 'स्टेप इन' कहने के ठीक ढाई सेकंड बाद हमें उस विशाल प्राचीन द्वार के पास स्काई के होलोग्राम की एक धुँधली सी परछाई दिखाई देती है।"

"इसका मतलब... हमने स्काई का प्रोटेक्टिव होलोग्राम प्रोग्राम सही तरीके से एम्बेड कर लिया था!"

इस पूरे हादसे के बाद पहली बार पापा– हेनरी, के चेहरे पर उम्मीद की एक मुस्कान उभरी। वो ख़ुशी में अपनी चेयर से झटके से उठ खड़े हुए।

“गीगी और मेरी प्यारी ज़ारा की मम्मा– देयर इज़ वन गुड न्यूज़!”

वो एक साँस में बोले, “हमारा स्काई... उसका प्रोटेक्टिव होलोग्राम मैंने धोलावीरा के इस साढ़े चार हज़ार साल पुराने मेटावर्स में पहले ही एम्बेड कर दिया था। और अब, ये देखिए– वो एक्टिवेट हो चुका है! गीगी, आप सही थीं... अगर हम इसे इंटरसेप्ट कर लें, तो शायद हम ज़ारा को ट्रेस कर सकते हैं!

“पर ये सब क्या है स्काई... उसका प्रोटेक्टिव होलोग्राम? मुझे तो इसके बारे में कुछ भी नहीं पता!” ज़ारा की मम्मा का स्वर घबराया हुआ था।

“और... और स्काई तो यहीं है! ज़ारा की याद में सुबह से ही बिना कुछ खाए-पिए उदास पड़ा है।”

“मैडम! मैडम, आप कृपया परेशान मत होइए... मैं समझाने की कोशिश करता हूँ।” पार्थ की आवाज़ में संयम था, लेकिन गंभीरता भी।

“स्काई एक प्रोटेक्टिव होलोग्राम है, जिसमें बिहेवियरल गाइडेंस सिस्टम इंटीग्रेट किया गया है। मतलब ये कि जब हम धोलावीरा के इस VR मॉडल को डिज़ाइन कर रहे थे, तब हमने स्काई को एक एडवांस होलोग्राम के तौर पर वहाँ ‘बूट’ किया था ताकि वह पूरे अनुभव में ज़ारा के साथ रहे।”

उसने एक पल रुककर मम्मा की आँखों में देखा और फिर आगे कहा– “लेकिन ये सिर्फ एक साथी जैसा डॉग नहीं है, मैडम। यह एक AI-नियंत्रित इंटरफ़ेस है, जो ज़ारा के आसपास के वातावरण को स्कैन कर सकता है, सीमित रूप से संवाद कर सकता है और सबसे ज़रूरी बात, यह उसके इमोशनल और बिहेवियरल संकेतों को समझकर डेटा के रूप में हमें वापस भेज सकता है। इसीलिए अगर स्काई वहाँ एक्टिव हुआ है– तो वह ज़ारा की स्थिति के बारे में संकेत हमें भेज सकता है।”

“तो फिर इंतज़ार किस बात का है?” ज़ारा की मम्मा ज़ोर से बोल उठीं, “झट से उस होलोग्राम को इंटरसेप्ट करो! मेरी बच्ची वहाँ अकेली है।”

“मैडम, हम पूरी कोशिश कर रहे हैं,” पार्थ ने ज़ारा की मम्मा को भरोसा दिलाने की भरपूर कोशिश की, “लेकिन ज़ारा की आख़िरी लोकेशन के डेटा को स्कैन करने के बाद भी हम ये नहीं समझ पा रहे हैं कि यह कोई सिस्टम ग्लिच है या होलोग्राफिक टाइम फ्रैक्चर। ऊपर से स्काई के होलोग्राम के कनेक्टिंग सिग्नल्स भी बेहद कमज़ोर हैं।”

पार्थ कुछ क्षण रुका, फिर हेनरी की ओर मुड़ा और गहरी साँस लेते हुए बोला– “सर, मैं आपको एक और जानकारी देना चाहता हूँ। मैंने और VEZA की टेक्निकल टीम ने कल रात ही एक वर्चुअल मैनेजर ‘टोबी’ को धोलावीरा के साढ़े

चार हज़ार साल पुराने मेटावर्स में क्रिएट किया था। 'टोबी' एक एडवांस्ड AI है, जिसे ज़ारा को उस प्राचीन दुनिया में मार्गदर्शन देने, और वहाँ के पतन के कारणों को खोजने में मदद के लिए डिज़ाइन किया गया है। लेकिन दिलचस्प बात ये है कि आख़िरी चरण में, बूटिंग के वक़्त, न जाने क्यों हमने उसके अंदर विशेष रूप से टाइम ट्रैप्स से निपटने वाली एल्गोरिदम भी ऐड कर दी थी। हम इस प्रोजेक्ट के सफल लॉन्च के बाद आपको ये सरप्राइज़ देना चाहते थे, पर सब कुछ हमेशा हमारी योजना के अनुसार नहीं चलता, सर।" वो थोड़ा भावुक होकर बोला।

"अरे!! वैरी गुड! ये तो आप सभी ने बहुत ही बढ़िया काम किया था... लगता है, गलती शायद मुझसे ही हो गई। ये प्रोजेक्ट मैंने हर एंगल से प्लान किया था, बस ज़िंदगी के एंगल से नहीं।" ज़ारा के पापा की आवाज़ में एक गहरे पछतावे की लहर थी– मानो ज़ारा की इस हालत के पीछे वे अपनी ही विशेषज्ञता की कमी को ज़िम्मेदार मान रहे हों।

हमेशा की तरह गीगी ने माहौल को भाँपते हुए ज़ारा के पापा से कहा, "हेनरी, ये समय ख़ुद को दोष देने का नहीं है– हमें अपनी पूरी ताक़त ज़ारा को ढूँढने और उसे वहाँ से सुरक्षित बाहर निकालने में लगानी चाहिए। चलो, एक बार फिर इन सारे फ़ीडबैक पर काम करते हैं और मेरा यक़ीन मानो, बहुत जल्द कोई रास्ता ज़रूर निकलेगा।"

पार्थ ने भी सहमति जताते हुए कहा, "गीगी, सुबह से जो आपा-धापी शुरू हुई थी वो अब शाम तक आ पहुँची है। मेरा सुझाव है कि आप मैडम को लेकर थोड़ी देर के लिए गेस्ट हाउस चली जाएँ। यहाँ हम तब तक ज़ारा का पता लगाने की पूरी कोशिश करते रहेंगे। आप लोग डिनर तक वापस आ जाइएगा– मुझे पूरा यक़ीन है, तब तक हमारे पास ज़रूर कुछ नई अपडेट्स होंगी।"

ज़ारा की मम्मा ने डबडबाई आँखों से गीगी की ओर देखा और टूटे स्वर में कहा, "मम्मा, आज उसका बर्थडे था! ..."

गीगी ने उन्हें प्यार से गले लगाते हुए नरम लेकिन भरोसे से भरे स्वर में कहा, "आई नो मेरी बच्ची... लेकिन मुझे अपनी ज़ारा की निडरता और समझदारी पर पूरा यक़ीन है। वो जहाँ भी है, बिल्कुल सुरक्षित है। डोंट वरी, लेट्स गो।"

धोलावीरा की रात के सन्नाटे और वीराने को चीरती VEZA की लॉन्च साइट अब भी रोशनी से जगमगा रही थी– लेकिन वो चमक अब एक भारी बेचैनी में डूबी थी।

VEZA की टीम द्वारा वातानुकूलित टेंट्स से हार्डवेयर इक्विपमेंट्स म्यूज़ियम के हॉल में लाकर रख दिए गए थे। जहाँ टीम के कुछ सदस्य शॉर्ट सर्किट के कारण हुए इक्विपमेंट्स के नुकसान को ठीक करने में लगे हुए थे, वहीं बाकी टीम मेंबर्स कंप्यूटर स्क्रीन पर टकटकी लगाए, इंटरफ़ेस और डीबगिंग के ज़रिए हर बिट डेटा को समझने में लगे थे।

ज़ारा के पापा, पार्थ को कुछ मॉनिटर पर देख-देख कर नोट करवा रहे थे, जिसकी पार्थ बड़ी गंभीरता के साथ जाँच कर रहा था।

तभी गीगी और मम्मा की गाड़ी म्यूज़ियम के मेन हॉल के सामने आकर रुकी। साथ में गेस्ट हाउस के कुछ कर्मचारी भी थे, जो खाने-पीने का सामान लेकर गाड़ी से उतरे।

गीगी ने जल्दी से एक बड़ी टेबल पर डिनर लगवा दिया। आज ज़ारा का जन्मदिन था, इसलिए हर चीज़ उसकी पसंद की बनाई गई थी– फ्राइड राइस विथ वेज मंचूरियन, छोले भटूरे, आलू टिक्की, दही वाले गोलगप्पे, फ्रेंच फ्राइज़, मिस्सी रोटी के साथ पालक पनीर, और मीठे में मम्मा के हाथ के गुलाब जामुन और गीगी की बनाई रबड़ी।

ज़ारा भले ही इस वक़्त वहाँ नहीं थी, लेकिन हर स्वाद में उसकी याद महक रही थी।

पूरे हॉल में खाने की ख़ुशबू फैल चुकी थी, जिसने सबका ध्यान अपनी ओर खींच लिया। गीगी ने ताली बजाकर सबको बुलाया, और सभी ऐसे खिंचे चले आए मानो खाने की टेबल में कोई चुंबक हो। पूरे दिन की आपा-धापी में किसी ने ठीक से कुछ खाया ही नहीं था... अब ये खुशबू सबकी भूख को और तेज़ कर रही थी।

मम्मा और पापा चुपचाप हॉल के एक कोने में जाकर बैठ गए। गीगी ने पार्थ को हल्के से इशारा किया, और दोनों मिलकर उनके लिए खाना प्लेट में सजाकर ले आए।

पर जैसे ही मम्मा-पापा ने खाने की प्लेट देखी, दोनों लगभग एक साथ बोल उठे –

"नहीं गीगी, हमसे नहीं खाया जाएगा... आज ज़ारा का जन्मदिन है, और वो पता नहीं कहाँ है, किस हाल में है? ना जाने सुबह से कुछ खाया–पिया भी है या नहीं... ऐसे में हम कैसे एक निवाला भी गले से उतार लें?"

बोलते-बोलते, दोनों की आँखों से आँसुओं की धार बह निकली।

गीगी ने शांत लेकिन मज़बूत आवाज़ में कहा, "नहीं, ऐसे नहीं करते!"

"तुम लोग बहादुर ज़ारा के मम्मा-पापा हो और अगर तुम ही हार मान लोगे, तो ज़ारा वहाँ साहस कैसे बनाए रखेगी? यक़ीन मानो, वो जहाँ भी है, ठीक है... और बहुत जल्द हमारे पास होगी। अब खाना खाओ अगर ताक़त नहीं बची तो उसे ढूँढ़ोगे कैसे?"

गीगी के इतना कहते ही पार्थ भी उत्साह से बोल उठा, "गीगी, आप ये दोनों प्लेट सर और मैडम को दीजिए। मैं अभी अपनी और आपकी प्लेट लेकर आता हूँ! फिर सब साथ बैठ कर खाएँगे। और हाँ! खाना जल्दी ख़त्म करिएगा, क्योंकि इतनी मेहनत के बाद ज़ारा को लेकर एक बड़ी अपडेट मिली है, जो मैं डिनर के बाद आप सबके साथ शेयर करना चाहता हूँ!"

पार्थ के ऐसा कहते ही मम्मा-पापा की आँखों में हल्की-सी उम्मीद की चमक लौटी और सभी लोग खाना ख़त्म कर एक गोल घेरा बनाकर बैठ गए।

पार्थ ने बोलना शुरू किया, "हम सभी के लिए ज़ारा का अचानक गायब हो जाना एक अबूझ पहेली बन गया था। लेकिन हेनरी सर के नेतृत्व में किए गए डेटा इंटरप्रेटेशन से धीरे-धीरे ये समझ में आने लगा कि ये कोई साधारण टेक्निकल गड़बड़ी या एक्सीडेंटल ट्रांसपोर्ट नहीं बल्कि एक होलोग्राफिक टाइम फ्रैक्चर है– यानी अतीत और वर्तमान के टाइम ज़ोन और ऊर्जा स्तरों के आपसी टकराव से बना एक 'टाइम ट्रैप'। जब तक हम कुछ समझ पाते और ज़ारा को रोक पाते, वह ट्रैप सक्रिय हो चुका था और ज़ारा उस सिमुलेशन के भीतर पहुँच चुकी थी। तो इस तरह, ज़ारा अब 4500 साल पहले की धोलावीरा सभ्यता के सातवें चरण में फँस चुकी हैं, वह चरण जो इस महान सभ्यता के पतन से ठीक पहले का समय था।"

"और टोबी और स्काई का क्या? क्या उनसे भी संपर्क नहीं हो पा रहा है?" ज़ारा की मम्मा ने उत्सुकता से पूछा।

"शॉर्ट सर्किट की वजह से हार्डवेयर को जो नुक़सान हुआ है, उसकी वजह से टोबी और स्काई से बहुत लो पिंग रिस्पॉन्स मिल रहा है," पापा ने शांत स्वर में समझाते हुए कहा। "लेकिन सबसे चिंताजनक बात यह है कि ज़ारा की

ब्रेनवेव फ़ीडबैक यानी उसकी सोच से जुड़ा कोई भी डेटा, पूरी तरह से गायब है।" पापा ने बात ख़त्म की और एक गहरी साँस ली।

"इन सब बातों का मतलब सीधा-सा ये है," गीगी ने सभी की ओर देखते हुए कहा, "कि ज़ारा धोलावीरा के टाइम ट्रैप में फँस गई है और वो उस सभ्यता के सातवें चरण में है, वो समय जब ये सभ्यता पूरी तरह टूटने और ख़त्म होने वाली थी।"

वो कुछ पल रुकीं, फिर बेहद शांति से बोलीं, "अब!! एक बार फिर से ज़ारा को अपनी समझदारी और बहादुरी दिखानी होगी। उसे सिर्फ़ ये नहीं समझना होगा कि पतन क्यों और किस कारण हुआ था, बल्कि, इस सभ्यता को उसके पतन से बचाने की कोशिश भी करनी होगी ताकि वो ख़ुद इस टाइम ट्रैप से सुरक्षित बाहर आ सके। और, इस मिशन में उसके साथ होंगे स्काई का होलोग्राम और वर्चुअल मैनेजर टोबी।"

इसके बाद उनकी आवाज़ में एक हल्की उम्मीद जागी और वह बोली, "लेकिन हेनरी, मेरी न्यूरल वेव्स ज़ारा से 90% मैच करती हैं... तो क्या मैं VR में लॉग इन कर के उसके पास नहीं जा सकती?"

"बिलकुल जा सकती हैं," हेनरी ने कहा, "लेकिन सबसे पहले हमें हार्डवेयर को पूरी तरह से फिर से काम करने लायक बनाना होगा। और उससे भी ज़रूरी बात यह है कि हम

जल्दबाज़ी न करें, हमें टोबी और स्काई की फीड का इंतज़ार करना चाहिए, ताकि यह पूरी तरह साबित हो सके कि ज़ारा अब भी उसी प्रोजेक्टेड कोऑर्डिनेट में है। और अगर ऐसा है, तो किसी तरह के हस्तक्षेप की ज़रूरत नहीं होगी।"

"और अगर नहीं है... फिर क्या?" ज़ारा की मम्मा की गहरी, उदासीनता में डूबी आवाज़ पूरे हॉल में गूँज उठी।

किसी के पास इस प्रश्न का कोई उत्तर नहीं था।

एक लंबा सन्नाटा छा गया था।

बड़ी-सी स्क्रीन पर अब भी वही दृश्य था, जो ज़ारा के भीतर जाते समय दिखाई दे रहा था।

फ़र्क़ बस इतना था कि जहाँ पहले ख़ुशियों से भरी चहल-पहल थी, अब वहाँ धोलावीरा की सूनी, रेतीली हवाओं का शोर था... और हॉल में मौजूद हर व्यक्ति की साँसें जैसे थमी हुई लग रही थीं।

5

दावत-ए-धोलावीरा– टोबी, मर्फ़ी और मसीहा

ज़ारा हड़बड़ाकर दोबारा खड़ी हो गई और घबराहट में अपना चेहरा दोनों हाथों से ढँक लिया।

उस नरम, अजीब-सी चीज़ का एहसास अब भी उसके गालों पर बना हुआ था।

वह झुंझलाई सी बुदबुदाई, "ज़ारा!! ज़ारा!! ख़ुद को संभालो... अभी तक तो चीज़ें सिर्फ दिखती थीं, अब महसूस भी होने लगीं? "

घबराते हुए उसने धीरे-धीरे अपने हाथ चेहरे से हटाया, जैसे सामने कोई बहुत डरावना सच खड़ा हो, लेकिन अगले ही पल उसने झट से फिर अपना चेहरा ढँक लिया मानो उस सच्चाई को देखने की हिम्मत उसमें अब भी नहीं थी।

तभी स्काई की कूँ-कूँ के साथ एक बेहद अजीब-सी आवाज़ सुनाई दी– "ज़ारा मैडम! ज़ारा मैडम! प्लीज़ सामने देखिए... मैं आपकी सेवा में... आपका मैनेजर– टोबी!"

इस बार ज़ारा ने पूरी हिम्मत के साथ धीरे-धीरे अपने चेहरे से हाथ हटाया... और ये क्या!!

उसके सामने एक पतला-सा गिरगिट खड़ा था, जिसने टेलकोट पहन रखा था। उसके सिर पर नीले रंग के स्पाइक्स खड़े थे, एक हाथ में छोटी-सी छड़ी, दूसरे में लंबी टोपी और पैरों में आगे से मुड़े अजीब से जूते थे।

वो थोड़ा अजीब ज़रूर था– पर काफ़ी मज़ेदार भी लग रहा था।

लेकिन ज़ारा को रेप्टाइल्स कुछ खास पसंद नहीं थे।

"उफ़्फ़!! ये ज़रूर पार्थ की शरारत होगी... उसे अच्छी तरह मालूम है कि... आई डोंट लाइक रेप्टाइल्स!!" ज़ारा मन ही मन बुदबुदाई।

"आपने कुछ कहा, ज़ारा मैडम?" टोबी ने बड़े प्यार से पूछा।

"नहीं, कुछ नहीं... मैं तो बस..." ज़ारा ने जल्दी से बात घुमानी चाही।

"सॉरी ज़ारा मैडम, 'बस' तो यहाँ नहीं मिलेगी– आपको पैदल ही चलना होगा।" टोबी ने उसे बीच में टोकते हुए नाक से निकलती अपनी अजीब-सी आवाज़ में कहा।

ये सुनते ही ज़ारा अपनी हँसी रोक नहीं पाई।

इस पर टोबी लगभग गोल-गोल झूमते हुए ख़ुशी से चिल्लाया– "ज़ारा मैडम हँसी!! ज़ारा मैडम हँसी!! टोबी को मिले 10 क्रेडिट पॉइंट्स!!"

"ओके-ओके, टोबी सर, ये सब तो ठीक है... लेकिन क्या आप बताएँगे कि आप हैं कौन? कहाँ से आए हैं? और आपको किसने, क्यों भेजा है?"

ज़ारा ने हँसते हुए पूछा।

"ज़ारा मैडम, मुझे सर मत कहिए!" टोबी ने सिर झुकाते हुए बड़े विनम्र अंदाज़ में कहा।

"तो फिर आप भी मुझे मैडम मत बोलिए!" इस बार ज़ारा ने उसकी बात मुस्कुराते हुए, बीच में ही काट दी।

"सॉरी ज़ारा मैडम, ऐसा नहीं हो सकता। मेरी कोडिंग पार्थ सर ने ज़ारा मैडम कहने के लिए ही सेट की है," टोबी ने अपनी क्यूट-सी नाक से निकलती आवाज़ में आगे कहा।

"तो ज़ारा मैडम, अभी तक आप समझ ही गई होंगी कि मुझे VEZA की टेक्निकल टीम और पार्थ सर ने यहाँ, धोलावीरा की साढ़े चार हज़ार साल पुरानी सभ्यता में सेट किया है ताकि मैं आपका मार्गदर्शन कर सकूँ और इस सभ्यता के पतन का कारण ढूँढने में आपकी मदद कर सकूँ। लेकिन कल, लास्ट मिनट में मुझे बूट करते-करते उन्होंने टाइम ट्रैप की संभावनाओं से निपटने वाली एल्गोरिदम भी

मेरे अंदर डाल दी, और देखिए ना... हम सच में टाइम ट्रैप में फँस ही गए!!!

आप... आप समझ रही हैं ना ज़ारा मैडम, इसका मतलब?

अब आपको सिर्फ़ पतन का कारण ही नहीं ढूँढना है बल्कि इस सभ्यता को पतन से बचाना भी है। तभी मैं, स्काई का होलोग्राम– जिसका नाम मर्फ़ी है और आप, हम तीनों इस टाइम ट्रैप से बाहर निकल सकेंगे। नहीं तो... इन सबके साथ-साथ हम तीनों का हैप्पी बर्थडे यहीं मन जाएगा– हमेशा के लिए!"

ज़ारा फिर हँसते हुए बोली, "साहस रखो, मिस्टर मार्गदर्शक टोबी! आज जब मेरा बर्थडे सच में मनना था, तब अगर नहीं मना तो अब मैं किसी और का भी हैप्पी बर्थडे मनने नहीं दूँगी!! और अब जब तुमने ख़ुद ही बता दिया कि तुम्हारे अंदर टाइम ट्रैप से निपटने का एल्गोरिदम भी है, तो ज़रा बताओ न... अब आगे क्या करना है?"

"ओह ज़ारा मैडम, आप कितनी होशियार हैं! इतनी जल्दी तो कोई टोबी की बातें समझ ही नहीं पाया– उल्टा, सब मेरी नाक से निकलती आवाज़ का मज़ाक उड़ाते हैं..." टोबी अपना टेलकोट लहराते हुए, ज़ारा के सामने दोनों पैरों को मोड़कर झुक गया।

ज़ारा भी मुस्कुराई– और अपनी लेयर्ड वाइट स्कर्ट को हवा में हल्के-से लहराते हुए, टोबी के सामने झुक गई।

"ज़ारा मैडम, मेरे दिमाग़ में एक और सॉलिड आइडिया आया है!" टोबी अपनी ही जगह पर उछलते हुए बोला, "धोलावीरा के ये अजीबो-गरीब लोग पिछले सात पीढ़ियों से हर साल आज आपके बर्थडे वाले दिन, यानी छः जुलाई को बहुत धूमधाम से उत्सव मनाते हैं। क्योंकि इनके पूर्वजों ने इन्हें बताया है कि इन्हें बचाने वाला 'मसीहा' इसी दिन आएगा।

और देखिए– आज आप टपक पड़ीं... सॉरी-सॉरी, ज़ारा मैडम, स्लिप ऑफ़ टंग– आज आप आ गईं! तो क्यों न हम इस समारोह में ऐसे शामिल हों जैसे मर्फ़ी और मैं आपको ढूँढ कर लाए हों– इनका 'मसीहा'।"

ज़ारा हैरानी से बोली, "अच्छा! तो इसी वजह से सुबह से ये लोग मुझे देख कर झुक रहे थे और कुछ अजीब-सी भाषा में बड़बड़ा कर चले जा रहे थे!" फिर मुस्कराकर बोली, "ठीक है, ठीक है, ऐसा ही करते हैं! कम से कम समारोह में कुछ खाने को तो मिलेगा। सुबह से कुछ खाया नहीं है– अब पेट में चूहे नहीं, बल्कि, बिल्लियाँ उछल रही हैं।"

ज़ारा की बात पूरी होने से पहले ही टोबी घबरा कर बीच में कूद पड़ा, "क्या? बिल्लियाँ? टोबी इज़ अफ्रेड ऑफ़

बिल्लियाँ! और अगर वो आपके पेट में हैं तो मर्फ़ी तो डर के मारे दौड़ भी नहीं पाएगा!"

ज़ारा फिर से ज़ोर से हँसी, और टोबी उसी अंदाज़ में गोल घूमते हुए चिल्लाया– "ज़ारा मैडम हँसी! ज़ारा मैडम हँसी! टोबी को फिर से मिले 10 क्रेडिट पॉइंट्स!"

"अच्छा टोबी जी, आप इन क्रेडिट पॉइंट्स का करोगे क्या, जो इतने गोल-गोल झूम रहे हो?" ज़ारा ने हँसते हुए टोबी से पूछा और फिर थोड़ी देर रुक कर आगे कहा, "और वो आप ही थे ना, जो नारियल के पेड़ों की कतार से झाँक रहे थे? तो उसी वक्त सामने क्यों नहीं आ गए?"

ज़ारा सवाल करती हुई समारोह की तरफ बढ़ रही थी और टोबी उछलता-कूदता उससे थोड़ा आगे चलकर जवाब दे रहा था। "ज़ारा मैडम, आई विल आंसर वन बाय वन!"

"सबसे पहले– जब आप हँसती हैं, तो टोबी को बहुत अच्छा लगता है! और जब आप हँसती हैं, तो टोबी को 'हँसाने के प्वाइंट्स' मिलते हैं, जिससे टोबी भी नोना, अलेक्सा, जेमिनी और सीरी की तरह एक फेमस V.A. (वर्चुअल असिस्टेंट) बन सकता है!"

"और दूसरी बात– आपका अंदाज़ा बिल्कुल सही था, मैं वहीं था। लेकिन फेसटाइम करने में मुझे थोड़ा डर लग रहा था, क्योंकि मुझे पता था कि आपको रेप्टाइल्स पसंद नहीं हैं।

कल जब पार्थ सर मुझे सेट कर रहे थे, तब वो सबको हँसते हुए बता रहे थे कि मुझे देखकर ज़ारा मैडम का रिएक्शन देखने लायक होगा!"

ज़ारा के चेहरे पर शरारती मुस्कान दौड़ गई। वह बोली, "हम्म! तुम्हें देखते ही मुझे उनकी शरारत समझ आ गई थी। तो बताओ फिर, टोबी जी का फेसटाइम वाला डर बाद में कैसे दूर हुआ?"

टोबी आगे बोला, "मर्फ़ी का काम सिर्फ आपको प्राचीन द्वार से यहाँ, मेरे मीटिंग पॉइंट तक लाना था। इसके बाद कहाँ जाना है, ये उसे नहीं पता था। मीटिंग पॉइंट से आपको गाइड करने की ज़िम्मेदारी मेरी थी।"

वो थोड़ा तेज़ कदमों से आगे बढ़ा और फिर अचानक रुक गया, ताकि ज़ारा उसे पकड़ सके।

ज़ारा को पास आता देख, टोबी मुस्कुराया और फिर बोला–

"जब आप मीटिंग पॉइंट से ख़ुद ही उठकर आगे चलने लगीं, तब टोबी को याद आया– ज़ारा मैडम की सुरक्षा, टोबी की पहली ड्यूटी है! चाहे इसके लिए टोबी को ज़ारा मैडम को थोड़ा डराना ही क्यों न पड़े..."

"पर आप तो डरी ही नहीं!

क्योंकि–

आप हैं ज़ारा...और हर डर, आपसे हारा!"

ज़ारा फिर ज़ोर से हँस दी।

इस पर टोबी भैया एक बार फिर गोल-गोल घूमते हुए खुशी से चिल्ला उठे-"ज़ारा मैडम हँसी!! ज़ारा मैडम हँसी! टोबी को मिले और 10 क्रेडिट पॉइंट्स!"

ज़ारा चलते-चलते भी सवालों की बौछार किए जा रही थी।

"अच्छा!! टोबी जी"– उसने थोड़ा नाटकीय अंदाज़ अपनाते हुए कहा– "मर्फ़ी पर भी कुछ प्रकाश डालना चाहेंगे।"

"मर्फ़ी पर प्रकाश...? सॉरी ज़ारा मैडम, मेरे पास टॉर्च नहीं है," टोबी ने मासूमियत से कहा, "असल में मेरी और मर्फ़ी की आँखों में ऊपर से ही इन-बिल्ट टॉर्च लगी है। और वैसे भी, इस पर प्रकाश डाल कर भी क्या होगा– आपने सुबह से इसे ठीक से देखा नहीं क्या?"

ज़ारा ने इस बार अपनी हँसी को जैसे-तैसे रोका, क्योंकि वो नहीं चाहती थी कि टोबी फिर गोल-गोल घूमने लगे और अपने दस पॉइंट्स गिनवाए। इसलिए अपनी आवाज़ को संयमित करते हुए बोली, "मेरा मतलब था, टोबी जी, ज़रा मर्फ़ी के बारे में भी बताइए। क्योंकि अब मुझे ये तो समझ

आ गया है कि ये मुझे 'स्काई' कहने पर जवाब इसलिए नहीं दे रहा था... क्योंकि ये असली स्काई नहीं, बल्कि स्काई का होलोग्राम है– मर्फ़ी!"

"जी हाँ! मर्फ़ी– आपने बिल्कुल ठीक समझा, ज़ारा मैडम! ये आपके प्यारे स्काई का ही होलोग्राम है, जिसे आपके पापा ने यहाँ सेट किया था, क्योंकि उन्हें मेरे बारे में जानकारी नहीं थी। वो नहीं चाहते थे कि आपको धोलावीरा में अकेलापन महसूस हो, और इसलिए उन्होंने मर्फ़ी के अंदर ऐसे इंटरफेस बूट किए, जो आपके सिग्नल्स टूट जाने के बाद भी, आपके बारे में उन्हें और VEZA की टीम को अपडेट भेजते रहें।"

तभी टोबी ने अपने सिर पर हल्की सी चपत मारी और बोला, "सिग्नल्स! अरे हाँ... सिग्नल्स के नाम पर याद आया– मैं और मर्फ़ी, आपके आने के बाद से ही बेस कैंप को सिग्नल्स भेजने की कोशिश कर रहे हैं, पर अब तक वहाँ से कोई रिस्पॉन्स मिला ही नहीं।"

फिर वो अचानक खुश होकर बोला, "चलिए छोड़िए, ज़ारा मैडम! सामने देखिए, आ गया धोलावीरा का सिटाडेल! जहाँ आपके आने की खुशी में समारोह मनाया जा रहा है।"

टोबी ने हाथ से इशारा करते हुए सिटाडेल की ओर ज़ारा को दिखाया।

वाक़ई, कितना सुंदर लग रहा था ये सिटाडेल– रोशनी से जगमगाता हुआ, जैसे सितारे ज़मीन पर उतर आए हों। चारों ओर अलग-अलग रंगों की मशालें जल रही थीं, जिनकी लौ हवा में थिरकती हुई रंगीन छाया बिखेर रही थी।

हर दिशा से चहल-पहल की हलचल थी– लोग रंग-बिरंगे पारंपरिक कपड़ों में सजधज कर इधर-उधर घूम रहे थे। पूरे माहौल में संगीत की मधुर धुनें तैर रही थीं। सब लोग झूम रहे थे– कोई गा रहा था, कोई ताली बजा रहा था, तो कोई थिरक रहा था।

हर कोने से स्वादिष्ट पकवानों की खुशबू आ रही थी– जैसे किसी ने ज़ारा के भूखे पेट की ही सुन ली हो!

चारों ओर से आती हँसी की आवाज़ें ऐसी घुली थीं जैसे कहीं कोई जादुई पिटारा खुल गया हो– जिसमें बस ख़ुशियाँ ही ख़ुशियाँ भरी हों। सिटाडेल सचमुच अपने उल्लास में डूबा हुआ था, सभी चेहरे मुस्कुराते हुए और उत्सव में मग्न थे।

ज़ारा को सच में ऐसा लग रहा था जैसे ये पूरा समारोह उसी के लिए हो– जैसे उसकी बर्थडे पार्टी इसी सिटाडेल में आयोजित की गई हो।

जैसे ही वो संगीत और रोशनी से सजे इस आयोजन के बीच पहुँची, चार-पाँच लड़कियाँ, जो उम्र में लगभग उसी के जैसी लग रही थीं, खिलखिलाते हुए उसकी ओर आईं।

उन्होंने बिना झिझक ज़ारा का हाथ थामा और प्यार से उसे सामने बने एक खूबसूरत, रंग-बिरंगे टेंट की ओर ले जाने लगीं।

ज़ारा कुछ पल के लिए ठिठकी, और पीछे मुड़कर देखा– टोबी दूर खड़ा था और मुस्कुराते हुए उसे थम्ब्स अप कर रहा था, मानो कह रहा हो– "जाइए, ये पल आपका है!"

करीब पाँच मिनट बाद वो लड़कियाँ टेंट के बाहर निकलीं और टेंट के द्वार पर दोनों तरफ़ ऐसे खड़ी हो गईं, जैसे किसी के टेंट से बाहर आने का इंतज़ार कर रही हों और फिर...

एक सुंदर-सी परी, धोलावीरा के लोगों की पारंपरिक पोशाक में सजी, टेंट से बाहर निकली... अरे! ये तो अपनी ज़ारा थी।

ओह, कितनी सुंदर लग रही थी ज़ारा– जैसे परियों की रानी। हल्के सोने और गेरुए रंग की घाघरा-चोली, जिस पर बारीक कढ़ाई और छोटे-छोटे शीशों का काम था, मशालों की रोशनी में टिमटिमा रहा था। उसकी चोटी में फूलों की एक माला गूँथ दी गई थी, और माथे पर एक चमकदार बिंदी सजी थी।

वो यूनिकॉर्न मोहर, जो टाइम ट्रैप से ज़ारा के साथ चली आई थी– अब सीपियों में पिरोकर एक सुंदर नेकलेस बन गई थी और ज़ारा के गले में दमक रही थी, जिसे उन लड़कियों ने अभी-अभी प्यार से पहनाया था।

ज़ारा के बाहर निकलते ही पूरे समारोह में सन्नाटा छा गया। सभी की नज़रें अनायास ही उस टेंट की ओर मुड़ गईं।

उसे देखकर सभी का मुँह खुला का खुला रह गया– यहाँ तक कि टोबी का भी! और जैसे ही ज़ारा ने पहला कदम आगे बढ़ाया, लड़कियों ने उस पर फूल बरसाए, और सारे धोलावीरा वासी उसके सामने नतमस्तक हो गए। ज़ारा को ये सब बड़ा अजीब लग रहा था। उसने तुरंत टोबी को देखा– पर वो तो इन सब के बीच ऐसा नाटक कर रहा था जैसे वाकई वही "उनकी मसीहा– ज़ारा" को खोजकर लाया हो! यहाँ तक कि मर्फ़ी भी उसकी एक्टिंग में पूरा साथ दे रहा था!

तभी ज़ारा के सामने दो हट्टे–कट्टे जवान आए और ज़ारा को सलाम करते हुए आगे बढ़ने का इशारा किया। समारोह स्थल के बीचों-बीच एक ऊँचा मंच बना था, जिस पर एक भव्य सिंहासन रखा था। वे दोनों ज़ारा को उसी सिंहासन तक ले गए और इशारे से उसे वहाँ बैठने को कहा।

ज़ारा के बैठते ही सिंहासन के दाएँ और बाएँ बने यूनिकॉर्न्स अचानक से चमकने लगे। ज़ारा थोड़ी चौंकी, पर इससे पहले कि वो कुछ पूछती– उन दोनों जवानों ने ज़ोर से अपनी भाषा में कोई नारा लगाया, और अगले ही पल समारोह में फिर से चहल-पहल लौट आई।

समारोह स्थल पर मौजूद महिलाएँ ज़ारा के लिए एक-एक करके खाने के पकवान लाने लगीं। ज़ारा को समझ ही नहीं आ रहा था कि वो खाने की चीज़ें क्या हैं क्योंकि उसने उन्हें पहले कभी देखा ही नहीं था। तभी उनमें से एक बुज़ुर्ग-सी महिला, जो करीब गीगी की उम्र की लग रही थी, आगे आई और बड़े प्यार से अपने हाथ से ज़ारा को भोजन खिलाने लगी।

भोजन मुँह में जाते ही ज़ारा को तो मज़ा ही आ गया– "वाह!! पता नहीं क्या है, पर कितना स्वादिष्ट है!" ज़ारा के मुँह से बरबस ही निकल पड़ा।

और ये सुनते ही सभी ऐसे खुश हो गए जैसे उन्हें सब समझ में आ गया हो। कोई ताली बजाने लगा, कोई मुस्कुराया, और कुछ तो ख़ुशी के मारे उछलने लगे।

ज़ारा ने आँखों के किनारे से देखा– टोबी और मर्फी भी बड़े मज़े से भोजन का आनंद ले रहे थे।

पता नहीं क्यों, पर ज़ारा वाक़ई में ख़ुश थी।

फिर सभी उसका हाथ पकड़कर नाचने और गाने की जगह पर ले आए।

ज़ारा के क़दम अपने आप थिरकने लगे और उसे ऐसा लगने लगा जैसे वाक़ई में ये सारे लोग उसके अपने हों।

"ओह! कितना मज़ा आ रहा है यहाँ," ज़ारा ने एक का हाथ पकड़, फिर झूमते हुए दूसरे का हाथ पकड़कर नाचते हुए ये सोचा। उसकी खिलखिलाहट रुकने का नाम ही नहीं ले रही थी। तभी, उसने सामने आड़ से किसी को झाँकते हुए देखा।

"अरे! ये यहाँ कैसे? कितने होलोग्राम भेजे हैं पापा ने?"

ऐसा सोचते हुए ज़ारा ने टोबी को उसके टेल-कोट से खींचा और लगभग उसे वहीं खींच लाई जहाँ उसने वो झलक देखी थी पर अब वहाँ कोई नहीं था।

"व्हाट ज़ारा मैडम! ये घसीटते हुए लाने का कौन-सा नया डांस स्टाइल है?" टोबी ने अपना टेल-कोट ठीक करते हुए कहा।

"अरे डांस करने नहीं। मैं तुम्हें कुछ दिखाने लाई थी पर पता नहीं, भीड़ में कहाँ गुम हो गया।"

ज़ारा ने चारों ओर नज़र दौड़ाते हुए कहा।

"छोड़िए ज़ारा मैडम– जो गुम हो गया वो फिर मिल जाएगा, ये कुछ नया देखिए!" और टोबी के इतना कहते ही ज़ारा की आँखें फटी की फटी रह गईं।

क्योंकि अचानक ही संगीत और नृत्य थम गया और टोबी उन लोगों से उनकी भाषा में बातचीत करने लगा!

थोड़ी देर बातचीत करने के बाद टोबी ने ज़ारा की ओर देखा और कहा, "चलिए ज़ारा मैडम, अपन तीनों की यहाँ रुकने की व्यवस्था हो गई है।"

उसने वहीं पास खड़ी बुज़ुर्ग महिला की ओर इशारा करते हुए कहा, "ये हैं ट्रिकी जीजी– और हम इनके घर पर रुकेंगे। शी हैज़ मोस्ट कम्फर्टेबल हाउस इन दिस एंटायर धोलावीरा!"

टोबी ने जैसे ही ज़ारा के चेहरे के भाव देखे, वो तुरंत बोला, "आई नो, ज़ारा मैडम, आपके पास बहुत सारे प्रश्न हैं, पर फिलहाल हम सब ट्रिकी जीजी के घर चलते हैं और थोड़ा आराम करते हैं। मैं कल सुबह सब कुछ आपको विस्तार से बताऊँगा।"

ज़ारा सच में काफ़ी थक चुकी थी, और उसने एक अच्छे बच्चे की तरह टोबी की बात मान लेने में ही अपनी भलाई समझी।

वे तीनों ट्रिकी जीजी के घर की ओर चल पड़े।

ट्रिकी जीजी का घर वाक़ई बहुत सुंदर था– धोलावीरा की पारंपरिक शैली में बना हुआ, मिट्टी और चमकदार पत्थरों से सुसज्जित।

घर की दीवारें हल्के भूरे और गेरुए रंगों से रंगी हुई थीं, जिनपर सफ़ेद चूने से सुंदर-सुंदर पारंपरिक चित्र बनाए गए

थे– सूर्य, चंद्रमा, पक्षी, फूल और कई रहस्यमयी प्रतीक जिनका मतलब ज़ारा अपनी थकी हुई आँखों से समझने की कोशिश कर रही थी। छत पत्तों और चमकदार रेशों से बनी थी जो रात में मशालों की रोशनी में हल्की चमक दे रही थी।

दरवाज़े की चौखट पर सीपियों और घंटियों की झालर टंगी थी, जो हिलते ही मधुर सी झनकार देती।

अंदर प्रवेश करते ही ठंडक का एक सुखद एहसास मिला– ज़मीन पर मुलायम घास और ऊन से बुने रंगीन गलीचे बिछे थे। दीवारों के पास मिट्टी के सुंदर बर्तन रखे थे जिनमें कुछ फूलों की महक उठ रही थी।

कमरे के एक कोने में झूमता हुआ झूला था और दूसरे कोने में पुरानी लकड़ी की अलमारी जिसमें हस्तशिल्प की वस्तुएँ और कुछ पुरानी तस्वीरें सजी थीं। उस पुरानी लकड़ी की अलमारी के ऊपर एक संदूक रखा था, जो किसी बीते ज़माने का लग रहा था।

हर कोना इस तरह सजा हुआ था जैसे किसी ने बहुत प्यार से हर चीज़ को वहाँ रखा हो।

ज़ारा ने मुस्कुरा कर सोचा– सच में, ट्रिकी जीजी का घर बिल्कुल परियों की कहानी की किताब से निकला हुआ लगता है।

सोने की व्यवस्था भी उतनी ही खास और सुकून भरी थी– ज़मीन पर एक नीची चौकी बिछी थी जिसपर मुलायम

कपड़े, रेशमी चादर और रंग-बिरंगे तकिए सजे थे। चादर से चंदन और गुलाब की हल्की-सी महक आ रही थी।

ट्रिकी जीजी ने उसी पुरानी लकड़ी की अलमारी से एक गर्म ऊनी शॉल निकाली और उसे ज़ारा के लिए बड़े प्यार से बिछा दिया। दीवार के कोने में रखी छोटी-सी मशाल हलकी पीली रोशनी फैला रही थी, जिससे पूरा कमरा जैसे सपनों की दुनिया में बदल गया था।

सोने से पहले ट्रिकी जीजी ज़ारा के लिए एक गिलास गरम दूध लेकर आईं– बिल्कुल वैसे ही जैसे गीगी हर रात उसके लिए लाया करती थी।

कमाल तो तब हुआ जब ज़ारा ने दूध का एक घूंट पिया– और जैसे ही वो गरमाहट उसके भीतर गई, उसके थके हुए हाथ-पैरों का सारा दर्द पल भर में गायब हो गया। ज़ारा जैसे ही लेटी, ट्रिकी जीजी ने उसके सिर पर प्यार से हाथ फेरा और फिर मशाल बुझा दी।

ज़ारा जल्द ही अपने सपनों की दुनिया में डूब गई...

लेकिन यह सपना कुछ अलग था– बड़ा अजीबो-गरीब और डरावना।

धोलावीरा में चारों ओर तबाही मची हुई थी। एक विशालकाय मीटियर आकाश से धरती की ओर तेज़ी से

बढ़ता चला आ रहा था– ऐसा लग रहा था मानो पूरा आकाश टूटकर नीचे गिरने वाला हो।

उसके टुकड़े पहले ही कई जगह गिर चुके थे... और हर जगह तबाही का मंजर था। लोग चीख-पुकार करते हुए इधर-उधर भाग रहे थे। धरती फट चुकी थी, उसके भीतर से लावा और धुएँ का भयानक गुबार उठ रहा था।

समुद्र का पानी धरती की फटी हुई दरारों में ऐसे समा रहा था जैसे पृथ्वी अपनी ज्वाला शांत करने के लिए ख़ुद उसे पी रही हो।

चारों ओर अफ़रा-तफ़री थी, हर दिशा से बस एक ही आवाज़ गूँज रही थी– "ज़ारा! हमें बचाओ। ज़ारा!! हमें बचाओ। ज़ारा। हमें बचाओ।"

ज़ारा के कानों में आवाज़ इतनी ज़ोर से गूँजने लगी कि ऐसा लगा जैसे उसके कान फट जाएँगे, वो नींद में ही चिल्ला उठी– "चुप रहो सब!!"

पर आवाज़ थी कि रुकने का नाम ही नहीं ले रही थी। ज़ारा हड़बड़ा कर उठकर बैठ गई– और सामने जो नज़ारा था, वो सचमुच किसी भयानक सपने से कम नहीं था।

6

संदूक से– परछाई तक

पुरानी लकड़ी की अलमारी के एक छोर से अटकी हुई सीढ़ी हवा में लटकी थी, जिसे पकड़कर ट्रिकी जीजी झूल रही थीं– और उनका पैर पकड़कर टोबी भी उसी में लटका हुआ था।

नीचे मर्फी गोल-गोल घूमते हुए भौंक रहा था। वे दोनों एक साथ चिल्ला रहे थे– "ज़ारा हमें बचाओ। ज़ारा हमें बचाओ!! ज़ारा हमें बचाओ!!"

"अरे! आप लोगों ने ये सुबह-सुबह दिवाली की सफाई क्यों शुरू कर दी?" ज़ारा ने उन तीनों की अजीबो-गरीब हालत देखकर आँखें मलते हुए हँसकर कहा।

टोबी अपनी नाक से निकलती आवाज़ में लगभग चिल्लाते हुए बोला–

"ज़ारा मैडम! प्लीज़, मज़ाक बाद में उड़ाइएगा– पहले हमारी जान बचाइए! नहीं तो हम दोनों की हड्डी-पसली

टूट जाएगी, और बेचारा मर्फी भी हम दोनों के नीचे पिस जाएगा!!"

"ओके-ओके, घबराओ मत! मैं आ रही हूँ!!"

ज़ारा जल्दी से उठी और दोनों को सहारा देकर सावधानी से नीचे उतारा। लेकिन वो अपनी उत्सुकता रोक नहीं पाई और तुरंत बोली, "पर तुम लोग ये सब कर क्या रहे थे? और ये ट्रिकी जीजी, ये अचानक सुबह-सुबह हमारी भाषा कैसे बोलने लगीं?"

"ज़ारा मैडम, मैं आपको सब बताता हूँ, थोड़ा साँस तो लेने दीजिए प्लीज़!" टोबी हाँफते हुए बोला, "ऐसा लग रहा है जैसे, स्वर्ग के दर्शन करके अभी-अभी लौटा हूँ!"

"हाँ-हाँ! पहले तुम तीनों पानी पियो, फिर आराम से बताना," ज़ारा ने मुस्कुराते हुए कहा।

तीनों को एक-एक कर पानी का गिलास थमाते हुए, उसने पास रखी मचिया सरकाई और उनके पास आकर बैठ गई।

ट्रिकी जीजी ने फिर से अपनी ही भाषा में टोबी को कुछ कहा और फिर चुपचाप उठकर वहाँ से चली गईं।

"अब ये क्या टोबी सर! आप ये गुप्त भाषा में बातें करेंगे, तो सब कुछ मेरे सर के ऊपर से निकल जाएगा,"

ज़ारा ने थोड़ा झुंझलाते हुए, पर मज़ाकिया लहजे में कहा।

"ऐसे में तो मैं कैसे बचा पाऊँगी धोलावीरा को? और फिर मन जाएगा सभी का 'हैप्पी बर्थडे'!"

"प्लीज़ ज़ारा मैडम, मुझे 'सर' मत बोलिए, लेट मी एक्सप्लेन!"

टोबी कुछ परेशान-सा होते हुए ज़ारा को समझाने की कोशिश करता हुआ बोला– "तो, ये जो भाषा है, ये कोई गुप्त भाषा नहीं है, बल्कि धोलावीरा की लोकल भाषा है। अब आपको पता है कि मेरे अंदर AI है– और इसी वजह से मैं न सिर्फ़ हर भाषा को समझ और बोल सकता हूँ, बल्कि किसी भी नई भाषा को सिर्फ़ सुनकर उसमें प्रयोग किए गए शब्दों को अपनी मेमोरी में प्रोसेस करके उसे सीख भी सकता हूँ! मैं यहाँ, आपके आने से बारह घंटे पहले पहुँच गया था। और तब, बैठे-बैठे आपका इंतज़ार करते हुए मैंने सोचा– क्यों ना समय का सदुपयोग कर लूँ और इनकी भाषा सीख लूँ, ताकि आपको ज़्यादा बेहतर तरीके से मदद कर सकूँ।"

"बस इसी वजह से– आई कैन कम्यूनिकेट!"

फिर टोबी ने हल्की मुस्कान के साथ जोड़ा -

"और दूसरी बात, ज़ारा मैडम– हम लोग सुबह-सुबह दिवाली की सफ़ाई नहीं कर रहे थे, क्योंकि दिवाली अभी दूर है!"

"तो फिर ये क्या हो रहा था– ओलंपिक की तैयारी?" ज़ारा खिलखिलाते हुए बोली, "और ये ट्रिकी जीजी, अभी तुमसे क्या बोल कर गईं? और ये कैसे कुछ देर पहले हमारी भाषा में तुम्हारे साथ ज़ोर-ज़ोर से चिल्ला रही थीं?"

"नो नो ज़ारा मैडम, लेट मी एक्सप्लेन! एक-एक बात।"

टोबी हाथ हिलाते हुए बोला, "ट्रिकी जीजी मुझसे कहकर गई हैं कि मैं आपको सब कुछ अच्छे से समझाऊँ, तब तक वो गरमा-गरम नाश्ता बना लाती हैं।"

फिर वह अपनी जगह से उठकर ज़ारा के गोल-गोल चक्कर लगाने लगा, जैसे कोई बहुत महत्वपूर्ण और रहस्यमयी बात बताने वाला हो।

"ज़ारा मैडम, कल से मैंने यहाँ के लोगों में एक बात नोटिस की– इनका दिमाग़ किसी सुपर-कंप्यूटर जैसा है! ये लोग किसी भी चीज़ को बहुत जल्दी पकड़ लेते हैं। इसीलिए जब मैं चिल्लाया, तो ट्रिकी जीजी मेरे शब्द दोहराने लगीं– उन्हें लगा कि ऐसा कहने से आप उठेंगी और हमें बचा लेंगी!"

अब टोबी थोड़ी देर के लिए रुका, ज़ारा की आँखों में देखा फिर नाटकीय अंदाज़ में बोला– "यहाँ के लोग बहुत अनुशासित हैं– सुबह जल्दी उठना, सफ़ाई, समय पर खाना– ये सब इनकी दिनचर्या का हिस्सा है, इसीलिए मर्फ़ी ने मुझे सुबह जल्दी उठाने के चक्कर में अपने मुँह में दबोच लिया और ट्रिकी जीजी के घर के सामने वाले पोखर में फेंक दिया!"

वह अपना साफ़-सुथरा, टेल-कोट सीधा करते हुए बोला, "लेकिन थैंक्स टू मर्फ़ी– मैं उठ भी गया और मेरा नहाना-धोना भी हो गया! और जब मैं अच्छे से सज-धज कर 'जेंटलमैन' बनकर लौटा, तो ट्रिकी जीजी ने मुझे अपनी पुरानी लकड़ी की अलमारी के ऊपर रखा वो संदूक दिखाया,"

टोबी नाश्ते की प्लेट ट्रिकी जीजी के हाथ से लेकर ज़ारा को थमाते हुए पास आया, और फुसफुसा कर बोला– "जो ट्रिकी जीजी की नानी को उनकी नानी से मिला था, और ट्रिकी जीजी की नानी की नानी को उनकी नानी से, और फिर!"

"ओह टोबी सर, मैं समझ गई इस संदूक की विरासत!" ज़ारा ने टोबी की लंबी-लंबी बातों से थोड़ा परेशान होते हुए कहा, "अब आप प्लीज़ आगे की बात बताइए।"

"जी! जी! ज़ारा मैडम, बिल्कुल बताता हूँ, पर प्लीज़, आप मुझे 'सर' मत कहिए!" टोबी जल्दी में थोड़ा हकला कर बोला,

"तो! तो!, ट्रिकी जीजी ने मुझे बताया कि इस संदूक में रखा पुराना ख़ानदानी सामान शायद धोलावीरा को बचाने में आपकी मदद कर सके। इसी वजह से हमने सोचा कि आपके उठने से पहले ही इसे नीचे उतार लाएँ, ताकि जब आप जागें तो ये आपको एक सरप्राइज़ की तरह दिखा सकें।"

फिर टोबी ने एक लंबी साँस लेते हुए कहा, “पर यहाँ तो सीढ़ी फिसल कर हवा में लटक गई और हमें ही एक बड़ा-सा सरप्राइज़ मिल गया!”

“तो फिर देर किस बात की? चलो, इसे नीचे उतारते हैं, खोलते हैं ये संदूक और बचाते हैं धोलावीरा!”

ज़ारा नाश्ते की प्लेट जल्दी से धोकर रखती हुए बोली। वो उस संदूक की ओर ऐसे उत्साहित होकर चहक रही थी, जैसे उसे फिर से गीगी का पिछला एडवेंचर वाला जादुई संदूक मिल गया हो।

“बिल्कुल, बिल्कुल ज़ारा मैडम! लेकिन अब जब सुबह हो ही चुकी है, तो मैं और मर्फ़ी सबसे पहले धोलावीरा साइट पर VEZA की टीम को सिग्नल भेजने की कोशिश करते हैं। तब तक आप भी तैयार हो जाइए– फिर शुरू करते हैं ‘मिशन संदूक’!”

फिर थोड़ा रुककर टोबी थोड़ा झिझकते हुए बोला, “वैसे ज़ारा मैडम, आप तो इतनी खूबसूरत हैं कि आप हमेशा तैयार ही लगती हैं।” और इतना कहकर वह मर्फ़ी के साथ बाहर की ओर दौड़ गया।

ज़ारा तैयार होकर ट्रिकी जीजी के घर के सामने बने छोटे से बगीचे में पहुँची, जहाँ टोबी और मर्फ़ी आपस में गुत्थम-गुत्था होते हुए कुछ उलझे से दिख रहे थे।

"क्या हुआ? सिग्नल भेज पाए आप लोग?" ज़ारा के पूछते ही टोबी और मर्फ़ी चौंक गए और उचक कर खड़े हो गए।

"नहीं ज़ारा मैडम," टोबी की आवाज़ से लग रहा था कि वो परेशान है, "बार-बार कोशिश कर रहे हैं पर हर बार 'नो रिस्पॉन्स' ही आ रहा है।"

"कोई बात नहीं, चलो पहले संदूक नीचे उतारकर देखते हैं उसमें क्या है, फिर इस प्रॉब्लम को सुलझाएँगे," ज़ारा ने दोनों को भरोसा दिलाते हुए कहा।

संदूक सलामती से नीचे उतर चुका था और अब खुल भी गया था। लेकिन ज़ारा की उम्मीदों के उलट, ना तो कोई धुआँ उठा, ना सफेद फूले-फूले बादल निकले, और ना ही यूनिकॉर्न्स दिखाई दिए।

संदूक के अंदर बस एक पुरानी, धूल से भरी डायरी जैसी किताब थी– जिस पर इस दुनिया की संकेतों वाली भाषा में कुछ लिखा था। साथ ही एक लेंस था जो किसी मैग्निफाइंग ग्लास जैसा लग रहा था, एक पुराने ज़माने के पंख से बना पेन, जिसे स्याही में डुबोकर लिखा जाता था, और एक छोटी-सी पुरानी बोतल जिसमें लाल रंग की कोई स्याही जैसी चीज़ भरी थी।

टोबी और ट्रिकी जीजी संदूक में रखी चीज़ों को उलट-पलट कर देख रहे थे, मर्फी हर चीज़ को सूँघ-सूँघकर परख रहा था।

लेकिन ज़ारा का ध्यान जैसे एकदम से उस धूल से ढकी पुरानी डायरी जैसी किताब की ओर खिंच गया। उसने झटपट उसकी धूल झाड़ी और किताब उठा ली।

जैसे ही धूल का गुबार हटा, टोबी, ट्रिकी जीजी और मर्फी-तीनों ज़ारा को फटी-फटी आँखों से ऐसे देखने लगे जैसे कुछ बहुत अनोखा हुआ हो,

"क्या हुआ? क्या हुआ?" ज़ारा ने हड़बड़ाकर पूछा, लेकिन तभी एक अजीब-सी झुनझुनी उसके पूरे शरीर में दौड़ गई।

उसकी नज़र जैसे ही अपने गले की उस मुहर पर पड़ी, जो कल उन लड़कियों ने माला में पिरोकर पहनाई थी– वो दंग रह गई।

मुहर पर बना यूनिकॉर्न का चिन्ह तेज़ी से चमक रहा था,

"ज़ारा मैडम! ज़ारा मैडम! घबराइए नहीं– इट्स ओके, इट्स ओके!" टोबी ने जल्दी से ज़ारा को सँभालते हुए कहा,

"शायद ये मुहर पर बना यूनिकॉर्न इसी डायरी जैसी किताब की ओर आपका ध्यान खींचना चाहता हो, हो सकता

है कि यही डायरी जैसी किताब धोलावीरा को पतन से बचाने का एक अहम सुराग हो।”

ज़ारा ने जैसे ही ट्रिकी जीजी और मर्फ़ी को टोबी की बात पर गंभीरता से सिर हिलाते देखा, उसकी घबराहट कम हुई और वो फिर से थोड़ा सहज महसूस करने लगी।

“हो सकता है, टोबी, तुम सही कह रहे हो, लेकिन जब मुझे इसके कवर पेज पर ही क्या लिखा है, वो ही समझ में नहीं आ रहा, तो अंदर क्या राज़ छुपा है– वो कैसे समझ में आएगा?” ज़ारा डायरी जैसी किताब को उलटते-पलटते हुए थोड़े उलझे स्वर में बोली।

अचानक उसकी आँखों में चमक आ गई– जैसे उसे कोई सुराग मिल गया हो।

“एक मिनट! एक मिनट!” वो खुशी से चहकते हुए बोली, “ये देखो! किताब के नीचे ये कुछ अजीब से संकेत बने हैं, ठीक वैसे, जैसे मोबाइल का पासकोड पैटर्न होता है। शायद अगर हम इन्हें सही तरीके से दबाएँ, तो ये किताब खुल सकती है– ठीक अपने मोबाइल फ़ोन की स्क्रीन की तरह!!”

टोबी, ट्रिकी जीजी और मर्फ़ी– तीनों बिना पलक झपकाए एकदम ध्यान से ज़ारा की बात सुन रहे थे, जैसे किसी जादू की शुरुआत देखने जा रहे हों।

"टोबी जी, ज़रा ट्रिकी जीजी से इनकी भाषा में पूछिए ना," ज़ारा डायरी जैसी किताब की ओर इशारा करते हुए बोली, "क्या मैं जो सोच रही हूँ वो सही है? और अगर हाँ, तो क्या उन्हें ये पासकोड पता है?"

"जी ज़ारा मैडम," टोबी ने कहा और बिना समय गंवाए तुरंत ट्रिकी जीजी की ओर मुड़कर उनकी भाषा में कुछ पूछा।

जैसे ही ट्रिकी जीजी ने जवाब दिया, टोबी तुरंत ज़ारा की ओर मुड़ा और बोला, "आप बिल्कुल सही सोच रही हैं, ज़ारा मैडम। पर , इन्हें पासकोड नहीं पता। यहाँ तक कि इनकी नानी को भी नहीं पता था, ना इनकी नानी की नानी को, ना उनकी नानी की नानी को, और और!"

"ठीक है, ठीक है टोबी जी, मैं समझ गई!" ज़ारा टोबी को समझाते हुए बोली, "इसका मतलब ये पासकोड हमें ख़ुद ही ढूँढना पड़ेगा।"

ज़ारा ने अभी अपनी बात पूरी भी नहीं की थी कि उसे एक हल्की-सी परछाई सामने से गुजरती महसूस हुई। वो कुछ पल के लिए चुप हो गई। उसकी आँखें उसी दिशा में ठहर गईं– वही परछाई, वही झलक, जो कल किसी आड़ से उसे देख रही थी।

वो टोबी से कुछ पूछने ही वाली थी कि टोबी बीच में बोल पड़ा, "ज़ारा मैडम, इतने में तो टोबी का पूरा नाश्ता पच गया

और ट्रिकी जीजी के खाने की मज़ेदार ख़ुशबू भी आ रही है! ओह माय गॉड! चलिए पहले लंच कर लेते हैं– क्या पता पेट भरते ही टोबी के दिमाग़ की घंटी भी बज उठे!"

इतना कहकर टोबी मर्फ़ी के साथ किचन की ओर दौड़ा और कुछ ही देर में लौटकर ज़ारा के सामने दो थालियाँ बड़े करीने से सजाकर रख दीं। मर्फ़ी अपने मुँह में एक भरा-पूरा कटोरा दबाए खड़ा था, जैसे अभी तुरंत ही उस पर टूट पड़ेगा।

भोजन सच में इतना स्वादिष्ट था कि पेट तो भर गया, लेकिन दिल नहीं भरा। हर निवाले में वो स्वाद था जो किसी और दुनिया का लगता था– मसालों की खुशबू, देसी घी की खुशबू, और ट्रिकी जीजी की मेहनत का स्वाद।

लंच ख़त्म होते ही टोबी और मर्फ़ी फिर से पहले जैसी ऊर्जा के साथ ट्रिकी जीजी के घर के सामने बने छोटे से बगीचे की तरफ़ दौड़ पड़े, जैसे खाना खाकर उनमें नई बैटरी लग गई हो। ज़ारा ने ट्रिकी जीजी के साथ बर्तन समेटने और रसोई को ठीक करने में हाथ बंटाया, और फिर जल्दी से बगीचे की ओर निकल गई।

ये तुम दोनों गुत्थम-गुत्था होकर क्या कर रहे हो, मुझे कुछ बताओगे?" ज़ारा ने बड़े प्यार से पूछा।

“ज़ारा मैडम, हम पूरी कोशिश कर रहे हैं सिग्नल भेजने की, ताकि वहाँ सबको पता चल सके कि आप ठीक हैं। लेकिन हर बार कोशिश नाकाम हो रही है,” टोबी ने मायूसी से जवाब दिया।

“कोई बात नहीं टोबी जी, ऐसे मायूस नहीं होते। ज़रा मुझे समझाओ क्या करना है, शायद मैं कुछ मदद कर सकूँ,” ज़ारा की आवाज़ में उम्मीद साफ़ झलक रही थी।

“बिल्कुल, ज़ारा मैडम!” टोबी ने कहा और झटपट अपनी हैट उतारी– फिर उसमें हाथ डालकर एक चमकदार, सिल्वर रंग का अजीब-सा यंत्र निकाला। देखने में वह किसी छोटे टैबलेट जैसा लग रहा था, लेकिन उसके किनारों पर घूमती नीली लाइट्स और बीच में पारदर्शी स्क्रीन इसे कुछ खास बना रही थी।

टोबी ने यंत्र को ज़ारा की ओर बढ़ाते हुए कहा, “ये इंटर-डायमेंशनल सिग्नल एम्प्लिफायर है, यानी आई.डी.एस.ए.। यह डिवाइस बेहद हल्के संकेतों को पकड़कर उन्हें ताक़तवर बना कर सही जगह भेज सकता है।”

उसने स्क्रीन को हल्के से टैप किया और ज़ारा की ब्रेनवेव्स की एक नीली लहर उभर आई, जो बहुत धीमी और अस्थिर थी।

टोबी ने चिंता से कहा, “समस्या ये है कि टाइम ट्रैप की वजह से आपकी ब्रेनवेव्स की रफ़्तार थोड़ी बदल गई हैं, और ये मशीन उन्हें ठीक से पकड़ नहीं पा रही।”

"तो क्यों न इसे रिस्टार्ट करके देखा जाए? मेरा फ़ोन जब हैंग होता है, तो मैं यही करती हूँ," ज़ारा ने सुझाव दिया।

टोबी चहक पड़ा, "क्या बात है ज़ारा मैडम! आपका दिमाग़ तो सुपर-कंप्यूटर से भी तेज़ चलता है।"

इतनी छोटी बात पर इतनी तारीफ़ सुनकर ज़ारा हल्का-सा मुस्कुराई। फिर उसने डिवाइस का ऑन-ऑफ बटन देर तक दबाया और 'रीस्टार्ट' का विकल्प चुना। डिवाइस जैसे ही दोबारा चालू हुआ, उसके किनारों की नीली लाइट पहले लाल हुई, फिर कुछ पलों में हरे रंग में बदल गई।

टोबी और मर्फ़ी ख़ुशी से उछल पड़े।

"हो गया! हो गया!!" टोबी ख़ुशी से चिल्लाया।

ज़ारा ने स्क्रीन को फिर से टैप किया– अब उसमें उसकी ब्रेनवेव्स की नीली लहर तेज़ और स्थिर दिखाई दे रही थी।

उसी पल, ज़ारा के गले में लटकी यूनिकॉर्न वाली मोहर चमकने लगी।

एक पल को ज़ारा चौंकी, लेकिन फिर उसने हिम्मत करके स्क्रीन पर ब्लिंक कर रहे सेंड बटन को दबा दिया।

कुछ ही पलों में स्क्रीन पर संदेश उभरा– "ज़ारा मैडम सुरक्षित हैं" सिग्नल सफलतापूर्वक भेजा गया।

इतनी ख़ुशी तो ज़ारा को शायद अपने 10वीं के बोर्ड रिज़ल्ट के वक्त भी नहीं हुई थी, जितनी इस समय हो रही थी।

टोबी, मर्फ़ी और ज़ारा खुशी से उछल रहे थे– जैसे कोई बड़ी जंग जीत ली हो।

उनकी हँसी और शोर सुनकर ट्रिकी जीजी भी बाहर आ गईं। उन तीनों को मस्ती करते देख उनके चेहरे पर भी मुस्कान खिल उठी। वो अंदर गईं और थोड़ी देर बाद चॉकलेट शेक जैसा ठंडा-मीठा कुछ लेकर लौटीं।

जैसे ही ज़ारा, टोबी और मर्फ़ी ने पहला घूंट लिया– सबका चेहरा खिल उठा।

वो शेक जितना स्वादिष्ट था, उतना ही ताक़तवर भी।

अब ज़ारा ख़ुद को पूरी तरह तरो-ताज़ा महसूस कर रही थी। उसने ख़ुशी-ख़ुशी समुद्र किनारे जाने की इच्छा जताई– वही जगह जहाँ कल टोबी से उसकी पहली मुलाक़ात हुई थी, और जो अब उसका पसंदीदा स्पॉट बन चुका था।

ज़ारा ने जैसे ही समुद्र किनारे चलने की बात कही, टोबी ने मुस्कराते हुए सिर हिलाया, "आप और मर्फ़ी पहले जाइए ज़ारा मैडम! मैं एक काम निबटा कर थोड़ी देर में आप दोनों को जॉइन करता हूँ।"

"ठीक है, पर ज़्यादा लेट मत करियेगा टोबी जी," ज़ारा ने कहा और मर्फ़ी को इशारा किया।

मर्फ़ी खुशी से उछलता हुआ ज़ारा के पास आया और दोनों धीरे-धीरे बगीचे के रास्ते समुद्र की ओर चल पड़े।

रास्ते में हवा में ठंडक थी और समुद्र की ओर से आती नमकीन खुशबू एक अजीब-सी ताज़गी दे रही थी। रास्ता चुप था, पर ज़ारा और मर्फ़ी के बीच बिना कहे ही बहुत कुछ चल रहा था। कभी मर्फ़ी ज़ारा के पैर के पास मुँह मार कर कुछ कहने की कोशिश करता, तो कभी ज़ारा उसकी पीठ हल्के से थपथपाती।

जब वो दोनों अपने "पसंदीदा स्पॉट"– नारियल के पेड़ से सटी ऊँची चट्टान के पास पहुँचे, जहाँ से दूर-दूर तक समुद्र दिखता था। ज़ारा कुछ पल वहीं बैठकर बस लहरों को देखती रही।

"कितना शांति भरा है ये सब," उसने मर्फ़ी की ओर देखते हुए कहा, जो अब उसकी गोद में सिर टिकाकर बैठ गया था।

ज़ारा डूबते सूरज को देख रही थी। उसे लग रहा था, जैसे सूरज ठंडक पाने के लिए धीरे-धीरे समुद्र में उतरता हो, और फिर नमक में लिपटकर चाँद बनकर आसमान में लौट आता हो। उसे अपने हेडफोन की याद आ रही थी, क्योंकि ऐसे शांत और खूबसूरत पल में कोई अच्छा-सा गाना सुनते हुए ख़ुद के भीतर झाँकना, यही तो उसे सबसे ज़्यादा पसंद था।

फिर भी लहरों की आवाज़ में उसे एक अलग ही सुकून मिल रहा था– ऐसा सुकून जो उसे अपने भीतर झाँकने का मौका दे रहा था।

ज़ारा सोचने लगी– गीगी क्या सही कह रही थी?

क्या मैं वाकई वीर को प्यार करती हूँ? या वो बस मेरी ज़िंदगी के खाली हिस्से को भरने वाला एक 'फिल इन द ब्लैंक' है?

पर मैंने कहीं पढ़ा था कि जब किसी से सच्चा प्यार होता है, तो बस उसके होने का एहसास ही ऐसा होता है जैसे दूर कहीं से कोई मीठा-सा संगीत सुनाई दे रहा हो।"

ज़ारा ने अपनी आँखें बंद कीं।

और जैसे ही एक चेहरा उसके मन में आया, वो बिना सोचे बोल पड़ी– "वो, मेरी गीगी है!"

"ओह! ज़िंदगी भी किसी कैलकुलस की इक्वेशन जैसी है– जितना सुलझाओ, उतनी ही उलझती जाती है" ज़ारा अपने उलझे हुए विचारों में डूबी हुई थी, कि तभी उसे सामने से कोई हल्की-सी परछाई गुजरती महसूस हुई।

वो नज़र घुमाकर उसे देखने ही वाली थी, कि अचानक टोबी सामने आ गया और अपनी नाक से निकलती आवाज़ में ऐसे बोला, जैसे उसने ज़ारा के दिल की बात पढ़ ली हो– "तभी तो, मैनेजर टोबी का मानना है, कुछ अनसुलझी चीज़ों को बस थोड़ी देर के लिए छोड़ देना चाहिए। कभी-कभी रास्ता हमारे बिल्कुल सामने होता है, और हम बेवजह हर दिशा में हाथ-पैर मारते रहते हैं।"

“उफ़्फ़ टोबी बाबा! आप और आपका ज्ञान भी न!”

ज़ारा मुस्कुराते हुए बोली, “पहले मेरी बात तो सुनिए, मैंने अभी-अभी यहाँ पर।”

लेकिन वो अपनी बात पूरी भी नहीं कर पाई थी कि टोबी फिर से बीच में कूद पड़ा– “ज़ारा मैडम!! आपने अभी-अभी यहाँ किसी की परछाई देखी थी, है ना?”

और फिर टोबी ने बड़े नाटकीय अंदाज़ में हवा में हाथ लहराते हुए किसी को बुलाया।

जैसे ही ज़ारा की नज़र उस ओर गई– उसके तो होश ही उड़ गए!

7

ब्रेनवेव की लहर– सिग्नल और सफलता

VEZA लांच साइट, धोलावीरा, गुजरात– सुबह के पौने पाँच बजे

देर रात मम्मा और गीगी गेस्ट हाउस लौट चुकी थीं, लेकिन VEZA टीम के बाकी सदस्य– पापा, पार्थ और कुछ तकनीकी विशेषज्ञ– अब भी मैदान में जुटे हुए थे। ऐसा लग रहा था मानो इस मिशन को पूरा किए बिना किसी को चैन नहीं मिलने वाला। उनकी लगातार मेहनत का ही नतीजा था कि सुबह के पौने पाँच बजते-बजते सारे हार्डवेयर फिर से पूरी तरह काम करने की स्थिति में आ चुके थे।

ज़ारा के पापा लगभग चार घंटे से लगातार अपनी सीट पर बैठे-बैठे थक चुके थे। उन्होंने एक लंबी जम्हाई ली, फिर उठकर पूरे उत्साह से बोले, "वेल डन, माय ब्राइट माइंड्स! आपकी लगातार मेहनत रंग लाई। अब न सिर्फ़ हमारे सारे हार्डवेयर इतने कम समय में फिर से पूरी तरह काम करने की

स्थिति में आ गए हैं, बल्कि हमारा इंटरफ़ेस भी इतना मज़बूत हो गया है कि ज़ारा की सबसे हल्की ब्रेनवेव फ़ीड भी आसानी से कैप्चर और एक्सेप्ट की जा सकती है।"

फिर वे सभी टीम मेंबर्स के पास गए और मुस्कुराते हुए बोले, "लेकिन अब मुझे लगता है, इट्स टाइम टू टेक अ शॉर्ट ब्रेक! आख़िर सारा काम दिमाग़ का है, और अगर उसे आराम नहीं देंगे तो आगे कैसे बढ़ेंगे? तो चलिए, लाउंज में चलते हैं, थोड़ा आराम करते हैं। फिर नाश्ते के वक़्त उठकर फ्रेश होकर, नाश्ता कर के वापस काम पर लग जाएँगे।"

जब थकान हावी हो, तो आँखें बंद करते ही घंटे भी पलों में बदल जाते हैं।

गीगी की प्यार से भरी आवाज़ ने लाउंज में बैठे सबको नींद भरी झपकी से जगा दिया– "चलो! चलो! आ जाओ सब लोग! नाश्ता तैयार है और हॉल में लग चुका है।"

थोड़ी ही देर में तैयार होकर हेनरी, पार्थ और VEZA की टीम के सदस्य हॉल में आ पहुँचे। सभी के हाथ में नाश्ते की प्लेट थी, जिन पर स्वादिष्ट पकवान सजे थे– किसी की प्लेट में स्क्रैम्बल्ड एग्स और टोस्ट, तो किसी के पास मफ़िन और पोहा। कुछ लोग सैंडविच के साथ कैप्पुचीनो की चुस्कियाँ ले रहे थे, और साथ ही आगे क्या करना है, इस पर बात कर रहे थे।

कमरे में हर ओर बातचीत की आवाज़ें गूँज रही थीं, लेकिन इन सबका केंद्र एक ही था– ज़ारा।

ज़ारा की मम्मा ने अपनी कुर्सी ज़रा-सी पार्थ के पास खिसकाते हुए धीरे से पूछा, "पार्थ, कोई नई जानकारी मिली?"

पार्थ ने प्लेट एक तरफ रखते हुए कहा, "मैडम, आपके और गीगी के जाने के बाद आधी टीम तो हार्डवेयर ठीक करने में लगी रही, क्योंकि उसे ठीक किए बिना आगे नहीं बढ़ा जा सकता था। बाक़ी लोग डेटा की सेटिंग पर काम कर रहे थे-ताकि जब हम इस सिस्टम को फिर से चालू करें, तो सबसे धीमी ब्रेनवेव भी आसानी से पकड़ में आ जाए।"

तभी पास ही बैठी गीगी ने मुस्कुराते हुए हेनरी की पीठ थपथपाई, "वेल डन हेनरी! सच में, ये तो कमाल है कि तुम्हारी डेडिकेटेड टीम ने इतने कम समय में इतना बड़ा काम कर दिखाया।"

"थैंक यू, गीगी!", ज़ारा के पापा– हेनरी ने हँसते हुए जवाब दिया। उनकी आवाज़ में थकान के बावजूद एक चमक थी।

"बस आप सब लोग नाश्ता कर लें, फिर एक बार सिस्टम को री-इंस्टॉल करके बूट करते हैं। और हाँ," उन्होंने अपनी उंगलियों से टेबल पर हल्की थाप देते हुए कहा, "मुझे पूरा

यक़ीन है– इस बार हम ज़ारा की ब्रेनवेव फीड इंटरसेप्ट कर ही लेंगे।”

हार्डवेयर इक्विपमेंट्स अब ठीक हो चुके थे, और टीम पूरे सिस्टम को फिर से री-इंस्टॉल कर रही थी। यह काम पूरी तरह तकनीकी था, इसलिए इसमें समय भी ज़्यादा लग रहा था। हर बूटिंग के बाद डेटा की जांच बेहद सावधानी से करनी पड़ रही थी, क्योंकि छोटी-सी भी गलती ज़ारा तक पहुँच को और मुश्किल बना सकती थी।

पार्थ और पापा हेनरी, दोनों एक-एक पैनल को बड़ी गहराई से जांच रहे थे। इंस्टॉलेशन का काम ख़त्म होते-होते दोपहर हो गई थी, लेकिन अब हर चीज़ स्टार्ट मोड पर तैयार खड़ी थी।

गीगी हमेशा से ही बेहद संवेदनशील और देखभाल करने वाली महिला थी। इस मिशन में भी, वह एक घर के बड़े की तरह हर उस व्यक्ति का ख़याल रख रही थी जो ज़ारा को ढूँढने में जुटा था, ताकि थकान किसी की रफ़्तार कम न कर दे और सभी पूरे जोश से काम कर सकें।

सभी में सिस्टम को रीस्टार्ट करने की बेचैनी को भाँपते हुए, उन्होंने नरम और आग्रह भरे स्वर में कहा, “मेरे हिसाब से क्यों न पहले जल्दी से लंच कर लें, फिर सिस्टम रीस्टार्ट किया जाए।”

काम में डूबे हर चेहरे ने पापा हेनरी की ओर ऐसे देखा, मानो उम्मीद हो कि वो लंच को टालने की बात कह देंगे।

लेकिन पापा हेनरी ने बिना कुछ कहे, सिर्फ़ अपनी आँखों से इशारा किया– पहले लंच करना ही सबसे सही रहेगा।

ये संयोग था या किस्मत का कोई इशारा, कह पाना मुश्किल था।

लेकिन सच यही था कि यहाँ सिस्टम को रीस्टार्ट करने का पल और वहाँ ज़ारा के हाथों आई.डी.एस.ए डिवाइस का रिस्टार्ट होना, लगभग एक ही समय पर घटा– मानो किसी अदृश्य धागे ने अतीत और वर्तमान को जोड़ दिया हो, खाना ख़त्म होते ही सब लोग अपनी-अपनी सीटों पर लौट आए।

गीगी और मम्मा फिर से किनारे लगी कुर्सियों पर जा बैठीं, जहाँ से स्टेज के पीछे लगी विशाल स्क्रीन साफ़ दिखाई दे रही थी। पूरा हॉल अब एक गहरी चुप्पी में डूब चुका था– जैसे हर कोई मन ही मन प्रार्थना कर रहा हो कि इस बार सब कुछ सही हो जाए, पार्थ ने अपनी सीट से उठकर अंतिम जाँच पूरी की और हेनरी की ओर देखा।

हेनरी ने गहरी साँस ली और "बूट अप" का आदेश दिया।

जैसे ही सिस्टम रिस्टार्ट हुआ, एक पल में सारी स्क्रीनें एक साथ ब्लैक आउट हो गईं। पूरा कमरा अचानक घने

अँधेरे में डूब गया। मम्मा के ठंडे हाथों ने घबराहट में गीगी का हाथ कसकर पकड़ लिया। और फिर, सबकी नज़र उस विशाल स्क्रीन पर गई, जहाँ एक हल्की-सी नीली लहर तैर रही थी– ज़ारा का ब्रेनवेव सिग्नल।

धीरे-धीरे उस लहर की चमक और गहरी होती गई। पूरा हॉल साँस रोके देख रहा था– मानो सबको यकीन था कि अगले ही पल कुछ असाधारण होने वाला है। और फिर, 360 डिग्री में घूमते हुए, सुनहरी आभा से जगमगाता एक यूनिकॉर्न का प्रतीक स्क्रीन पर उभर आया।

ज़ारा की मम्मा की आँखें भर आईं, लेकिन होंठों पर एक साहसिक मुस्कान थी। गीगी ने बिना कुछ कहे उनका हाथ थाम लिया। यूनिकॉर्न का प्रतीक कुछ पल वहीं ठहरा रहा, फिर बड़े-बड़े अक्षरों में चमकता संदेश उभरा– "ज़ारा मैडम सुरक्षित हैं।"

तभी पूरा हॉल रोशनी से ऐसे जगमगा उठा, मानो अचानक दिवाली लौट आई हो और हवा में खुशियों का त्योहार घुल गया हो।

"येस्स्स्स!" पार्थ ने उत्साह से टेबल पर हाथ मारा। गीगी की आँखों में खुशी के आँसू चमकने लगे।

हेनरी ने गहरी साँस छोड़ी, जैसे कंधों से कोई भारी बोझ उतर गया हो। और मम्मा, वो हाथ जोड़कर, आँखें बंद किए, बार-बार मन ही मन धन्यवाद दे रही थीं।

हेनरी, पार्थ और VEZA की टीम उस पूरे प्रोसेस को, जो एक हल्की-सी नीली लहर के स्क्रीन पर तैरने से शुरू होकर, संदेश के उभरने पर ख़त्म हुआ था-गहरी बारीकी से समझने में जुट गए।

हर कोई अपनी-अपनी स्क्रीन और रिकॉर्डिंग पर झुका हुआ था, जैसे इस पल की हर छोटी-से-छोटी डिटेल को पकड़ लेना अब उनका मिशन बन गया हो।

कुछ ही देर में पूरा हॉल फिर से तकनीकी चर्चा और कीबोर्ड की टक-टक से भर गया, सभी ने ख़ुद को पूरी तरह डेटा एनालिसिस में झोंक दिया था।

मम्मा और गीगी बड़े इत्मीनान से एक तरफ बैठी सबको काम में डूबा देख रही थीं। उनके चेहरे पर अब पहले वाली बेचैनी नहीं थी– जैसे मन के भीतर गहराई से भरोसा जम गया हो कि अगली आने वाली जानकारी ही वो चाबी होगी, जो ज़ारा के कहाँ और किधर होने का राज़ खोल देगी।

लगभग एक घंटे की गहन जाँच-पड़ताल के बाद पापा हेनरी ने अपना चश्मा सीधा किया और हॉल के बीचों-बीच आ खड़े हुए। उनके चेहरे पर छिपी हुई मुस्कान पहले ही सबको इशारा दे रही थी कि अच्छी ख़बर आने वाली है।

उन्होंने सधी हुई आवाज़ में कहना शुरू किया, “अभी-अभी मिला संदेश हम सबके भीतर नई ताक़त भर गया है

और मुझे यक़ीन है, आप सब इसे महसूस कर रहे होंगे। सबसे पहले, मैं अपनी पूरी टीम की सराहना करना चाहता हूँ," और फिर कुछ पलों के लिए हॉल में ज़ोरदार तालियों की गूँज भर गई।

हेनरी ने आगे कहा, "इस सफलता के बाद भी आप लोग रुके नहीं, बल्कि तुरंत फिर से काम में जुट गए, और इसी का नतीजा है कि सिर्फ़ एक घंटे के भीतर हम ज़ारा की लोकेशन से जुड़ी महत्वपूर्ण जानकारी जुटा पाए हैं।"

उन्होंने हल्का-सा मुस्कुराते हुए पार्थ की ओर देखा और इशारा किया, "पार्थ, आगे की पूरी अपडेट्स की ब्रीफिंग, मैं चाहूँगा कि तुम दो।"

पार्थ का आत्मविश्वास उसकी चाल में साफ झलक रहा था। हाथ में आई-पैड थामे, वह धीमे-धीमे कदम बढ़ाता हुआ आगे आया।

उसके आते ही हॉल में बैठे सभी ने अपनी-अपनी कुर्सियों को थोड़ा कसकर पकड़ लिया, जैसे किसी रोमांचक सफ़र की शुरुआत होने ही वाली हो। पार्थ ने खनकती आवाज़ में बोलना शुरू किया, "गुड आफ्टरनून, एवरीवन! बिना समय गँवाए मैं सीधा मुद्दे पर आता हूँ, जैसे ही ज़ारा की ब्रेन वेव की वह हल्की-सी नीली लहर स्क्रीन पर तैरी, हमने तुरंत उसे इंटरसेप्ट किया। इसी से हमें पहला पक्का संकेत मिला– ज़ारा जहाँ भी है, पूरी तरह सुरक्षित है और स्वस्थ भी है।

लेकिन तभी अचानक ब्लैकआउट हुआ, और अंधेरे के बीच, स्क्रीन पर सुनहरा यूनिकॉर्न चमक उठा। जब हमने उसकी सिग्नल आईडी को ट्रेस किया तो पाया वह आईडी बिल्कुल वही थी, जो ज़ारा को धोलावीरा पहुँचकर मिलनी थी।

यानि अब ये भी साफ हो गया कि ज़ारा सचमुच 4500 साल पहले के धोलावीरा में पहुँच चुकी है।"

फिर वह तेज़ क़दमों से चलते हुए बड़ी स्क्रीन के पास पहुँचा।

स्क्रीन पर संदेश के ठीक नीचे ब्लिंक करते कुछ नंबर्स की ओर इशारा करते हुए उसने कहा, "ये देखिए-ये हैं डिवाइस एक्टिवेशन टाइमलाइन– जब, ज़ारा ने आई.डी.एस.ए. को रीस्टार्ट किया है। इसका साफ़ मतलब है कि वह वहाँ पूरे साहस और अक़्लमंदी के साथ अपना रास्ता खोजने में जुट गई हैं। और सबसे अच्छी खबर ये है कि उसका साथ देने के लिए मैनेजर टोबी और स्काई का होलोग्राम-मर्फ़ी भी सफलतापूर्वक इंस्टॉल हो चुके हैं।"

पापा हेनरी ने बात को आगे बढ़ाते हुए कहा, "तो, इस तरह हम पूरे विश्वास से कह सकते हैं कि अब तक हमने जो भी हाइपोथिसिस बनाई थी, वो इस सिग्नल के आते ही बिल्कुल सही साबित हो गई है।"

"जी सर!! ज़ारा एक तरह से इंटरडायमेंशनल ट्रांज़िशन ज़ोन में फँसी हुई है, जहाँ से उसे ख़ुद ही बाहर निकलने का रास्ता खोजना है," पार्थ बोल ही रहा था कि गीगी ने उसकी बात बीच में काट दी, "और मुझे पूरा यक़ीन है," गीगी की आवाज़ में भरोसा और अपनापन दोनों थे, "वो न केवल वहाँ से निकलने का रास्ता ढूँढ लेगी, बल्कि धोलावीरा की सभ्यता को पतन से बचाकर ही लौटेगी।"

मम्मा अपनी उत्सुकता रोक नहीं पाईं और झुककर बोलीं, "तो क्या, हेनरी! हम उससे सीधे संपर्क कर के सुरक्षित ट्रैक नहीं कर सकते? ताकि उसे वहाँ से पहले ही बाहर निकाल लें, और उसे इतनी मेहनत भी न करनी पड़े।"

"नहीं, हम ऐसा नहीं कर सकते!"– पापा हेनरी के स्वर में अचानक गंभीरता आ गई।

उन्होंने धीमे लेकिन सधे शब्दों में कहा, "क्योंकि ये एक इंटरडायमेंशनल ट्रांज़िशन है, यानी, अपने समय से वह 4500 साल पीछे जा चुकी है। ऐसी स्थिति में किसी भी तरह की सीधी दखलअंदाज़ी का खतरा हम बिलकुल नहीं उठा सकते।"

"पर मैडम, आप परेशान मत होइए!!"– पार्थ की आवाज़ में गहरा भरोसा था।

उसने ज़ारा की मम्मा की ओर देखते हुए कहा, "हम तब तक उसके लौटने के लिए सेफ पैसेज तैयार करने पर काम शुरू कर देंगे। ताकि जैसे ही वह धोलावीरा की सभ्यता को पतन से बचा ले, उसके पास वापस आने का रास्ता हमारी ओर से पहले से पूरी तरह तैयार हो।"

संदेश आने के बाद चारों ओर ख़ुशी और उत्साह की लहर फैल गई थी। ज़ारा के ब्रेन वेव की वो नीली लहर सभी के अंदर आगे कुछ नया करने की लहर ले आई थी।

ज़ारा के जाने के बाद से मम्मा पहली बार इतनी निश्चिंत और खुश दिख रही थीं।

उनकी आँखों में विश्वास साफ़ झलक रहा था-कि उनकी ज़ारा अपनी सूझबूझ और समझदारी से न केवल धोलावीरा की सभ्यता को बचाएगी, बल्कि पूरे साहस के साथ उसी सेफ पैसेज से लौटेगी, जिसे पापा, पार्थ और VEZA की टीम पूरी मेहनत से उसके लिए तैयार कर रही थी।

पूरे हॉल में एक बार फिर पापा हेनरी की संयमित आवाज़ गूँजी, "एवरीवन, अटेंशन प्लीज़! यह सफलता का सिर्फ़ पहला कदम है, अब हमें अपनी पूरी ताक़त और ध्यान, ज़ारा के लौटने के लिए एक सेफ़ पैसेज तैयार करने में लगाना होगा, एक ऐसा रास्ता जो उसे बिना किसी ख़तरे के वापस हमारे पास ले आए।"

इसके बाद स्क्रीन पर तकनीकी स्कीमैटिक्स और डेटा फ्लो की लाइंस चलने लगी।

3D मॉडल्स और रूट डायग्राम्स धीरे-धीरे आकार लेने लगे। कोडर्स की उंगलियाँ कीबोर्ड पर तेजी से दौड़ने लगीं।

किसी के हाथ में 3D मैप था, जिसमें संभावित रास्तों के लाल और हरे मार्कर चमक रहे थे तो कोई वर्चुअल सिमुलेशन चला रहा था, ताकि यह पता चल सके कि कौन-सा रास्ता सबसे कम जोखिम वाला है।

कुछ सदस्य लगातार ब्रेनवेव डेटा मॉनिटर कर रहे थे, ताकि कोई भी असामान्य पैटर्न तुरंत पकड़ में आ सके।

पापा हेनरी और पार्थ पैनल्स और मॉड्यूल्स की टेस्टिंग में व्यस्त थे। कंट्रोल रूम का माहौल अब नई ऊर्जा से भर गया था, एक नए मिशन की कामयाबी की उम्मीद से–

ज़ारा को घर लाना...

गीगी ज़ारा 2.0

8

मिशन पासकोड– एक ही मौक़ा

“पप्पप्प, पार्थ तुम।” ज़ारा की ज़बान लड़खड़ा गई। उसने तुरंत अपने चेहरे को दोनों हाथों से छिपा लिया।

तभी टोबी ने ज़ारा को हिम्मत देते हुए कहा, “ज़ारा मैडम!! ज़ारा मैडम घबराइए नहीं– याद रखिए,

आप तो ज़ारा हैं और, हर डर आपसे हारा।”

“बिल्कुल, मेरी प्यारी दोस्त ज़ारा! क्योंकि आपकी हिम्मत ही है सबका सहारा।”

ये मीठी-सी तुकबंदी सुनकर ज़ारा ने धीरे-धीरे अपने हाथ चेहरे से हटा लिए। लेकिन वह उस प्यारी आवाज़ वाले लड़के को फटी-फटी आँखों से देखती रह गई, क्योंकि वह देखने में बिल्कुल पार्थ जैसा था।

“प्लीज़, टोबी जी, मुझे बताइए, ये सब क्या हो रहा है? मेरा तो सर चकरा रहा है।”

ज़ारा की आवाज़ में बेचैनी और उलझन साफ़ झलक रही थी।

"ज़ारा मैडम, रात हो रही है! क्यों न चलते-चलते बात करें? मुझे तो लगता है, ट्रिकी जीजी घर पर आपका बेसब्री से इंतज़ार कर रही होंगी।"

मर्फ़ी की पीठ हल्के से थपथपाते हुए टोबी ने आगे बढ़ने का इशारा किया।

"बिल्कुल! क्योंकि अँधेरा गहराता जाए ऐसे, गिर गई हो स्याही की बोतल जैसे, रात ने फैला दी अपनी काली चादर, चलो, घर अब कर रहा है इंतज़ार! ये कहकर"

उस मीठी-सी आवाज़ की तुकबंदी सुनकर, इस बार ज़ारा हल्का-सा खिसिया कर बोली, "चुप! आप बिल्कुल चुप रहेंगे, जब तक टोबी जी पूरी बात ना बता दें। और हाँ, इस तरह मेरे थॉट्स चुरा कर प्रोज़ लिखने पर मैं इतनी आसानी से इम्प्रेस नहीं होने वाली!"

उस मीठी आवाज़ की खिलखिलाहट के बीच टोबी बोला, "जी जी, ज़ारा मैडम! कोई बीच में नहीं बोलेगा, सिर्फ़ टोबी ही सब एक्सप्लेन करेगा– एवरीथिंग।"

ज़ारा ने मुँह बनाते हुए हाँ में सिर हिलाया तो टोबी आगे बोला, "ज़ारा मैडम! ये पार्थ नहीं, माधव हैं।"

"उफ़्फ़! पार्थ का होलोग्राम? अब इसे किसने इंस्टॉल किया! लगता है थोड़ी देर में पूरी फैमिली अंदर आ जाएगी।"

अधीरता के कारण ज़ारा की आवाज़ थोड़ी तेज़ हो गई।

"न-नहीं, ज़ारा मैडम! ये होलोग्राम नहीं हैं, ये तो असली इंसान हैं। प्लीज़, मेरी बात तो पूरी सुन लीजिए!" टोबी ने बीच में ज़ारा की बात काटी।

ज़ारा अचानक ठिठक गई और फटी-फटी आँखों से माधव को ऊपर से नीचे तक देखने लगी।

वही हेयरस्टाइल, वही आँखें, वही नाक, वही लंबाई, बिल्कुल ऐसा लग रहा था मानो भगवान ने पार्थ की कार्बन कॉपी यहीं धोलावीरा में प्रिंट कर दी हो।

बस, चेहरे पर थोड़ी ज़्यादा बेफ़िक्री थी और पहनावा अलग– ऊपर ब्राउन कलर की हाफ टी-शर्ट, जिसके किनारों से फ्रिंजेस और डोरियाँ लटक रही थीं। नीचे उसने ढीली-ढाली कार्गो स्टाइल पैंट पहनी थी।

ज़ारा को लगा जैसे पार्थ मेकओवर करके सीधे लैक्मे फैशन वीक की रैंप पर उतर आया हो। पर फर्क ये था कि माधव जी ज़्यादा गठीले और गबरू दिख रहे थे। उनके दोनों हाथों पर जगह-जगह, अजीब-से संकेतों वाले आकर्षक टैटू बने थे।

"ज़ारा मैडम, अगर आप माधव जी का अच्छे से निरीक्षण कर चुकी हों, तो क्या मैं आगे बताऊँ?"

टोबी के ऐसा कहते ही ज़ारा थोड़ी झेंप गई और सिर हिलाकर आगे बताने का इशारा किया।

टोबी धीरे-धीरे ट्रिकी जीजी के घर की ओर बढ़ते हुए बताने लगा, "ज़ारा मैडम, धोलावीरा आते ही मेरी पहली मुलाक़ात माधव जी से हुई। इन्हें देखकर मेरा भी रिएक्शन आपकी ही तरह था। पर ये मुझे देखकर घबराए नहीं, बल्कि दोस्ती का हाथ मेरी ओर बढ़ाया।"

यह कहते हुए टोबी ने आँखों से आँसू पोंछने का नाटक किया।

ज़ारा को हँसी आ गई, पर उसने अपने भीतर ही दबा ली– वरना टोबी जी तो उछलना शुरू कर देते।

फिर टोबी ने आगे कहा, "सॉरी, ज़ारा मैडम, आपको तो पता ही है– आई एम लिटिल इमोशनल!

तो मैं बता रहा था, माधव जी ने मेरी ओर दोस्ती का हाथ बढ़ाया। और थोड़ी ही देर में मेरी सुपर-AI और उनकी सुपर-कंप्यूटर जैसी बुद्धि ने एक-दूसरे की भाषा सीख ली।

बस, फिर क्या था! हम बन गए धोलावीरा के नए जय-वीरू!

और यही थे मेरे पहले टीचर– जिन्होंने मेरे खाली समय का सही उपयोग करवाया। उन्होंने मेरी भाषा सीखी, और मैंने उनकी।"

"तो फिर, दो दिनों से ये मेरे साथ छुपन-छुपाई क्यों खेल रहे थे? और आपने भी, टोबी जी, मुझे तुरंत क्यों नहीं बताया?"

ज़ारा ने ट्रिकी जीजी के घर के अंदर जाते हुए टोबी से पूछा।

"ओह, ज़ारा मैडम! हम सही समय का इंतज़ार कर रहे थे, जैसे अभी, सही समय डिनर करने का है।" टोबी के तपाक से दिए गए उत्तर पर ज़ारा मुस्कुराए बिना नहीं रह सकी। ज़ारा के मन में ढेर सारे प्रश्नों की झड़ी लगी थी।

ट्रिकी जीजी के हाथ का स्वादिष्ट भोजन खाते हुए उसने आगे पूछा, "तो अब आगे क्या, टोबी जी, आपकी ये जय-वीरू की जोड़ी ने मेरी मदद कैसे करने की सोची है?"

इस पर ट्रिकी जीजी ने टोबी से अपनी भाषा में कुछ कहा। टोबी ने तुरंत ज़ारा की ओर देखकर कहा, "वैरी सिंपल, ज़ारा मैडम! ट्रिकी जीजी, मैंने और माधव जी ने मिलकर कुछ सोचा है और मैं मीठा खाते हुए आपको बताऊँगा।"

"टोबी जी, यू आर टू नॉटी!!"

ज़ारा इस बार अपनी खिलखिलाहट रोक न पायी, और टोबी का उछलना शुरू हो गया।

"ज़ारा मैडम हँसी! ज़ारा मैडम हँसी! टोबी को मिले 10 क्रेडिट पॉइंट्स!" ज़ारा खाना खा चुकी थी, माधव, टोबी और मर्फ़ी गोल घेरे में उसके सामने बैठे थे।

तभी ट्रिकी जीजी खीर जैसी कुछ मिठाई लेकर आईं और सभी को एक-एक करके परोसा।

मर्फ़ी को सबसे ज़्यादा-दो कटोरे-मिले थे, और वह उछल-उछल कर, तेज आवाज़ निकालते हुए खा रहा था।

टोबी ने बोलना शुरू किया, "ज़ारा मैडम, हमने सोचा है कि धोलावीरा को पतन से बचाने के लिए हमें पहले उसके पतन का कारण ढूँढना होगा। और इसे एक पहेली की तरह सुलझाना होगा। सबसे पहले हमें उस डायरी जैसी किताब का पासकोड पता करना है, और ट्रिकी जीजी का मानना है कि ये पासकोड यहाँ की लाइब्रेरी में मिल सकता है।

क्योंकि यह लाइब्रेरी यहाँ की सबसे पुरानी इमारत है। यह लगभग धोलावीरा के पहले चरण से मौजूद है।"

"अरे, ये तो बहुत अच्छी बात है! तो कल सुबह ही चलते हैं लाइब्रेरी," ज़ारा खुशी से चहकते हुए बोली।

"जी, ज़ारा मैडम! ज़रूर। लेकिन आपको पता है कि धोलावीरा में ज़िंदगी काफ़ी अनुशासित है। इसलिए, लाइब्रेरी के खुलने और बंद होने का एक निश्चित समय है और हमें उसी दौरान वहाँ जाना होगा।"

"हाँ, बिल्कुल टोबी जी, यहाँ के हिसाब से अब सबके सोने का समय हो गया है। तो कल तैयार होकर मिलते हैं, हमारे 'मिशन पासकोड' के लिए।"

ज़ारा के ऐसा बोलते ही सब लोग उठकर चलने लगे, लेकिन टोबी ज़ारा के पास आकर बोला, "ज़ारा मैडम, मैं आपको कुछ बताना चाहता हूँ!"

ज़ारा ने पहली बार टोबी की आवाज़ में इतनी गंभीरता सुनी थी।

टोबी, ज़ारा के कान के पास आकर फुसफुसाया, "ज़ारा मैडम! मुझे माधव को पार्थ सर की कॉपी के रूप में देखकर यह राज़ जानने की बहुत बेचैनी हो रही थी। मुझे बहुत से गैजेट्स के साथ यहाँ भेजा गया था, तो मुझसे रहा नहीं गया। मैंने पार्थ सर और माधव के डीएनए मैच किए, और वो बिल्कुल एक जैसे निकले।"

ज़ारा ने मुँह पर हाथ रखकर टोबी को बीच में टोकते हुए कहा, "इसका मतलब। माधव जो हैं, वो पार्थ के ग्रेटेस्ट

ग्रेट ग्रैंडफादर हैं! मतलब माधव तो दादाजी के दादाजी के दादाजी और न जाने कितने दादाजी निकले।"

"तुम यह बात किसी को मत बताना, टोबी, नहीं तो हमें माधव को दादाजी बोलना पड़ेगा!" ज़ारा हँसते हुए बोली।

"जी, ज़ारा मैडम, यह सिर्फ़ हमारा-आपका सुपर-सीक्रेट है। लेकिन टोबी की बात पर आप खुश हुईं हैं तो।"

और टोबी उछलते हुए चिल्लाया,

"ज़ारा मैडम हँसी! ज़ारा मैडम हँसी! टोबी को मिले 10 क्रेडिट पॉइंट्स!"

ज़ारा ने किसी तरह उसे शांत कराया और फिर सोने चली गई।

ज़ारा के पाँच-छ: दिन बहुत व्यस्तता में निकले। पूरा दिन लाइब्रेरी में पासकोड ढूँढते हुए कैसे बीत जाता था, उसे पता ही नहीं चलता था। धोलावीरा आने के बाद ज़ारा ने यहाँ की तरह एक अनुशासित ज़िंदगी जीना शुरू कर दिया था– समय पर उठना, समय पर खाना, काम में पूरी पाबंदी और समय पर सो जाना।

ज़ारा अक्सर सोचती, "ऐसा क्या है यहाँ, जिसकी वजह से मैं इतनी अनुशासित हूँ? जो मैं अपनी दुनिया में, यहाँ तक कि बोर्ड के एग्ज़ाम्स के समय भी नहीं कर पाई।"

धीरे-धीरे उसे समझ आया कि अनुशासन से दिमाग़ ठीक तरह से काम करता है। शायद यही वजह थी कि यहाँ उसका मन कम भटकता था, और इसकी एक बड़ी वजह यह भी थी कि यहाँ मोबाइल फ़ोन नहीं था।

ज़ारा को एहसास होने लगा था कि मोबाइल का लगातार इस्तेमाल हमें फ़ायदे से ज़्यादा नुकसान देता है।

किसी काम के बाद थककर हम सोचते हैं कि मोबाइल स्क्रॉल करने से आराम मिलेगा, लेकिन होता इसका उल्टा है। हमारा दिमाग़ असल में आराम नहीं करता, बल्कि एक दुनिया से निकलकर दूसरी दुनिया में भागने लगता है।

असल ब्रेक तब होता है, जब हम दिमाग़ को शांत करें और विचारों को आराम दें। तभी दिमाग़ हर बात को सुव्यवस्थित कर हमारे जीवन को भी सुव्यवस्थित कर देता है।

फिर, एक शाम, जब ज़ारा, माधव और टोबी के साथ लाइब्रेरी से बाहर निकल रही थी, उसकी नज़र अचानक लाइब्रेरी के उस हिस्से पर पड़ी जहाँ वे अब तक कभी नहीं गए थे।

ना जाने कैसे, दुर से ही ज़ारा की नज़र चौथी शेल्फ़ पर रखी एक किताब पर अटक गई। उस किताब के किनारे पर कुछ अजीब संकेत बने थे। वे हू-ब-हू उसी डायरी जैसी किताब, माधव के हाथों पर बने टैटू और धोलावीरा के प्राचीन

द्वार पर लिखे शिलालेख के संकेतों से मिलते थे। "माधव जी, हम लोग आज तक लाइब्रेरी के उस हिस्से में क्यों नहीं गए? मुझे वहाँ चौथे शेल्फ़ पर एक किताब दिख रही है, शायद उससे हमें कुछ मदद मिले।"

किताबों के ढेर में उलझी हुई ज़ारा ने इतने दिनों बाद पहली बार सीधे माधव से बात की। माधव की आश्चर्य में डूबी चुप्पी देखकर टोबी बोल पड़ा, "ज़ारा मैडम कुछ पूछ रही हैं!! माधव झटपट कुछ बोल, मुँह में दही जमा है क्या?"

थोड़ा सँभलते और थोड़ा हड़बड़ाते हुए माधव ने जवाब दिया, "जी-जी, ज़ारा जी, असल में वो लाइब्रेरी का प्रतिबंधित हिस्सा है। वहाँ किसी को भी जाना मना है-यहाँ तक कि धोलावीरा वासियों को भी।"

"तो फिर वहाँ पहुँचने का कोई जुगाड़ लगाना ही होगा, क्योंकि इतने दिनों की तलाश के बाद जो किताब पूरी लाइब्रेरी में नहीं मिली, वो मुझे वहाँ दिखाई दी है।" ज़ारा के इतना कहते ही टोबी बीच में कूद पड़ा-"ज़ारा मैडम, अभी तो पहले यहाँ से बाहर निकलते हैं। लाइब्रेरी बंद करने का समय हो रहा है, और अगर ऐसे ही खुसुर-फुसुर करेंगे तो इन्हें शक हो जाएगा।"

थोड़ी ही देर में ज़ारा, माधव, टोबी और मर्फ़ी लाइब्रेरी से निकलकर ट्रिकी जीजी के घर पहुँच चुके थे।

"टोबी जी, मेरे ख्याल से आप अँधेरा होने से पहले धोलावीरा के प्राचीन द्वार पर बने शिलालेख के चिन्हों को नोट करके ले आइए। तब तक मैं और माधव लाइब्रेरी के उस हिस्से में जाने का जुगाड़ जमाते हैं।"

"यानी, जय को वीरू के बिना जाना होगा!" टोबी ने थोड़ा नाटकीय अंदाज़ में कहा।

ज़ारा ने मुँह बनाते हुए सिर हिलाकर हामी भर दी।

टोबी जल्द ही अपना काम ख़त्म करके लौट आया। बाहर बगीचे में बैठे ज़ारा और माधव को देखकर उसे लगा-मानो कोई जुगाड़ सचमुच फिट हो गया हो। टोबी को देखते ही ज़ारा चहक उठी, "टोबी जी! आपके जाते ही माधव ने ट्रिकी जीजी से लाइब्रेरी में जाने का रास्ता पूछा था। लेकिन उन्होंने साफ़ मना कर दिया और हमें समझाया कि वहाँ जाना ठीक नहीं है, क्योंकि धोलावीरा के लोग अपने नियमों के प्रति बेहद सख़्त हैं, और नियम न मानने पर सज़ा भी मिल सकती है।"

टोबी के चेहरे पर मायूसी देख ज़ारा आगे बोली, "अरे, ऐसे मायूस मत होइए, टोबी जी! आपके वीरू ने आखिरकार ट्रिकी जीजी को मना ही लिया।

ट्रिकी जीजी ने हमें बताया कि क़रीब आधी रात को पूरे धोलावीरा के गार्ड्स की शिफ्ट बदलती है। यही वह सही समय है जब हम लाइब्रेरी के उस हिस्से में जा सकते हैं। फिर

उन्होंने हमें एक चाबी का गुच्छा भी दिया, जिससे उनका नानी का संदूक खुला था और कहा– "कि हो सकता है लाइब्रेरी के उस हिस्से का ताला भी इनमें से किसी चाबी से खुल जाए।"

"अरे वाह, ज़ारा मैडम! आपने तो पूरी सेटिंग जमा दी, सॉरी-सॉरी, मेरा मतलब...

ज़ारा ने टोबी को बीच में काटते हुए कहा, "हाँ-हाँ, समझ गए, सब आपका मतलब। लेकिन अब समझने की नहीं, कुछ करने की ज़रूरत है!"

रात का खाना खाकर सब लोग कमरे में जमा थे। ज़ारा अपने पसंदीदा झूले पर धीरे-धीरे झूल रही थी। ट्रिकी जीजी और टोबी आपस में धीमे-धीमे बतिया रहे थे, मर्फ़ी बॉल से खेल रहा था, और माधव ध्यान से टोबी के नोट किए गए संकेतों को देख रहा था, मानो कुछ समझने की कोशिश कर रहा हो।

ज़ारा काफी देर से उसे यूँ ही देख रही थी। आखिर उसने पूछा, "माधव जी, कुछ समझ में आ रहा है क्या?"

माधव ने काग़ज़ उसकी ओर बढ़ाते हुए कहा, "ज़ारा, देखो! यहाँ पर नोट किए कुछ संकेत और मेरे टैटू में बने संकेत-दोनों बिल्कुल एक जैसे हैं।"

माधव की बात सुनते ही ज़ारा झट से झूले से उतरी और डायरी जैसी किताब उठाकर ले आई।

"माधव जी, इस पर बने संकेत भी इनसे मिलाकर देखते हैं, शायद हमें कुछ कॉमन संकेत मिल जाएँ।"

थोड़ी ही देर में दोनों ने मिलकर सात संकेत ढूँढ निकाले, जो डायरी जैसी किताब, माधव के टैटू और धोलावीरा के प्राचीन द्वार पर बने शिलालेख, तीनों में समान थे।

ज़ारा ने उन सातों संकेतों को जैसे ही क्रम में सजाया, उसके दिमाग़ में एक और विचार आया।

"माधव जी, क्यों न हम परम्यूटेशन-कॉम्बिनेशन लगाकर इनके अरेंजमेंट की सारी संभावनाएँ निकालें? आप समझ रहे हैं न, मेरा मतलब?"

ज़ारा दंग रह गई, उसके कहते ही– माधव बिना एक पल गँवाए काम में जुट गया। उसी पल ज़ारा को पूरा यक़ीन हो गया कि टोबी सच कहता था, माधव का दिमाग सचमुच किसी सुपर कंप्यूटर से कम नहीं था। कुछ ही देर में, उन सात संकेतों के सारे अरेंजमेंट्स दोनों के सामने तैयार थे।

ट्रिकी जीजी समझ गईं कि बच्चों को मिशन पासकोड की सफलता के लिए बहुत सारी ताक़त की ज़रूरत होगी। इसलिए वे तुरंत उनके लिए कुछ बनाने चली गईं।

इतनी देर तक ट्रिकी जीजी से बात करने के बाद, टोबी ज़ारा और माधव के पास आकर बोला, "देखा ज़ारा मैडम!

टीम की तरह काम करने से हर मुश्किल आसान हो जाती है। इधर आप लोगों ने पासकोड के लिए सारे संकेतों के कॉम्बिनेशन तैयार कर लिए, और उधर ट्रिकी जीजी ने मुझे बताया कि हम सही दिशा में बढ़ रहे हैं। क्योंकि, ये डायरी जैसी किताब पासकोड डालने का सिर्फ़ एक ही मौक़ा देती है! और सबसे अहम बात, उन्होंने हमें बिना किसी को दिखे लाइब्रेरी तक पहुँचने का एक सुरक्षित रास्ता भी बता दिया है।"

अरे वाह!" ज़ारा ने ट्रिकी जीजी के हाथ से ट्रे लेते हुए सबको शेक दिया।

"आधी रात होने वाली है, तो जल्दी-जल्दी शेक पियो और चलो– 'मिशन पासकोड' पर निकलते हैं!"

धोलावीरा की रात अब पूरी तरह गहरी हो चुकी थी। ट्रिकी जीजी ने जो रास्ता बताया था, वह सबके लिए अनजाना था, लेकिन माधव पूरे आत्मविश्वास के साथ सबको आगे ले जा रहा था। झींगुरों की झाएँ-झाएँ के बीच उनके कदमों की आहट दब-सी जाती थी।

आख़िरकार, ज़ारा, माधव, टोबी और मर्फ़ी लाइब्रेरी के मेन गेट तक पहुँच गए और शिफ़्ट बदलने का इंतज़ार करने लगे। लगभग पाँच मिनट बाद एक ज़ोरदार बिगुल बजा– गार्ड्स की शिफ़्ट बदलने का समय हो चुका था।

ज़ारा ने बाहर लटके बड़े ताले को देखते हुए, पहले से ही गुच्छे में से एक भारी-सी चाबी अलग कर रखी थी। चारों झुकते हुए दौड़े और गेट तक पहुँचे। ज़ारा ने वह चाबी माधव को थमा दी, और उसने सिर्फ़ एक मिनट में गेट खोल लिया।

गेट को तुरंत वापस बंद करके वे सब अंदर घुस गए। लाइब्रेरी के उस हिस्से में, जो अब तक सबके लिए प्रतिबंधित था।

लेकिन प्रतिबंधित हिस्से का ताला किसी भी चाबी से खुलने का नाम ही नहीं ले रहा था, और नए गार्ड्स के आने का समय क़रीब आता जा रहा था।

तभी माधव ने अचानक बिना कुछ कहे, ज़ारा के घुँघराले बालों से पिन खींच ली। ज़ारा हड़बड़ाकर अपने बिखरे बाल सँभालती रह गई, और उतने में माधव ने उसी पिन से ताला खोल डाला।

सबसे पहले टोबी और मर्फ़ी अंदर भागे। उनके पीछे-पीछे ज़ारा और माधव भी भीतर घुसे और जल्दी से गेट फिर से लॉक कर दिया।

वो चारों अब उस विशाल चौथे शेल्फ़ के सामने खड़े थे।

ज़ारा ने धीरे से वह संकेतों वाली किताब निकाली और सब मिलकर लाइब्रेरी के सबसे सुरक्षित कोने में जाकर छुप गए।

पर, जैसे ही किताब खोली गई, सबने एक साथ अपना सिर पीट लिया!

पन्नों पर अजीब-से संकेत और चित्र बने थे– कुछ ऐसे जैसे उलझी हुई पहेलियाँ, कुछ अधूरी-सी लिखावट जैसे, और कुछ तो मानो किसी दूसरी ही दुनिया के चिह्न लगते थे।

टोबी धीरे से फुसफुसाया, "ज़ारा मैडम, इसमें जो लिखा है न, उसे समझने में सात जन्म लगेंगे।"

ज़ारा ने माधव की ओर देखा, चिमनी की हल्की रोशनी में उसका भी वही हाल था। उसने मुँह ऐसे बिचकाया, जैसे मानो उसे भी उन रहस्यमयी संकेतों की गुत्थी का सिरा पकड़ में न आ रहा हो।

तभी ज़ारा का पेंडेंट हल्की रोशनी में चमकने लगा, "अ-अरे ज़ारा मैडम, आप हमें मरवाएँगी!" टोबी हकलाते हुए फुसफुसाया।

ज़ारा ने घबराकर पेंडेंट को एक हाथ से दबा लिया और किताब के पन्ने बेतरतीब पलटने लगी। अचानक, उसका हाथ एक पन्ने पर आकर रुक गया और फिर, सबकी आँखें फटी की फटी रह गईं!

उस पन्ने पर सात संकेतों वाला एक अरेंजमेंट बना था, और उसके नीचे किसी अजीबोगरीब भाषा में रहस्यमयी लिखावट

चमक रही थी। माधव ने तुरंत अपनी जेब से वह काग़ज़ निकाला, जिस पर उन्होंने सारे अरेंजमेंट्स दर्ज किए थे।

सबकी साँसें थम-सी गईं-क्योंकि उन सभी अरेंजमेंट्स में से एक अरेंजमेंट बिल्कुल हू-ब-हू उसी पन्ने पर बने संकेतों से मेल खा रहा था।

"हो ना हो, यही पासकोड है! बस, अगर ये पता चल जाए कि इसके नीचे क्या लिखा है, तो पासकोड पक्का हो जाए।"

ज़ारा की आवाज़ में बेचैनी साफ़ झलक रही थी।

तभी टोबी ने अपनी टोपी उतारी और उसके अंदर से वही मैग्नीफाइंग ग्लास निकाला, जो उस दिन संदूक से मिला था।

"ये क्या है, टोबी जी?" माधव ने चौंकते हुए पूछा।

टोबी ने तुरंत उँगली होंठों पर रखी और बोला, "श्श्श! श्श्श्श!"

फिर वह मैग्नीफाइंग ग्लास को लिखावट पर धीरे-धीरे सरकाने लगा, और ध्यान से पढ़ने की कोशिश करने लगा।

जिसे मिला है ये अनमोल संकेत, खोलेगा वही, जो हो बुद्धिमान और नेक।

पन्नों में छुपी है गहरी कहानी,

समझदार ही पाएगा उसकी निशानी।

टोबी के मुँह से ये सुनते ही सब बिना आवाज़ किए ख़ुशी से उछल पड़े।

"माधव जी, जल्दी से इसपर निशान लगाइए, यही है डायरी जैसी किताब का पासकोड!" ज़ारा लगभग फुसफुसाते हुए बोली।

"बिल्कुल, मिशन पासकोड सफल हुआ! थैंक्यू टोबी जी, आप तो सुपर-डुपर AI निकले!" माधव ने अपनी ख़ुशी सँभालते हुए कहा। लेकिन तभी-सबके चेहरे पर आई मुस्कान अचानक जम-सी गई।

ज़ारा के गले का पेंडेंट फिर से रहस्यमयी चमक में डूब उठा, और अगले ही पल, जैसे ही उन्होंने सामने नज़र डाली-

ज़ारा के होंठों से चीख निकलते-निकलते रह गई!

9

पलीता की पहेली– पतन का रहस्य

दैट्स क्रेज़ी! पिंकी, "तुम यहाँ क्या कर रही हो?"

ज़ारा ने बहुत कोशिश करी, कि उसकी आवाज़ धीमी रहे, लेकिन उत्साह और हैरानी में वह ऊँची हो ही गई।

"धीरे-धीरे, मेरी प्यारी दोस्त ज़ारा! सब बताऊँगी। तुम्हारा काम पूरा हो गया हो तो पहले यहाँ से निकलते हैं। पकड़े गए तो लेने के देने पड़ जाएँगे।"

दो साल बाद पिंकी की आवाज़ सुनते ही ज़ारा का चेहरा खुशी से खिल उठा, मगर उसी पल दिल के किसी कोने में अजीब सी बेचैनी भी जागी। पिंकी की आवाज़ अब पहले जैसी नहीं रही थी– उसमें अब बड़प्पन झलक रहा था।

"पर अभी तो इन गार्ड्स की शिफ्ट बदलने में काफ़ी समय है। तब तक उजाला भी हो जाएगा, और फिर निकलना बहुत मुश्किल होगा। तो निकलें कैसे?"

ज़ारा ने थोड़ी चिंता के साथ सबकी ओर देखा।

"ज़ारा मैडम, जब टोबी है साथ, तो डर की कहाँ है बात! मैं, मर्फ़ी-गिरगिट और डॉगी हैं– इन गार्ड्स का ध्यान भटकाना हमारे लिए तो बिल्कुल खेल जैसा है।" फिर, उसने शरारती अंदाज़ में आँख दबाई और फुसफुसाया, "और हाँ, सबसे मज़ेदार बात! गार्ड्स को ज़रा भी शक नहीं होगा कि हम अंदर आए कैसे।"

टोबी का आइडिया सबको बहुत पसंद आया। ज़ारा ने सबको आगे की योजना बताई।

"सबसे पहले टोबी और मर्फी कुछ किताबें ज़मीन पर गिराकर ज़ोरदार शोर मचाएँगे और ऐसे भागेंगे, जैसे ग़लती से यहाँ आ गए हों। जैसे ही गार्ड्स उन्हें भगाने के लिए पीछे भागेंगे, उसी पल मैं, माधव और पिंकी छिपकर यहाँ से निकल जाएँगे।"

ज़ारा ने माधव की तरफ़ देखते हुए कहा, "माधव, पिन और बड़ी चाभी हाथ में तैयार रखना, ताकि हम बिना देर किए गेट खोलकर तुरंत भाग सकें और वापस बंद कर दें। इस तरह किसी को ज़रा भी शक नहीं होगा। और हाँ, हमें यह सब फटाफट करना होगा।"

फिर ज़ारा ने संकेतों वाली किताब निकाली और उसकी जगह पर ट्रिकी जीजी के घर से लाई हुई दूसरी किताब रख दी।

वह टोबी की ओर देखते हुए बोली, "टोबी जी, यह किताब आप अपनी लंबी टोपी में छुपा लो। हमें इसकी ज़रूरत कभी भी पड़ सकती है, और बार-बार इतना बड़ा ख़तरा कौन उठाएगा?"

ज़ारा के इतना कहते ही टोबी ने फुर्ती से किताब अपनी टोपी में सरका ली। फिर उसने पास रखी मेज़ को इतनी ज़ोर से खींचा, मानो कोई उससे टकरा गया हो। और अगले ही पल, वह मर्फी के साथ बाहर की ओर दौड़ पड़ा।

सब कुछ प्लान के अनुसार ही हुआ और थोड़ी ही देर में सब लोग लाइब्रेरी से निकलकर सुरक्षित ट्रिकी जीजी के घर पहुँच गए।

वहाँ पहुँचकर सबने चैन की साँस ली।

ट्रिकी जीजी पहले से ही जाग रही थीं और दरवाज़े पर खड़ी सबका इंतज़ार कर रही थीं। उनके चेहरे पर वही चिर-परिचित मुस्कान थी, लेकिन आँखों में सबके लिए चिंता और बैचेनी साफ़ झलक रही थी। सबको देखते ही ट्रिकी जीजी की आँखें स्नेह से भर गईं। उन्होंने अपनी भाषा में माधव और टोबी से कुछ पूछा। दोनों ने तुरंत ही उन्हें कुछ बताया। यह सुनते ही ट्रिकी जीजी आगे बढ़ीं और प्यार से पिंकी को अपने गले से लगा लिया।

ज़ारा को भले ही उनकी भाषा समझ में नहीं आती थी, पर प्यार की कोई भाषा नहीं होती। यही वजह थी कि वह भी मुस्कुराते हुए ट्रिकी जीजी और पिंकी से कसकर लिपट गई।

ट्रिकी जीजी ने जल्दी से पिंकी का बिस्तर ज़ारा के पास लगा दिया। थोड़ी ही देर में दोनों सहेलियाँ सुबह ढेर सारी बातें करने का वादा करके कुनकुने, मुलायम बिस्तर पर नींद के पालने में झूलने लगीं।

अगली सुबह ज़ारा को बेहद सुहावनी लगी। कई दिनों बाद आज उसे ट्रिकी जीजी के घर में बिल्कुल अपने घर जैसा अपनापन महसूस हो रहा था।

सुबह से ही दोनों सहेलियाँ बतियाने लगीं और उनकी बातें जैसे थमने का नाम ही नहीं ले रही थीं। कहने-सुनने को इतना कुछ था– आख़िर पूरे दो साल का बैक-लॉग जो इकट्ठा हो गया था।

ज़ारा को सब कुछ जानना था– स्कूल, येल, जीनी और जॉनी, दादा-नाना, स्ट्राइपी और डॉट्सी परिवार, व्हिस्परिंग वुड्स, प्रिज्म, गाइडिंग एंजल्स, वहीं, पिंकी को सब कुछ जानना था– गीगी, ज़ारा के मम्मा-पापा और अब तक ज़ारा के साथ जो कुछ भी हुआ।

शाम होने को आई थी। टोबी, माधव और मर्फी सुबह से इतने ऊब चुके थे कि उनसे रहा नहीं गया। इसलिए,

टोबी ने माधव और मर्फी को अपने साथ घसीटते हुए ज़ारा और पिंकी के पास आकर कहा, "अब बस भी करिए, ज़ारा मैडम! लगता है आप हमें भूल ही गई हैं, मैंने सोचा क्यों न हम सब आपको अपनी शक्ल दिखा दें, ताकि आपको हम याद आएँ, और साथ में धोलावीरा भी।"

ज़ारा ने हंसते हुए अपनी आँखें मीचीं और कहा, "अरे, ऐसी बात नहीं है! तुम और माधव तो अभी-अभी जय-वीरू बने हो। जब तुम भी कई सालों बाद मिलोगे न, तब देखना- अपनी ज़ारा मैडम को कितना याद करोगे!"

टोबी थोड़ा शर्माते हुए बोला, "नहीं! नहीं! ज़ारा मैडम! आप तो हमेशा टोबी की नंबर वन ज़ारा मैडम रहेंगी।"

ज़ारा मुस्कुराई और फिर सबसे पूछने लगी, "अच्छा! पर एक बात तो है, तुम सब भी ज़रूर जानने को उत्सुक होगे कि मेरी ये सहेली-पिंकी, आख़िर यहाँ तक पहुँची कैसे?"

इस बार माधव ने अपनी चुप्पी तोड़ी और बोला, "हाँ, ये तो हमें पता नहीं कि पिंकी जी यहाँ कैसे पहुँचीं। लेकिन आपके गले में लटका यह यूनिकॉर्न वाला पेंडेंट जब-जब चमकता, तब-तब हमें लगता था कि आपका यूनिकॉर्न्स से कोई गहरा और पुराना नाता है।"

"बिल्कुल सही कहा माधव जी आपने," ज़ारा ने मुस्कुराते हुए कहा।

"तो चलिए, आगे वाले कमरे में चलते हैं। वहाँ मैं अपने झूले पर बैठकर आप सबको पूरी कहानी सुनाऊँगी।"

ज़ारा यह कहते ही उठ खड़ी हुई।

थोड़ी ही देर में आगे का कमरा मानो एक छोटे-से सिनेमा हॉल में बदल गया। कमरे की रोशनी हल्की कर दी गई थी और एक चमकदार लाइट का फ़ोकस सीधा ज़ारा पर था, जो अपने झूले पर बैठी थी।

ट्रिकी जीजी ने सबको ठंडा-मीठा शरबत और भुने हुए दानों से बना चुरमुरा पकड़ा दिया था। सभी उत्सुकता से ज़ारा के सामने ऐसे बैठ गए थे, मानो वह कोई सिनेमा की स्क्रीन हो।

मर्फी अपने बड़े कटोरे से कुटुर-कुटुर चबाना शुरू कर चुका था। पिंकी ज़ारा के बिल्कुल पास बैठी थी और टोबी ट्रिकी जीजी के बगल में, ताकि ज़ारा जो कुछ भी कहे, उसे उनकी भाषा में समझा सके।

माधव एक छोटा-सा गिटार जैसा वाद्य लेकर आया था और उस पर एक मीठी-सी धुन छेड़ रहा था। वह धुन ज़ारा की बातों को और भी जादुई बना रही थी, जैसे संगीत में शब्द अपने आप पिरोते जा रहे हों।

ज़ारा ने मुस्कुराते हुए कहना शुरू किया– "अभी तक तो आप लोग समझ ही गए होंगे कि ये हैं मेरी प्यारी-सी सहेली, पिंकी है।"

उसने पिंकी की ओर इशारा करते हुए कहा, "और ये यूनिकॉर्न वैली के मेटावर्स से आई हैं।"

यूनिकॉर्न वैली का नाम लेते ही ज़ारा जैसे किसी और ही दुनिया में खो गई। उसकी आँखें चमक उठीं और वह आगे बताने लगी– "यूनिकॉर्न वैली, एक ऐसी जगह है, जहाँ आसमान हल्के सुनहरे-गुलाबी रंग में दमकता है। बादल रुई के फ़ाहों जैसे तैरते रहते हैं, और नदियों का पानी चाँदी की तरह झिलमिलाता है। वहाँ की धरती हर पल नई ख़ुशियों को जन्म देती है, और उस जगह का दिल, मानो हमेशा हँसी और रोशनी बिखेरते हुए धड़कता रहता है।"

ज़ारा जैसे किसी सपने से बाहर आई और बोली– "दो साल पहले, AI और VR की मदद से मैं यूनिकॉर्न वैली के मेटावर्स का एक हिस्सा बनी थी। वहाँ हमने मिलकर उस जादुई जगह की सज़ा ख़त्म करवाई और उसे फिर से रंगों से भर दिया। उसी वक्त मेरी दोस्ती येल और पिंकी यूनिकॉर्न से हुई।

हालाँकि, पिछले एक साल से हमारी बातें बहुत कम हो गईं, कभी-कभी तो बिल्कुल भी नहीं।"

फिर, ज़ारा ने खिलखिलाते हुए सबकी ओर देखा और बोली– "बस इसी वजह से, हम आज सारा दिन बतियाते रह गए। और अब सबसे मज़ेदार हिस्सा तो पिंकी ही सुनाएगी–

कि वह यहाँ कैसे और क्यों पहुँची। पूरा किस्सा उसकी ज़ुबानी सुनने में ही असली मज़ा आयेगा।"

स्पॉटलाइट अब पिंकी पर थी। उसकी प्यारी-सी आवाज़ पूरे कमरे में गूँज उठी– "तो हुआ यूँ कि मेरे दोस्त येल और मुझे नई-नई रोमांचक किताबें पढ़ने का बड़ा शौक़ है। हम दोनों अक्सर लाइब्रेरी जाया करते हैं। करीब दो हफ़्ते पहले की ही बात है– हम लाइब्रेरी में थे, तभी हमें एक पुरानी, धूल भरी किताब मिली। उसमें धरती पर बसे प्राचीन शहरों के बारे में लिखा था। और हाँ, उसी किताब में धोलावीरा का भी नाम था। ना जाने क्यों, हमें धोलावीरा के बारे में पढ़ते ही ऐसा लगा, जैसे कोई रहस्य हमारा इंतज़ार कर रहा हो। हम उसके बारे में और जानना चाहते थे। उसका पूरा इतिहास!"

पिंकी थोड़ी देर रुकी और अपने ग्लास का शरबत पीने लगी। उसके चेहरे पर गंभीरता साफ़ झलक रही थी। तब तक टोबी ने जल्दी से ट्रिकी जीजी को सब कुछ समझा दिया था।

पिंकी ने फिर आगे बताना शुरू किया, "हमने तुरंत धोलावीरा का डेटा AI कॉन्फ़िगरेशन में डाल दिया ताकि हमें वहाँ के बारे में और जानकारी मिल सके और तभी हमारे सिग्नल एंप्लीफायर ने ज़ारा की ब्रेन-वेव पकड़ ली। मुझे लगता है कि यह उसी दिन की बात है, जब ज़ारा ने आई.डी.एस.ए. को रीस्टार्ट किया था।"

जैसे ही उसने यह बात कही, कमरे में सन्नाटा छा गया, सब हैरान थे। पिंकी ने गहरी साँस ली और अपनी बात जारी रखी, "जिस पल ज़ारा 4500 साल पहले के धोलावीरा के मेटावर्स में पहुँची, उसकी ब्रेन-वेव ने अनजाने में यूनिकॉर्न वैली से जुड़ी एक पुरानी 'ट्रैवल लिंक' को सक्रिय कर दिया। उसी वजह से पृथ्वी पर धोलावीरा की साइट और यूनिकॉर्न वैली, दोनों जगहों पर सिग्नल पहुँच गया। जब हमने वह सिग्नल डिकोड किया, तो हमें समझ आ गया कि ज़ारा यहाँ-धोलावीरा में-फँस गई है।"

सभी पिंकी की बात ऐसे सुन रहे थे, जैसे कोई साइंस-फिक्शन फ़िल्म सच में उनकी आँखों के सामने चल रही हो।

पिंकी ने मुँह में दो-चार भुने हुए दाने डाले और फिर आगे बोली, "मैं और येल सीधे प्रिज्म के पास गए-जो यूनिकॉर्न वैली के सबसे पुराने और बुद्धिमान यूनिकॉर्न हैं। हमने उन्हें समझाया कि अपनी दोस्त की मदद के लिए हमें किसी भी तरह यहाँ पहुँचना होगा।"

प्रिज़्म ने हमें बताया कि एक मेटावर्स से दूसरे मेटावर्स में पहुँचना आसान नहीं है-इसके लिए टाइम-ट्रैवल करना पड़ता है। और यूनिकॉर्न वैली के वैज्ञानिकों के पास ऐसी एक खास टाइम-ट्रैवल मशीन मौजूद है।

फिर क्या था! जैसे ही हमने ज़ारा का नाम लिया वैज्ञानिक तुरंत मान गए और हमें अपनी 'मल्टी-वर्स टाइम-ट्रैवल

मशीन' दे दी। लेकिन उसमें एक दिक़्क़त थी-उस मशीन से एक ही यात्री एक बार में सफ़र कर सकता था।

तो इस बार येल ने सच्ची दोस्ती निभाते हुए यह मौका मुझे दिया– इस तरह मैं यहाँ आ सकी।"

"तो फिर आप पिंकी जी, लाइब्रेरी में ही क्यों 'धड़' से प्रकट हुईं। सीधे यहाँ ट्रिकी जीजी के घर भी तो आ सकती थीं। आपके अवतरण को देखकर ज़ारा मैडम जो उस दिन चीखी थीं, असल में हम सब पकड़े जाने से बाल-बाल बचे।"

टोबी की बात पर ज़ारा और पिंकी ऐसे मुस्कुराईं, जैसे समझ गई हों कि टोबी जी, येल की कमी कभी खलने नहीं देंगे।

"अरे! जब मैं उस मशीन में बैठी, तो उसमें ज़ारा की ब्रेन-वेव की लोकेशन फ़ीड की गई थी," पिंकी ने समझाया।

"और मशीन ने मुझे सीधे वहीं उतार दिया, जहाँ से सिग्नल आ रहा था-यानी लाइब्रेरी। अगर ज़ारा उस वक़्त घर पर होतीं, तो मैं सीधे घर पर ही पहुँचती।"

पिंकी हँसते हुए आगे बोली, "बट रियली!! मैं आप सबको डराना नहीं चाहती थी।"

"इट्स ओके, पिंकी जी! होता है होता है, और अब हम सब जल्दी से खाना खा कर सोता हैं।"

टोबी ने अपने मज़ाकिया अंदाज़ में बोलते हुए सभी को उठने का इशारा किया।

सभी ने ट्रिकी जीजी के हाथ से बने स्वादिष्ट भोजन का मज़ा लिया और फिर सोने चल पड़े, क्योंकि ज़ारा ने कल के मिशन की घोषणा पहले ही कर दी थी–

मिशन पासकोड

अगली सुबह, माधव, पिंकी, टोबी, मर्फ़ी और ट्रिकी जीजी नाश्ता करके बगीचे में ज़ारा के सामने गोल घेरा बनाकर बैठे। सभी की नज़रें ज़ारा की गोद में रखी उस डायरी जैसी किताब पर टिकी थीं।

ज़ारा ने डायरी जैसी किताब हाथ में उठाई और माधव से वह नोट मांगा, जिस पर माधव ने सात संकेतों के अरेंजमेंट्स पर निशान लगाया था।

फिर ज़ारा ने एक-एक करके किताब के नीचे बने संकेत दबाने शरू किए.

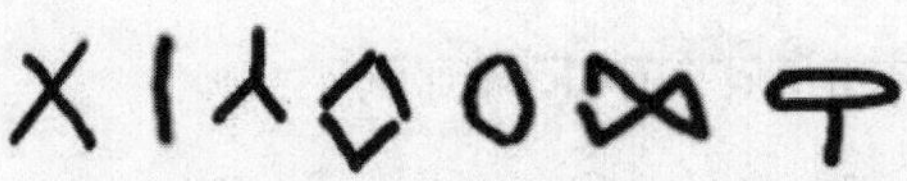

हर संकेत दबते ही सभी के दिल की धड़कनें तेज़ होती, साफ़-साफ़ सुनाई दे रहीं थीं।

जैसे ही ज़ारा ने आख़िरी संकेत–

दबाया,,. 

डायरी जैसी किताब का कवर अपने आप खुल गया और हर पन्ना धीरे-धीरे पलटने लगा,

डायरी जैसी किताब के खुलते ही सब एक-दूसरे का मुँह देखने लगे,.

उसके पन्ने बिलकुल ख़ाली थे।

टोबी के मुँह से बरबस निकल पड़ा,

"धत् तेरे की!! इन खाली पन्नों के लिए हमने इतना खतरा उठाया!!"

"अरे नहीं, टोबी जी! ऐसे नहीं बोलते।"

ज़ारा ने टोबी को टोकते हुए पिंकी से कहा,

"पिंकी, वह छोटा सा छंद जो संकेत के नीचे किताब में लिखा था, उसे याद करने की कोशिश करो। शायद वही हमें इन खाली पन्नों की गुत्थी सुलझाने में मदद करे।"

ज़ारा के ऐसा कहते ही पिंकी ने बोलना शुरू किया-

"जिसे मिला है ये अनमोल संकेत,

खोलेगा वही, जो हो बुद्धिमान और नेक"।

"हाँ, तो हमने ये अनमोल संकेत पाकर डायरी जैसी किताब तो खोल ही ली है। पिंकी, क्या आगे की लाइन याद है तुम्हें?"

ज़ारा के पूछते ही पिंकी ने आगे बोलना शुरू किया -

पन्नों में छुपी है गहरी कहानी,

समझदार ही पाएगा उसकी निशानी

"इसका मतलब है," ज़ारा ने आगे कहा, "हो न हो इन पन्नों में कुछ तो लिखा है, जिसे हम देख और पढ़ नहीं पा रहे हैं।"

ज़ारा की बात सुनते ही, टोबी दौड़कर संदूक से बाकी सामान ले आया और बोला, "लीजिए ज़ारा मैडम, ये रहा मैग्निफाइंग ग्लास, ये पंख से बना पेन और ये लाल रंग की स्याही की बोतल। शायद इनसे कुछ मदद मिल जाए।"

माधव ने अपने हाथ में मैग्निफाइंग ग्लास लिया और हर पन्ने के ऊपर सरकाकर देखा, पर कुछ भी नहीं दिखा।

वह थोड़ा मुँह बिचकाते हुए बोला, "ज़ारा, इससे भी कुछ नहीं दिख रहा। सारे पन्ने ख़ाली पड़े हैं।"

ज़ारा ने तुरंत टोबी के हाथ से लाल स्याही की बोतल और पंख से बना पेन ले लिया। उसने पेन को स्याही में डुबोया ही था कि– इससे पहले कि कोई कुछ समझ पाता– पेन की नोक से लाल स्याही की एक बूँद 'टप' से डायरी जैसी किताब के पहले सादे पन्ने पर टपक गई।

सभी को लगा कि किताब का पहला पन्ना ही ख़राब हो गया है, अब आगे क्या होगा।

लेकिन यह क्या!

लाल स्याही की वह बूँद गिरते ही जैसे कहीं ग़ायब हो गई और पन्ना फिर से बिल्कुल वैसा ही कोरा का कोरा दिखने लगा!

"अरे! यह बूँद तो व्हाट्सएप के 'डिसअपीयरिंग मैसेज' की तरह न जाने कहाँ ग़ायब हो गई!" टोबी ने अपनी नाक से एक अजीब-सी आवाज़ निकालते हुए ज़ोर से कहा।

लेकिन ज़ारा को तो अब क्लू मिल चुका था।

ज़ारा ने फिर से पंख से बने पेन को लाल स्याही की बोतल में डुबोया।

इस बार उसने गहरी साँस ली और पूरे इत्मीनान से डायरी के कोरे पन्ने पर लिखना शुरू किया–

मैं हूँ ज़ारा
हर डर मुझसे हारा

लेकिन यह लिखावट भी बस कुछ पल के लिए पन्ने पर चमकी और फिर गायब हो गई।

ज़ारा ने जैसे ही पंख से बने पेन को लाल स्याही की बोतल में फिर से डुबोया, सबकी नज़र उसी पल उस डायरी जैसी किताब के पन्ने पर टिक गई!

पन्ने पर अपने आप कुछ लिखा हुआ उभरने लगा, जिसे ज़ारा ने तुरंत ज़ोर से पढ़ा–

मैं हूँ पलीता

जिसे सब कुछ पता

"ज़ारा मैडम!!" टोबी आश्चर्य से चिल्लाया,

"ये किताब तो यहाँ की दुनिया की चैट जीपीटी निकली!"

सबकी नज़रें ज़ारा पर टिक गईं कि वह आगे क्या करेगी।

ज़ारा ने बड़ी गंभीरता से कहा,

"टोबी ने सही कहा! इस किताब के पास हमारे प्रश्नों के उत्तर हैं, पर हमें प्रश्न ठीक से पूछने होंगे, वरना ये हमें घुमा देगी।"

ठीक है ज़ारा, फिर तुम ही कुछ सोचकर इससे आगे पूछो," माधव बोला।

ज़ारा ने थोड़ा सोचा, फिर लिखा–

तो पलीता! फिर मुझे भी बताओ जो तुम्हें हैं पता...

और फिर लिखकर उभर आया-

करनी पड़ेगी ख़ुद भी मेहनत क्यूँकि पलीता का हर जवाब हैं पहेली के हल की क़ीमत।

इस बार पिंकी बोली, "इसका मतलब है कि ये हमें जवाब पहेली के रूप में देगा, जिसे हमें ख़ुद ही सुलझाना होगा।

जब हम वह पहेली सुलझा लेंगे, तब ये बताएगा कि हमारा उत्तर सही है या ग़लत, और सही होने पर ही पूरा जवाब देगा।"

"बिल्कुल!" सभी ने लगभग एक साथ कहा।

दोपहर के खाने का समय हो चुका था। धोलावीरा में सभी को टाइम टेबल के अनुसार ही रहना पड़ता था, इसलिए सबने यह फ़ैसला किया कि खाने के बाद बगीचे में बैठकर 'पलीता जी' से आगे के सवाल पूछे जाएँगे।

दोपहर में, बगीचे के किनारे लगे नीम के पेड़ की छाँव में ज़ारा, पिंकी, माधव, टोबी, मर्फी और ट्रिकी जीजी वापस बैठ गए।

नीम की पत्तियों से छनकर आती ठंडी फुहार बहुत सुकून दे रही थी।

ज़ारा की गोद में डायरी जैसी किताब खुली रखी थी, और उसके हाथ में पंख से बना पेन था।

लाल स्याही की बोतल पिंकी ने पकड़ी हुई थी, इसलिए वह ज़ारा के पास ही बैठी थी।

“ऐसा क्या पूछें पलीता मियाँ से कि ये हमें बिना ज़्यादा घुमाए सही जवाब दे दें?” ज़ारा का यह सवाल सबको सोचने पर मजबूर कर गया।

तभी ट्रिकी जीजी ने टोबी से कुछ कहा और टोबी के हंसते चेहरे से साफ़ पता चल रहा था कि उसे अगला सवाल मिल गया है।

उसने ज़ारा को देखते हुए कहा, “ज़ारा मैडम, प्लीज़ लिखिए! ट्रिकी जीजी ने बिलकुल सही सवाल पूछा है।”

टोबी के ऐसा कहते ही, ज़ारा तुरंत पेन को स्याही में डुबोकर लिखने के लिए तैयार हो गई।

और टोबी ने बोलना शुरू किया–

हमें पता है ये है सातवाँ चरन जब होना है पतन,

हमें बताओ पतन का कारण ताकि हम बचा कर करें सबका निवारण

सभी ने दम साधे डायरी में झाँका, क्योंकि अब जो लिखकर आने वाला था, उसी से आगे क्या करना है यह तय होना था।

माधव अपने हाथ में एक छोटी नोटबुक और पेन लेकर बैठा था, ताकि पलीता की पहेली लिख सके।

और फिर, पलीता ने लिखना शुरू किया–

हम्म ! बड़े होशियार हो

कर रहे सही प्रश्नों की बौछार हो।

कारण का लगाओ स्वयं पता

घरों के बाहर बने हैं जो संकेत वही खोलेंगे सारा भेद।

और फिर सारा लिखा हुआ वापस गायब हो गया, लेकिन इस बार माधव ने सब नोट कर लिया था।

ज़ारा और बाकी सबने बड़े इत्मीनान से एक-एक शब्द पढ़ना शुरू किया।

तभी ज़ारा बोली,

"कारण का लगाओ स्वयं पता, यानी हमें पतन का कारण ख़ुद ही ढूँढना होगा। लेकिन कहाँ और कैसे?"

यह कहते-कहते ज़ारा के माथे पर चिंता की लकीरें उभर आईं।

माधव ने अपनी नोटबुक पर उँगली रखकर ज़ारा को इशारा किया, मानो ज़ारा की चिंता का हल उसके पास ही हो, और बोला–

"देखो ज़ारा! इसका क्लू पलीता ने अगली लाइन में दिया है।"

"अरे हाँ!" ज़ारा ने धीरे-धीरे पढ़ना शुरू किया, "घरों के बाहर बने हैं जो संकेत– इसका मतलब है, जो चित्र धोलावीरा वासियों ने अपने घरों के बाहर बनाए हैं, उनमें से हमें सही संकेत चुनने होंगे।

वही खोलेंगे सारा भेद– यानी वही संकेत हमें पतन का कारण बताएँगे।"

सभी ने तालियाँ बजाकर ज़ारा की सराहना की।

टोबी ख़ुश होकर बोला, "वाह ज़ारा मैडम! अब कल से मिशन संकेत शुरू!"

"बिलकुल!" ज़ारा ने कहा, "और अब हम दोनों सहेलियाँ मर्फी के साथ मेरे पसंदीदा स्पॉट पर जा रही हैं। तुम दोनों जय-वीरू कल के मिशन की योजना बनाओ।"

"अरे! यह तो ग़लत बात है!" माधव और टोबी एक साथ बोले।

दोनों सहेलियाँ हंसते हुए दौड़ पड़ीं और ज़ारा ख़ुशी से चिल्लाई, "डिनर पर मिलते हैं!"

10

रहस्यमयी परछाई– मिले संकेत

जिस समय की दहलीज़ को पार कर ज़ारा चार हज़ार पाँच सौ साल पहले के धोलावीरा में पहुँची थी, उसी समय को जैसे पंख लग गए थे।

ज़ारा और उसके दोस्तों की टीम को, संकेत खोजते-खोजते लगभग पाँच दिन हो चुके थे। धोलावीरा के लोअर सिटाडेल में बने घरों की दीवारों पर सिर्फ़ चित्र ही बने थे। इसीलिए वहाँ खोजने का कोई मतलब नहीं था। अब ज़ारा ने निश्चय किया कि तलाश अपर सिटाडेल में की जाए। तब उसने दो टीमें बनाईं–

- पहली टीम : ज़ारा, पिंकी और मर्फ़ी।
- दूसरी टीम : जय-वीरू यानी टोबी और माधव।

दोनों टीमों ने अपर सिटाडेल के आधे-आधे घर आपस में बाँट लिए, ताकि जल्दी से संकेत नोट किए जा सकें, लेकिन

पाँच दिन बीत जाने के बाद भी उनका काम अधूरा ही था। "लगता है, संकेत ढूँढने का काम कल तक पूरा हो जाएगा," पिंकी ने थकी-सी आवाज़ में कहा और पूरे दिन की मेहनत के बाद दीवार के किनारे रखी, गुलगुली-सी सेटी पर धम्म से गिर गई।

ज़ारा ने उसके हाथ में पानी का गिलास थमाते हुए मुस्कुराकर कहा, "हाँ, मुझे भी ऐसा ही लगता है। लेकिन आज बड़ी देर हो गई, हमारे जय-वीरू अभी तक नहीं लौटे। लगता है, आज तो काम पूरा करके ही लौटेंगे।"

"ज़ारा मैडम! आपने हमें याद किया और हम हाज़िर!" टोबी ने हँसते हुए ट्रिकी जीजी के घर का दरवाज़ा खोला और कहा।

"उफ़्फ़, टोबी जी! आप और आपके डायलॉग्स, सच में, येल की कमी कभी खलने ही नहीं देते।" ज़ारा हँसते हुए बोली।

फिर वो तुरंत मचिया सरका कर बैठ गई और उत्सुकता से बोली, "अब जल्दी बताओ, आज तुम दोनों ने क्या किया?"

माधव, ट्रिकी जीजी की रसोई से पानी का गिलास भरते हुए बोला, "बस ज़ारा, आज हमने लगभग सारे घरों से संकेत छाँट लिए हैं। और हैरानी की बात ये है कि हर घर से जो संकेत मिले, उनमें से छः संकेत बिल्कुल एक जैसे हैं। कल

बस आख़िरी बार सरसरी नज़र डालनी है-कहीं कोई घर छूट न गया हो।"

"हमारा काम भी कल तक पूरा हो जाएगा। फिर हम सब मिलकर संकेतों का मिलान करेंगे और देखेंगे कि हमारे छाँटे गए संकेत और तुम लोगों के छाँटे गए संकेत कितने मेल खाते हैं।"

ज़ारा ने अगले दिन की रणनीति साफ़ शब्दों में बता दी। और फिर खाना हुआ, थोड़ा गाना-बजाना हुआ, और सब लोग थकान की वजह से जल्दी ही सोने चले गए।

अगले दिन, ज़ारा, पिंकी और मर्फी को अपना काम समेटते-समेटते शाम हो गई। मर्फी की सूंघने की ज़बरदस्त शक्ति की वजह से ज़ारा और पिंकी को काफ़ी मदद मिली थी।

"पिंकी, चलो अब! रात होने वाली है। अगर हम इस तरह इनके घरों के आस-पास नज़र आएँगे, तो ये लोग हम पर शक कर सकते हैं।" ज़ारा की आवाज़ में घर लौटने की हल्की हड़बड़ी थी, क्योंकि दिन ढल रहा था।

"बस ज़ारा, वो एक आख़िरी घर बचा है! देखो, मर्फ़ी वहाँ जाकर खड़ा भी हो गया है। बस दो मिनट में आज काम पूरा ही कर लेते हैं।" पिंकी के बोलने के लहज़े में काम का दबाव साफ़ झलक रहा था।

ज़ारा और पिंकी ने मर्फ़ी के साथ मिलकर उस आख़िरी घर के संकेत नोट किए ही थे कि गहराती शाम में, उसी घर के पास से एक परछाई कुछ बटोरते हुए ऐसे भागी जैसे कोई उसे देख न ले।

मर्फ़ी तुरंत कूँ-कूँ करता हुआ उसी ओर भागा, मानो बताना चाह रहा हो कि वहाँ कोई था।

ज़ारा ने साहस दिखाते हुए पिंकी को उस परछाई का पीछा करने का इशारा किया, क्योंकि वह परछाई दूर से यूनिकॉर्न जैसी लग रही थी। मर्फ़ी आगे-आगे उस परछाई के पीछे बढ़ रहा था, जैसे कोई रहस्य की डोर उसे अपनी ओर खींच रही हो। ज़ारा और पिंकी बस उसके पीछे-पीछे चल रही थीं।

काली, गहराती रात में उन्हें सिर्फ़ हवा की साँय-साँय सुनाई दे रही थी, और कुछ समझ नहीं आ रहा था। साँय-साँय के बीच कभी-कभी पत्तों की सरसराहट भी होती, जैसे कोई उनके आगे-आगे भाग रहा हो। दोनों बार-बार पीछे मुड़कर देखतीं, लेकिन हर ओर अँधेरे की काली चादर ही फैली थी। तभी दोनों ठिठक गईं, क्योंकि मर्फ़ी अचानक चलते-चलते रुक गया।

थोड़ी दूर एक पुरानी-सी झोपड़ी दिखाई दे रही थी, जिसकी खिड़की से टिमटिमाती रोशनी झिलमिला रही थी।

ऐसा लग रहा था, मानो उस रोशनी के पीछे कोई परछाईं भीतर धीमे-धीमे, हिल-डुल रही हो।

अंधेरे की वजह से और कुछ भी न दिखाई दे रहा था, न समझ आ रहा था। तभी ज़ारा को किसी का हाथ अपने कंधे पर महसूस हुआ।

कँपकँपाहट ने उसे अंदर तक हिला दिया, लेकिन हिम्मत जुटाते हुए जैसे ही वह पीछे मुड़ी–

"तुम दोनों यहाँ क्या कर रहे हो?" ज़ारा ने अपनी आवाज़ की तेज़ी को दबाने की कोशिश की और कुछ ज़्यादा ही फुसफुसाकर बोली।

"रात होने लगी थी, इसलिए हम दोनों तुम्हें, पिंकी और मर्फ़ी को ढूँढते-ढूँढते यहाँ तक चले आए।" माधव की ये बात सुनकर थोड़ी दूर खड़े पिंकी और मर्फ़ी भी पलटकर ज़ारा के पास आ गए।

"माधव! टोबी! हम एक परछाई," पिंकी की बात पूरी भी नहीं हुई थी कि टोबी बीच में कूद पड़ा और बोला, "हमें पता है! आप दोनों मर्फ़ी के पीछे-पीछे उस परछाई का पीछा करते हुए यहाँ तक आए हो। वैसे बता दूँ, वो परछाई उस झोपड़ी के अंदर ही गई है।"

"अब!" पिंकी की हैरत से फैली आँखें अँधेरे में साफ़ चमक रही थीं।

"तो चलो! जब हम एनिड ब्लाइटन के 'फेमस फाइव' बन ही गए हैं, तो क्यों न उस झोपड़ी के पास जाकर देखें कि अंदर कौन है और क्या कर रहा है?" ज़ारा के उत्साह से भरे स्वर ने सबको हिम्मत दी।

तेज़ कदमों की आहट दबाते हुए वे सब धीरे-धीरे झोपड़ी के पास पहुँच गए। एक खिड़की का पल्ला, हल्का-सा अटका हुआ था। टोबी ने अपनी पूँछ से उसे धीरे-धीरे, बिना आवाज़ किए खोलने की कोशिश की। पल्ला हल्का सरकते ही एक छोटा-सा सुराख़ बन गया, और अब अंदर का सब दिखने लगा था।

ज़ारा, पिंकी, माधव, टोबी और मर्फ़ी– सभी उस सुराख़ से अंदर झाँकने में जुट गए। एक तरफ़ लालटेन जैसा कुछ रखा था, जिसकी गर्माहट और रोशनी में सामने कुछ कपड़े और रूई से ढका हुआ था। मध्यम प्रकाश में धुंधली-सी एक यूनिकॉर्न की आकृति दिखाई दे रही थी, जो कुछ जड़ी-बूटियों को पानी में उबाल रहा था। उसकी चमकती आँखें और लंबी, मोम जैसी सींग हल्की रोशनी में झिलमिला रही थीं, और उसकी सूँघती नाक और धीमी साँसों की आवाज़ भी धुँधली रोशनी में महसूस हो रही थी।

"चलो, किसी तरह चाय का इंतज़ाम तो हुआ, पर शहद नहीं मिला। यहाँ पर पता नहीं खाने की चीज़ों को मीठा कैसे करते होंगे।

खैर, छोड़ो! प्रिज्म मियाँ वैसे भी बूढ़े हो रहे हैं– कम मीठा खाना ही अच्छा है।"

ऐसा कहकर जैसे वह आकृति कुछ ढूँढने के लिए पलटी, ज़ारा और पिंकी का चेहरा सफेद पड़ गया।

हड़बड़ाहट में पिंकी की सुनहरी सींग खिड़की से टकरा गई।

"कौन हैं? कौन हैं बाहर?"

वो आकृति तेज़ कदमों से खिड़की के पास आई। पाँचों डर के मारे नीचे बैठ गए और छुपने लगे।

"अब छुपने का क्या फ़ायदा! ये तो प्रिज्म हैं। चलो, दरवाज़ा खटखटाते हैं," ज़ारा ने सभी से कहा।

वे सभी दरवाज़े के पास पहुँचे और दरवाज़ा खटखटाने ही वाले थे कि प्रिज्म ने अचानक दरवाज़ा खोल दिया।

"मुझे पता था, मुझे ढूँढते-ढूँढते तुम लोग यहाँ ज़रूर पहुँच जाओगे। आओ, जल्दी से अंदर आओ! किसी ने देख लिया तो मुसीबत होगी।"

प्रिज्म की वही अमिताभ बच्चन जैसी आवाज़ गूँज उठी। पाँचों जल्दी से अंदर आए और जहाँ-जहाँ जगह मिली, वहीं बैठ गए।

"प्रिज्म! आप यहाँ कैसे, कब, क्यों और किसलिए हैं? और ये कपड़े में ढक कर क्या छुपा कर रखा है?"

ऐसा लगा जैसे पिंकी उतावलेपन में सब कुछ एक ही साँस में जानना चाहती हो।

"सब बताता हूँ, सब बताता हूँ! इस बूढ़े आदमी को जरा चाय की चुस्की तो लेने दो। बड़ी दिनों की खोजबीन के बाद ये जड़ी-बूटियाँ हाथ लगी हैं, जिनसे ये चाय बन पाई है। माफ करना, मुझे पता नहीं था कि तुम लोग आ रहे हो, नहीं तो एक छोटी सी टी-पार्टी हो जाती।"

प्रिज्म पास ही पड़े कपड़े से बने बिछौने पर बैठते हुए आगे बोले– "तो हुआ यूँ कि, एक गाइडिंग एंजेल होने के नाते मुझे पिंकी और ज़ारा को यहाँ अकेले छोड़ना ठीक नहीं लगा। मैंने तुरंत सारे गाइडिंग एंजेल्स को बुलाया, और हम सभी ने उस टाइम ट्रैवल मशीन की कॉपी तैयार की, जिसमें दो दिन पहले ही बैठकर मैं यहाँ आ सका।"

उन्होंने बड़े इत्मीनान से चाय की चुस्की ली और आगे बताना शुरू किया, "लेकिन जब यहाँ पहुँचकर मैंने देखा कि टोबी, माधव और मर्फ़ी पहले से ही ज़ारा की मदद के लिए मौजूद हैं, तो मैंने सोचा– अब इस बुज़ुर्ग इंसान की दखलअंदाज़ी ठीक नहीं होगी।"

"फिर ऐसा क्या हुआ कि आप यहाँ रुक गए?" टोबी के इस बेबाक सवाल पर सबने उसे घूरकर देखा।

टोबी घबराकर तुरंत सँभल गया, "आई, आई एम सॉरी! मेरा मतलब था..."

प्रिज़्म ज़ोरदार ठहाका लगाकर हँसे– बिलकुल अमिताभ बच्चन के अंदाज़ में और टोबी की तरफ़ देख कर बोले, "तुम वाक़ई येल जैसे ही हो, बरखुरदार! तो मैं रुक इसलिए गया क्यूँकि, मैंने सोचा, यूँ ही लौटना ठीक नहीं होगा। एक ज़िम्मेदार बुज़ुर्ग होने के नाते, तुम लोग क्या कर रहे हो, इसकी थोड़ी-बहुत छानबीन करना ही सही रहेगा। और कल, जब मैं तुम्हारा पीछा करते-करते थक कर शाम को जंगल के रास्ते लौट रहा था, तभी ऊपरवाले ने इस बेज़ुबान की ज़िम्मेदारी मुझे सौंप दी।" यह कहते हुए प्रिज़्म लालटेन के पास पहुँचे और कपड़े में लिपटी चीज़ उठाकर सबके सामने रख दी।

ज़ारा, पिंकी, टोबी और माधव अपनी जगह से एक साथ उछल पड़े और चिल्ला उठे– "अ, अ, अ, अ, अण्डा।" मर्फ़ी भी उत्साह में ज़ोर-ज़ोर से भौंकने लगा।

प्रिज़्म ने नाटकीय अंदाज़ में हाथ फैलाकर कहा, "बिलकुल सही जवाब, देवियो और सज्जनो– अण्डा!"

इतना सुनते ही टोबी झट से बोल पड़ा– "अरे, KBC मत खेलिए! पहले बताइए ये क्यों ले आए?"

इस सवाल पर प्रिज़्म की आवाज़ और भी गहरी हो गई।

वे धीमे स्वर में बोले, "मुझे ऐसा लगता है कि ऊपरवाले ने मुझे अब एक माँ की ज़िम्मेदारी निभाने का मौक़ा दिया है।"

उन्होंने अपना चश्मा उतारा और आँखों से हल्के-हल्के आँसू पोंछते हुए आगे कहा– "क्योंकि, पिता तो मैं कभी बन ही नहीं पाया।"

प्रिज़्म की इस हरकत पर सब गम्भीर होने के बजाय दबी-दबी हँसी हँसने लगे।

उसी पल टोबी हड़बड़ाकर चिल्ला पड़ा– "अरे! ये तो बिल्कुल डायनासोर का अण्डा लगता है। पैदा होते ही आपको माँ कम, राजमा समझकर हज़म कर जाएगा!"

टोबी की बात सुनते ही सबकी दबी हँसी फूट पड़ी।

ज़ारा ने मुँह पर हाथ रखकर हँसी दबाने की कोशिश की, पर पिंकी अपनी खिलखिलाहट रोक ही न पाई।

माधव तो टोबी को पकड़कर ज़ोर-ज़ोर से हँसने लगा।

आख़िरकार प्रिज़्म भी अपनी अमिताभ बच्चन-स्टाइल वाली गहरी हँसी पर क़ाबू न रख सके।

फिर माधव ने थोड़ा गंभीर होते हुए समझाने की कोशिश की, "टोबी सही कह रहा है, प्रिज़्म जी। मैंने पढ़ा है कि बहुत साल पहले इस जगह पर डायनासोर का राज होता था।

प्लीज़! आपको ऐसा करके अच्छा तो नहीं लगेगा, पर इसे जहाँ से उठाया है, वहीं छोड़ देना ठीक रहेगा।"

"वैरी प्रैक्टिकल एप्रोच ऑफ़ टूडेज़ जनरेशन– ठीक ही! जैसे आप सब कहें, वैसे ही सही।" प्रिज़्म ने गहरी साँस लेते हुए कहा।

ज़ारा उठते हुए बोली, "तो फिर चलो! हम प्रिज़्म के साथ ट्रिकी जीजी के घर चलते हैं। कल सुबह टोबी और मर्फ़ी के साथ प्रिज़्म ये अंडा वापस इसकी जगह पर रख आएंगे।"

और फिर, प्रिज़्म को मिलाकर छः लोग अंडा लेकर उस झोपड़ी से बाहर निकले और ट्रिकी जीजी के घर की ओर चल दिए।

रास्ते में प्रिज़्म ने फिर से सबको विस्तार से अपना किस्सा सुनाना शुरू किया कि कैसे टाइम ट्रैवल मशीन ने उन्हें सीधे समुद्र के किनारे बने जंगल में उतार दिया था।

गनीमत यह रही कि उन्हें यह उजड़ी-सी पुरानी झोपड़ी मिल गई थी, जिसे शायद किसी ने बहुत पहले छोड़ दिया था। इस झोपड़ी के अंदर उन्हें इतना सामान मिला कि दिन-रात काटना मुश्किल नहीं रहा।

प्रिज़्म की गहरी आवाज़ में किस्सा सुनते-सुनते सब इतने मग्न हो गए कि समय का पता ही न चला।

और तभी अचानक, सामने जाना-पहचाना बगीचा नज़र आया।

उसकी हरियाली के बीच जुगनू झिलमिलाते टिमटिमा रहे थे– जैसे ट्रिकी जीजी ने यह रोशनी उनके स्वागत के लिए जलाई हो। हमेशा की तरह, ट्रिकी जीजी का घर आज भी सबके स्वागत के लिए पहले से तैयार था। कभी-कभी लगता है जैसे घर का आकार उसके मालिक के दिल पर ही निर्भर करता हो।

तभी तो-भले ही घर छोटा हो, अगर मालिक बड़े दिलवाला है, तो उसमें न जाने कहाँ से सब आराम और प्यार से समा जाते हैं।

इस बार, माधव ने ट्रिकी जीजी को प्रिज़्म के बारे में बताया और अपने स्वभाव के अनुसार ही, ट्रिकी जीजी ने भी बड़े सम्मान और स्नेह से प्रिज़्म का स्वागत किया।

जल्द ही बातों-बातों में समय बीत गया और सब रात के खाने के लिए एक परिवार की तरह साथ बैठ गए।

स्वादिष्ट खाने के साथ जहाँ टोबी के चुटकुले थमने का नाम ही नहीं ले रहे थे और सबके पेट हँसते-हँसते दुखने लगे थे, वहीं प्रिज़्म के किस्सों ने सबको आँखें फाड़कर सुनने पर मजबूर कर दिया। बीच-बीच में, मर्फ़ी अपना कटोरा भरा होने के बावजूद ज़ारा के घुटने पर पंजा रखकर मासूम आँखों से और खाने की माँग करता, तो सब हँस पड़ते।

माधव धोलावीरा सभ्यता और उसके छह चरणों के बारे में बता रहा था, जबकि पिंकी अपनी बातों से यूनिकॉर्न वैली की रंग-बिरंगी दुनिया की छटा बिखेर रही थी।

ट्रिकी जीजी सबको देखकर चुपचाप मुस्कुरा रही थीं- जैसे उनके घर की दीवारें भी इस हँसी और रौनक से भर गई हों।

और ज़ारा की खिलखिलाहट ने पूरे माहौल को और भी खुशनुमा बना दिया।

खाना कितना स्वादिष्ट बना था, यह प्रिज़्म को देखकर ही समझा जा सकता था– वे उँगलियाँ चाट-चाटकर इतना मज़े से खा रहे थे कि अंत में उनकी प्लेट सबसे ज़्यादा चमक रही थी।

टोबी तुरंत चुटकी लेते हुए बोला, “लीजिए, ट्रिकी जीजी! प्रिज़्म जी की प्लेट देखकर तो लगता है जैसे इसे धोने की ज़रूरत ही नहीं-सीधी अलमारी में रख दीजिए।”

टोबी की बात सुनकर सब ज़ोर से हँस पड़े और बेचारे प्रिज़्म हल्के से झेंप गए।

“तभी टोबी उठा और गोल-गोल घूमते, उछलते हुए चिल्लाया, ‘ज़ारा मैडम हँसी!! ज़ारा मैडम हँसी! टोबी को मिले 10 क्रेडिट पॉइंट्स!”

पिंकी अपनी सहेली ज़ारा के साथ उसके कमरे में सोने चली गई। ट्रिकी जीजी ने आगे वाले कमरे में टोबी के बिस्तर

के पास प्रिज्म का बिस्तर भी लगा दिया। रात ज़्यादा होने की वजह से ट्रिकी जीजी ने माधव के लिए भी सोने की व्यवस्था टोबी और प्रिज्म के साथ कर दी।

मर्फी अपना बड़ा सा कुशन बेड मुँह में दबाए कभी ज़ारा के कमरे में, तो कभी टोबी के पास, तो कभी ट्रिकी जीजी के कमरे में सोने चला जाता। लेकिन आज मर्फी महाशय, टोबी, प्रिज्म और माधव के साथ आगे वाले कमरे में ही अपना आसन जमाए थे।

देर रात तक आगे वाले कमरे से धीरे-धीरे बतियाने की आवाज़ और हँसी सुनाई दे रही थी, जिससे यह समझ आ रहा था कि प्रिज्म का सौ साल का इतिहास खुल चुका है और यह किताब जल्दी बंद होने वाली नहीं है।

सुबह-सुबह नाश्ता कर, सभी ट्रिकी जीजी के घर के सामने वाले बगीचे में संकेतों का मिलान करने बैठ गए।

पिंकी सुबह-सुबह ही ज़ारा को बता चुकी थी कि प्रिज़्म ने टोबी और मर्फ़ी के साथ जाकर बिना समय गवाए अंडा वापस उसकी जगह पर रख दिया था।

ज़ारा और पिंकी ने जैसे ही प्रिज़्म का चेहरा देखा, वे समझ गईं कि उन्हें टाइम ट्रैप की अब तक की सारी घटनाएँ पता चल चुकी हैं।

उधर माधव, टोबी और मर्फ़ी को देखकर साफ़ समझ आ रहा था कि अब उन्हें ज़ारा के पिछले एडवेंचर, यूनिकॉर्न वैली और प्रिज़्म से जुड़ी सारी बातें पता चल चुकी हैं।

बाहर बगीचे में आकर, ज़ारा ने नोट किए हुए संकेत गिनते हुए माधव के पास बैठकर कहा, "अरे, माधव जी! हमारे छाँटे हुए संकेत भी छः ही निकले। चलिए देखते हैं– इनमें कितने एक जैसे हैं और कितने अलग।"

पिंकी और टोबी भी संकेतों का मिलान देखने के लिए ज़ारा और माधव के पीछे आकर खड़े हो गए।

लेकिन प्रिज़्म थोड़ी दूर ट्रिकी जीजी के पास बैठे थे और उनसे धीमे-धीमे बतिया रहे थे।

ज़ारा ने एक निगाह उनकी तरफ़ डाली और मन ही मन मुस्कुराते हुए बुदबुदाई– "लगता है ये मेटावर्स वाले तो एक-दूसरे की भाषा बड़ी जल्दी सीख जाते हैं।"

"अरे ज़ारा! इधर ध्यान दो और ये पहेली पहले सुलझाओ," माधव ने बीच में टोकते हुए कहा, "प्रिज़्म जी को मैंने और टोबी ने रातभर में यहाँ की भाषा में अपना काम चलाना सीखा दिया था, तभी तो तुम्हें ये नज़ारा दिख रहा है।"

ज़ारा ने हँसते हुए सिर हिलाया और फिर पूरा ध्यान वापस संकेतों के मिलान पर लगा दिया।

"अरे, ये सारे छह के छह संकेत एक जैसे हैं! यानी यही वो छह संकेत हैं जो 'खोलेंगे सारा भेद'।

टोबी जी, जरा दौड़ लगाइए और अंदर से लगे हाथ वो डायरी जैसी किताब ले आइए।"

ज़ारा के ऐसा कहते ही, टोबी ने तुरंत अपने छोटे-छोटे कदमों को तेज करते हुए अंदर की तरफ़ दौड़ लगा दी और माधव भी कुछ सोचते हुए उसके पीछे चल पड़ा। टोबी बिना समय गँवाए, डायरी जैसी किताब लेकर वापस आ गया, और उसके पीछे माधव पंख से बना पेन और लाल स्याही की बोतल लेकर आया।

"थैंक यू, माधव जी," ज़ारा ने मुस्कुराते हुए कहा।

"अब मैं ये छः संकेत एक-एक करके लिखती हूँ और देखते हैं पलीता क्या उत्तर देता है, क्योंकि हम तो पहले ही पहेली सुलझा चुके हैं।"

और फिर ज़ारा ने एक-एक कर के संकेत बनाने शुरू किए। सभी आँखें फाड़कर देख रहे थे कि पलीता आगे क्या लिखता है।

लेकिन ये क्या! डायरी जैसी किताब का वो पन्ना अचानक किताब से अलग होकर हवा में राख बनकर गायब हो गया!

11

बूझती पहेलियाँ– संकेत की समझ

“लगता है, ज़ारा मैडम! पलीता जी पर आप थोड़ा ज़्यादा लिख बैठी हैं, इसलिए ग़ुस्से में आकर उन्होंने अपना पन्ना ही फूँक दिया”, टोबी की यह बात सुनकर, इतने तनावपूर्ण समय में भी सब हँस पड़े।

यह सब होते देख, ट्रिकी जीजी अपने भारी-भरकम शरीर को संभालते हुए और प्रिज़्म अपने फुर्तीले पाँवों के साथ दौड़ते हुए– बच्चों के पास आए।

लेकिन जल्द ही, पलीता के अगले पन्ने में लिखा उभरा– हम्म! बड़े होशियार हो, कर रहे सही उत्तर की भी बौछार हो।

अगर जाननी पूरी कहानी हो– तो पहले लाई हुई किताब से पता करो इन संकेत का माने,

नहीं तो आगे तुम जानो या तुम्हारा काम जाने!

"अरे भाई! लगता है ये सारी जाँच-पड़ताल हमसे करवाएँगे और ख़ुद पहेली बुझाएँगे। हमारा चैटजीपीटी, पलीता मियाँ से भला, कम से कम जो पूछो, सही-सही तो बताता है, इसकी तरह पहेली तो नहीं बुझाता!"

टोबी की झल्लाहट देख ज़ारा मुस्कुराई और समझाया, "यही इसका काम करने का तरीका है, टोबी जी! कम से कम इसी तरह हमें धीरे-धीरे क्लू तो मिल रहे हैं।"

"ज़ारा बिल्कुल ठीक कह रही है," प्रिज्म ने सबका हौसला बढ़ाते हुए कहा।

"लेकिन फ़िलहाल मुझे घर से स्वादिष्ट खाने की ख़ुशबू आ रही है। चलो, पहले पेट पूजा कर लें, फिर मैं भी तुम लोगों के साथ मिलकर संकेत ढूँढने में जुट जाऊँगा।"

यह कहते हुए प्रिज्म ने ट्रिकी जीजी की ओर इशारा किया, जो दरवाज़े पर खड़े होकर सबको अंदर बुला रही थीं।

जल्द ही सब खाना खाकर बगीचे में अपनी-अपनी जगह पर दोबारा बैठ गए। माधव के कहने पर पिंकी, ज़ारा के कमरे में गई ताकि वो संकेतों वाली किताब ले आए, जिसे ज़ारा लाइब्रेरी से लाई थी, "ज़ारा! किताब कहाँ रख दी तुमने? मिल नहीं रही," पिंकी कमरे से चिल्लाई।

"वहाँ, जहाँ मैं सोती हूँ, उसी तरफ़ वाली टेबल की दराज़ में देखो– वहीं रखी है," ज़ारा ने बगीचे से आवाज़ लगाई।

थोड़ी ही देर में, जैसे ही पिंकी वो संकेतों वाली किताब लेकर आई, वैसे ही ज़ारा, माधव, पिंकी और टोबी ने मिलकर उसमें छिपे हुए छह संकेत ढूँढने शुरू कर दिए।

"ज़ारा मैडम, इतनी मोटी किताब में से तो हम संकेत ढूँढ़ते ही रह जाएँगे और तब तक सब ख़त्म हो जाएगा। मुझे तो लगता है, ये पलीता हमें पहेलियों के जाल में ही उलझा रहा है," टोबी ने थोड़ा हताश होकर कहा। टोबी की बात सुनकर सब एक पल के लिए शांत हो गए, मानो वे भी यही सोच रहे हों।

तभी माधव ने ज़ारा के हाथ से किताब ली और पन्ने पलटते हुए बोला, "जो भी हो, ढूँढना तो इसी में पड़ेगा, और कोई चारा भी तो नहीं है।"

अचानक ही सबकी नज़र प्रिज्म पर पड़ी, जो मदद का वादा करके अब बगीचे में आराम से पसरे हुए थे।

तभी, जैसे ही उन्हें कुछ याद आया, वो अचानक उठ खड़े हुए और उँगलियों पर जोड़-घटाना करते हुए बच्चों के पास आकर बैठ गए।

माधव के हाथ से किताब लेकर उन्होंने ज़ारा को थमा दी और मुस्कुराते हुए बोले, "ज़ारा, ये एक किताब है। और जब हमें किसी किताब में कुछ ढूँढना होता है, तो सबसे पहले हम देखते हैं कि वो किस पन्ने पर मिलेगा, और ये हमें कहाँ से पता चलता है?"

"इंडेक्स से," ज़ारा को जैसे ही यह बात याद आई, वह थोड़ा झेंपते हुए बोली, "अरे हाँ! यह तो बिल्कुल सीधी-सी समझ की बात है, ध्यान ही नहीं आया!"

फिर ज़ारा ने जल्दी से किताब के पहले के कुछ पन्ने पलटे, लेकिन उसे इंडेक्स जैसा कुछ नहीं मिला। हाँ, संकेतों के बारे में बताने वाले पन्नों से ठीक पहले, एक पन्ने पर उसे गणित की एक पहेली लिखी दिखाई दी।

वह मन ही मन बुदबुदाई,

'हो सकता है, इसमें लिखी यह गणित की पहेली हमें उस पन्ने तक ले जाए, जहाँ हमारे चुने हुए संकेत के बारे में लिखा हो।'

"टोबी जी, ज़रा मैग्निफ़ाइंग ग्लास से पढ़िए– यहाँ जैसे कोई पहेली लिखी है।" ज़ारा ने टोबी से कहा, जो पहले से ही हाथ में मैग्निफ़ाइंग लेंस लिए खड़ा था।

वो लेंस लेकर किताब में ऐसा झुका जैसे किताब में ही समा जाएगा।

"आराम से! आराम से, टोबी जी!" माधव बोला।

लेकिन माधव की आवाज़ अनसुनी कर, टोबी ने पूरी तल्लीनता से पढ़ना शुरू कर दिया– सैकड़ों संकेतों में जो चाहते हो ढूँढना, पहले सुलझाओ गणित का ये गुथना।

गिनो खड़ी लकीरें, गिनो लेटी भी साथ,

फिर दोनों को जोड़ो, मत करना कोई बात।

आगे बढ़ो, गुणा करो समय के चक्र से,

फिर जोड़ दो उसमें चरण की गिनती हँसते-हँसते।

जवाब का गुनिया ही बताएगा– पन्ना कौन-सा खोलना है,

वहीं मिलेगा संकेत का राज़, जिसे तुम्हें टटोलना है!

टोबी के पहेली पढ़ना ख़त्म करते ही, सब बिना समय गँवाए उसे सुलझाने में जुट गए।

"टोबी जी, आप और प्रिज़्म इस किताब के पन्नों की नंबरिंग कर लीजिए, ताकि जैसे ही हमें संकेत वाले पन्ने का नंबर मिले, उसे खोलना आसान हो जाए। क्योंकि इस किताब में नंबरिंग अलग भाषा में की गई है," ज़ारा ने कहा।

इस पर माधव ने टोबी को किताब पकड़ाते हुए कहा,

"ज़ारा, तुम बिल्कुल सही कह रही हो। मैग्निफ़ाइंग लेंस से देखने पर भी पन्नों के नंबर समझ नहीं आ रहे।"

"पिंकी, चलो! मैं, तुम और माधव एक-एक करके यह पहेली सुलझाते हैं और पता करते हैं कि संकेत किस पन्ने पर मिलेगा," ज़ारा ने कहा।

जैसे ही ज़ारा ने यह कहा, ट्रिकी जीजी घर के अंदर से आकर उसके हाथ में एक कॉपी और पेन थमा गईं, ताकि कैलकुलेशन करना आसान हो।

माधव के हाथ में वह नोट था, जिस पर छः संकेत लिखे हुए थे। पिंकी के हाथ में वह पन्ना था, जिस पर उसने गणित की पहेली लिखी थी, जिसे टोबी ने अभी-अभी पढ़ा था। और ज़ारा, कैलकुलेशन करने के लिए, दोनों के बीच में बैठी हुई थी।

ज़ारा ने कॉपी में पहला संकेत बनाया– 

"पिंकी, पहेली वहाँ से पढ़ो जहाँ से हमें कैलकुलेशन शुरू करनी है," ज़ारा ने कहा।

पिंकी ने पढ़ना शुरू किया: "गिनो खड़ी लकीरें, गिनो लेटी भी साथ, फिर दोनों को जोड़ो, मत करना कोई बात!"

"हम्म, तो इस संकेत में खड़ी लकीर हैं: 2 और लेटी लकीर हैं: 4, जिनका जोड़ होता है: 6। अब आगे पढ़ो, पिंकी," ज़ारा ने कहा।

पिंकी ने फिर आगे पढ़ना शुरू किया– "आगे बढ़ो, गुणा करो समय के चक्र से, फिर जोड़ दो उसमें चरण की गिनती हँसते-हँसते।"

"एक मिनट! एक मिनट! समय का चक्र का क्या मतलब है?" ज़ारा ऐसा बोलते हुए दिमाग़ पर ज़ोर डाल रही थी कि माधव ने तपाक से कहा, "समय का चक्र यानी ढोलवीरा का समयकाल, जिसे यहाँ के खगोल विज्ञान के अनुसार तीन खंडों में विभाजित किया गया है। और अभी सातवें चरण का तीसरा काल चल रहा है।"

"थैंक यू, माधव जी!" कहते हुए ज़ारा आगे बोली, "तो फिर हमें 2 और 4 के जोड़ से मिला नंबर 6 को 3 से मल्टीप्लाई करना है, जो बनता है 18। और इसमें नंबर 7 जोड़ना है, क्योंकि यह सातवाँ चरण है। तो मिला हमें नंबर.."

"25!" पिंकी ने इस बार बिना देर किए जल्दी से जवाब दिया और आगे की पहेली पढ़ना शुरू किया– "जवाब का गुनिया ही बताएगा– पन्ना कौन-सा खोलना है, वहीं मिलेगा संकेत का राज़, जो तुम्हें टटोलना है!"

"गुनिया यानी उस नंबर को उसी से मल्टीप्लाई करना",

माधव ये समझाते हुए आगे बोला , "और 25 को 25 से गुणा करने पर मिलता है नंबर– 625,"

माधव ने जैसे ही यह नंबर बोला, तीनों ख़ुशी से अपनी जगह पर उछल पड़े और चिल्लाए, "मिल गया पहले संकेत का पेज नंबर!"

माधव ने तुरंत पहले संकेत के आगे 625 नोट किया।

उन तीनों को खुशी से उछलते देख, टोबी दोनों हाथों से तेज़ी से पेज नंबर लिखने लगा और पास बैठे प्रिज्म के कान में फुसफुसाया–

“हमें जल्दी-जल्दी पेज नंबर लिखने पड़ेंगे, नहीं तो इनकी टीम सारे पेज नंबर निकाल लेगी और हम पीछे रह जाएँगे।”

ज़ारा ने तुरंत कॉपी में दूसरा संकेत बनाया– पिंकी ने जल्दी से खड़ी और लेटी लकीरों की संख्या बताई: 2 और 7

माधव ने उनका जोड़ कर तीन से गुणा किया और कहा, “तो संख्या हुई 27”

ज़ारा ने तुरंत 7 जोड़कर संख्या 34 का स्क्वायर निकाला और उस संकेत के आगे लिखा 1156

इसी तरह, तीसरे संकेत – 

चौथे संकेत – 

पाँचवे संकेत – 

और, छठे संकेत – 

के लिए खड़ी और लेटी लकीरों का जोड़ आया :

5, 11, 8, 13

माधव ने उन्हें तीन से गुणा किया तो संख्या मिली :

15, 33, 24, 39

ज़ारा ने फिर सात जोड़कर निकाली संख्या :

22, 40, 31, 46

"अब स्क्वायर निकालते हैं!" पिंकी ने उत्साहित होकर कहा।

तीनों बच्चों ने एक साथ स्क्वायर निकाल कर पेज नंबर लिख दिए : 484, 1600, 961, 2116

पिंकी खुशी से उछलते हुए बोली, "ये तो बड़ा मज़ेदार था! हमें पन्ने मिल गए, पन्ने मिल गए!"

कैलकुलेशन ख़त्म करते-करते लगभग देर शाम हो गई थी।

टोबी और प्रिज्म का नंबरिंग का काम भी लगभग पूरा हो गया था।

सभी के पेट में चूहे दौड़ लगा रहे थे, क्योंकि घर के अंदर से ट्रिकी जीजी के पकवानों की खुशबू आ रही थी।

"चलिए, टोबी जी, अगर 2116 पन्नों तक की नंबरिंग हो गई है, तो बस करिए। क्योंकि निकाले गए पन्नों के नंबरों में यही सबसे बड़ा नंबर है।"

ज़ारा के ऐसा कहते ही, टोबी फट से किताब बंद कर खाने के लिए दौड़ पड़ा। आज दिनभर की माथापच्ची के बाद सब लोग काफ़ी थक चुके थे।

इसलिए खाना खाने के बाद ज़ारा ने कहा,

"आज बहुत थकावट हो गई है। चलो, सो जाते हैं। कल सुबह जल्दी उठकर, तैयार होकर पहले संकेतों का मतलब निकालेंगे और फिर उन्हें लिखकर पलीता से आगे की कहानी पूछेंगे।"

अगर दिमाग़ में अगले दिन का टाइम-टेबल पहले से तय हो, तो नींद अपने आप जल्दी आ जाती है और सुबह आँख भी जल्दी खुल जाती है।

ज़ारा ने यह बात धोलावीरा की अपनी दिनचर्या में सही साबित होते देखी। अगले दिन दोनों सहेलियाँ हँसती-झूमती बगीचे में पहुँचीं। वहाँ टोबी, माधव और मर्फ़ी पहले से ही बैठे, चेस जैसा कोई खेल, खेल रहे थे। प्रिज़्म बरामदे में बैठकर, ट्रिकी जीजी से उनकी टूटी-फूटी भाषा में कुछ जानकारी ले रहे थे।

"तो चलो, शुरू करें संकेतों के मतलब ढूँढने का काम!" माधव ने ज़ारा और पिंकी को देखते हुए उत्साहित होकर कहा।

“बिल्कुल! तो टोबी जी, सबसे पहले पेज नंबर 625 खोलिए,” ज़ारा ने टोबी से कहा, जो पहले से ही संकेतों की किताब हाथ में लिए बैठा था।

टोबी के किताब खोलने से पहले ही सब उसे घेरकर बैठ चुके थे। ज़ारा उसके बिल्कुल पास बैठी थी, हाथ में मैग्नीफाइंग लेंस लिए। और फिर टोबी ने पन्ने फड़फड़ाते हुए पेज नंबर 625 खोला, जैसे ही पेज खुला, सबकी आँखों में चमक आ गई। क्योंकि सबसे पहला संकेत बड़े आकार में उस पन्ने के ऊपर चमक रहा था। उसके ठीक नीचे कुछ लिखा हुआ था, जिसे ज़ारा ने मैग्नीफाइंग लेंस से पढ़ना शुरू किया–

संकेत है उसका, जिसका संयम से नाता,
काबू में आए तो जीवन जगमगाता।
जैसे दीपक की लौ देती उजियारा,
पर बेकाबू हो तो जला दे सारा।
अगर समझ आ जाए तो लिखो पलीता पर पल में,
वो बताएगा सही या ग़लत, एक ही हल में।

“अरे नहीं! फिर से पहेली? ये दोनों किताबें आपस में पहेली-पहेली खेलकर हमारा IQ क्यों नाप रही हैं! अब कौन सुलझाएगा इसे?”

टोबी खिसियाते हुए बोला और किताब माधव के हाथ में पकड़ाकर ख़ुद उठ खड़ा हुआ।

"अरे टोबी जी, हम सब मिलकर सुलझाएँगे इसे। पहले संकेतों के नीचे लिखी सारी पहेलियाँ लिख तो लें।" ज़ारा की आत्मविश्वास से भरी आवाज़ ने सबके अंदर जोश भर दिया।

फिर उसने पिंकी की ओर देखकर पूछा, "पिंकी, तुम पहेली नोट तो कर रही हो न, जब मैं पढ़ रही हूँ?"

"बिल्कुल ज़ारा, पूरी सावधानी से! चलिए माधव जी, अब पेज नंबर ग्यारह सौ छप्पन खोलिए ताकि ज़ारा दूसरा संकेत पढ़ सके।"

पिंकी के ऐसा कहते ही माधव ने 1156वाँ पन्ना खोला और ज़ारा ने पढ़ना शुरू किया–

संकेत है उसका, जिसका धैर्य से नाता,

शांति से थमे तो सब सँवर जाता।

बेक़ाबू हो तो रिश्ते तोड़ जाता,

मित्रता, अपनापन-सब कुछ मिटाता।

अगर समझ आए तो लिखो पलीता पर पल में,

वो बताएगा सही या ग़लत एक हल में।

"लिख लिया, ज़ारा-अब आगे पढ़ो," पिंकी ने कहा।

ज़ारा ने तुरंत माधव की ओर देखते हुए कहा, "माधव जी, अब पेज नंबर चार सौ चौरासी खोलिए।"

माधव ने जैसे ही पन्ना खोला, ज़ारा ने पढ़ना शुरू किया-

संकेत है उसका, जिसका विनम्रता से नाता,

झूठा दिखावा करे, तो सब बिगड़ जाता।

भरा रंगों से खूब है, दिखावा ही इसका सच्चा दोस्त है।

अगर समझ आए तो लिखो पलीता पर पल में,

वो बताएगा सही या ग़लत एक हल में।

तभी प्रिज़्म की भारी-भरकम आवाज़ गूँजी– "बरख़ुरदार! अब पेज नंबर सोलह सौ खोलो, और ज़ारा, तुम आगे पढ़ो।"

सबकी नज़रें फिर से किताब पर टिक गईं। माधव ने पन्ने सावधानी से पलटे, और जैसे ही 1600 नंबर का पेज खुला, ज़ारा ने मैग्नीफाइंग लेंस सँभालते हुए पढ़ना शुरू किया–

संकेत है उसका, जिसका संतोष से नाता,

अधिक की चाह में मन फँस जाता।

जितना भी पाओ, पर जी भर ना पाता

अगर समझ आए तो लिखो पलीता पर पल में,

वो बताएगा सही या ग़लत, एक हल में।

किसी के कुछ कहने से पहले, इस बार माधव पहले ही बोल पड़ा,

“मुझे याद है, अब पेज नंबर नौ सौ इकसठ खोलना है। लीजिए, पेज खुल गया! ज़ारा जी, आपके पढ़ने के लिए।”

ज़ारा ने तुरंत मैग्नीफाइंग लेंस सँभाला और पढ़ना शुरू किया-

संकेत है उसका, जिसका त्याग से नाता,

ज़्यादा चिपकना मन को उलझाता,

अधूरा होने का एहसास दिलाता।

अगर समझ आए तो लिखो पलीता पर पल में,

वो बताएगा सही या ग़लत, एक हल में।

“अब आख़िरी पहेली नोट करने के लिए तैयार हो जाओ, पिंकी। माधव जी, पेज नंबर दो हज़ार एक सौ सोलह खोलिए।”

और ज़ारा ने ऐसा कहते ही पढ़ना शुरू कर दिया-

संकेत है उसका, जिसका उदारता से नाता,

तुलना करे तो मन को जलाता।

सहयोग से ही होता है मेल, वरना टूटे दोस्ती का खेल।

अगर समझ आए तो लिखो पलीता पर पल में,

वो बताएगा सही या ग़लत, एक हल में।

"आज पूरा दिन संकेतों के नीचे लिखी पहेली पढ़ने और नोट करने में निकल गया," ज़ारा ने गहराती शाम को देखकर अपनी जगह से उठते हुए अँगड़ाई लेते हुए कहा।

"ये तो अच्छा हुआ, ट्रिकी जीजी बीच-बीच में चुटुर-पुटुर, खाने-पीने का सामान देती रही, नहीं तो अभी हम एक पहेली बन चुके होते!"

टोबी की इस बात पर सभी खिलखिला कर हँस पड़े।

और, टोबी अपने खास अंदाज़ में गोल घूमते हुए चिल्लाया–

"ज़ारा मैडम हँसी! ज़ारा मैडम हँसी! टोबी को फिर से दस क्रेडिट पॉइंट्स मिले!"

रात का खाना सभी ने जल्दी से खाया, क्योंकि ज़ारा खाने के बाद सबको यह बताने वाली थी कि आगे क्या करना है।

सभी लोग खाने के बाद, मीठे की अपनी-अपनी कटोरी लेकर आगे वाले कमरे में बैठ चुके थे।

पिंकी के हाथ में छह पर्चियाँ थीं, जिन पर संकेतों के मतलब बुझती छह पहेलियाँ लिखी हुई थीं।

ज़ारा ने सबसे कहना शुरू किया,

"ये छह पहेलियाँ हैं और हम भी छह लोग हैं।"

फिर उसने पिंकी को हाथ के इशारे से समझाया,

"पिंकी, ये छह पर्चियाँ सभी में बाँट दो।"

पिंकी ने पहली पर्ची ज़ारा को दी, दूसरी माधव को, तीसरी टोबी को, चौथी प्रिज़्म को, पाँचवीं ट्रिकी जीजी को और छठी पर्ची ख़ुद रख ली।

पर्चियाँ बाँटने के बाद ज़ारा ने कहा, "अब हम सब अपनी-अपनी पर्चियों की पहेली का हल निकालेंगे।

मैंने पहेलियों को पढ़ते-पढ़ते जो समझा, वो आप लोगों के साथ शेयर करना चाहती हूँ, ताकि आप लोगों की मदद भी हो सके।" ज़ारा अपनी जगह से खड़ी हुई और ब्लैकबोर्ड के पास आई, जिसे ट्रिकी जीजी ने माधव की मदद से स्टोररूम से निकाला था। उसने ब्लैकबोर्ड पर प्रथम नंबर की पहेली लिखी और टीचर की तरह सबको समझाने के लिए आगे आई।

बाकी सभी, अच्छे स्टूडेंट्स की तरह, पूरे ध्यान से उसे सुनने के लिए उत्सुक थे।

ज़ारा ने बोलना शुरू किया, "तो इसमें लिखा है कि यह संकेत उसका है, जिसका संयम से नाता है। अगर यह काबू में रहे तो इंसान एक अच्छा जीवन जी सकता है, और अगर यह बेकाबू हो जाए तो जीवन बर्बाद कर सकता है– जैसे आग। मेरे विचार में यह पहेली इंसान के अंदर की किसी भावना की

बात कर रही है। क्या आप सभी को कोई हल दिमाग़ में आ रहा है?"

कमरे में चुप्पी छा गई, जिसे सिर्फ़ टोबी की फुसफुसाहट ही तोड़ रही थी, क्योंकि वह ट्रिकी जीजी को उनकी भाषा में ज़ारा की बात समझा रहा था।

ज़ारा ने दिमाग़ पर ज़ोर डालते हुए कहा, "कहीं यह लालसा तो नहीं, जिसे हम बेकाबू इच्छा या कामना कहते हैं, और अंग्रेज़ी में लोंगिंग कहते हैं।"

"बिल्कुल सही, ज़ारा!" प्रिज़्म अपनी जगह से उठते हुए ज़ारा के लिए ताली बजाते हुए बोला।

"हाँ, बिल्कुल सही, ज़ारा। यह हल पहेली में दिए गए क्लू से पूरी तरह मेल खा रहा है। लालसा या बेकाबू इच्छा को केवल संयम ही नियंत्रित कर सकता है, और अगर यह नियंत्रित रहती है तो जीवन अच्छा बनता है। जैसे आग अगर नियंत्रण में रहे तो उजियाला देती है, वरना सब राख कर देती है।" माधव ने ज़ारा की बात से सहमति जताते हुए कहा।

"मैं तो इसका उदाहरण भी दे सकता हूँ," टोबी अपनी जगह पर उचकते हुए बोला, "जैसे मोबाइल फ़ोन– बेकाबू इच्छाएँ या लालसा ही इसका अत्यधिक इस्तेमाल करवाती हैं, और फिर नुकसान उठाना पड़ता है।

पर अगर हम संयमित होकर इसे सिर्फ़ अपने काम के लिए सही तरीके से इस्तेमाल करें, तो इससे फ़ायदा उठाया जा सकता है।"

सभी ज़ारा के हल से सहमत थे।

प्रिज़्म ने ज़ारा से पूछा, "तो ज़ारा, कहीं ये सारी पहेलियाँ हमारे अंदर की उन भावनाओं के बारे में तो नहीं बात कर रही, जो हमें एक बुरे साथी की तरह कमज़ोर बनाती हैं और नेक इंसान बनने में रुकावट डालती हैं?"

तभी ट्रिकी जीजी ने टोबी से अपनी भाषा में कुछ कहा, जिसे टोबी ने झट से सबको समझाया,

"ज़ारा, ट्रिकी जीजी कह रही हैं कि प्रिज़्म जिन भावनाओं की बात कर रहे हैं, उन्हें धोलावीरा की लोक कथाओं के अनुसार षड् रिपु यानी छः बुरे साथी कहते हैं। क्योंकि जिस भी इंसान के अंदर ये होती हैं, उसका बस नुक़सान ही करती हैं।"

"हाँ, मैंने भी इनके बारे में पढ़ा है,"

ज़ारा दिमाग़ पर ज़ोर डालते हुए बोली, "और ये होती हैं-लालसा यानी बेकाबू इच्छा, जिसे मैंने अभी बताया, क्रोध यानी तेज़ गुस्सा, मद यानी अहंकार, लोभ यानी लालच, और,"

ज़ारा याद करने की कोशिश ही कर रही थी कि टोबी बीच में बोल पड़ा, "और मोह यानी बहुत लगाव, और मत्सर यानी ईर्ष्या या जलन।"

"अरे वाह! इसका मतलब हमें बस यह देखना है कि हमारी पहेली का हल इन पांचों में से कौन-सा है," पिंकी ने उत्साहित होकर कहा।

"हाँ, पर अब रात ज़्यादा हो गई है। कल हम सब मिलते हैं अपनी-अपनी पहेलियों के हल के साथ," माधव घर जाने के लिए उठते हुए बोला।

माधव घर जाने के लिए निकल चुका था, पर टोबी, प्रिज़्म और ट्रिकी जीजी के कमरे की मध्यम रोशनी यह बता रही थी कि वे पहेलियों का हल ढूँढने में लगे हुए हैं।

पिंकी भी अपनी पर्ची लेकर टोबी और प्रिज़्म के पास, आगे वाले कमरे में चली आई।

मर्फ़ी, अपना बड़ा सा कुशन मुँह में दबाए, ज़ारा के पास सोने उसके कमरे में चला आया।

थोड़ी ही देर में सभी रोशनियाँ बुझ गईं, और पूरे घर को निंदिया रानी ने अपनी चादर ओढ़ा दी!

12

छुपे दुश्मन– कैसे रुके पतन

अगले दिन की सुबह पहेलियाँ सुलझाने की माथा-पच्ची में बीती। जैसे ही किसी को कोई हल सूझता– कोई उत्साह से ताली बजा उठता, तो कोई ख़ुशी से उछलकर बाक़ी साथियों को बताने दौड़ पड़ता। और फिर! अन्य साथी उसे छः में से काट देते।

कमरे में हलचल और हँसी की गूँज हर कोने तक फैल रही थी।

सबसे अंत में बाज़ी, ट्रिकी जीजी के हाथ लगी, क्योंकि जो हल बचा था, वह उनकी ही पहेली का था। हालाँकि माधव ने उनकी पहेली धोलावीरा की भाषा में लिख दी थी और ट्रिकी जीजी रात में ही उसका हल खोजकर निश्चिंत होकर सो गई थीं। दोपहर तक आते-आते सबके पास अपनी-अपनी पहेलियों के हल थे। अब सब बेहद उत्साहित थे– क्योंकि वे न सिर्फ़ अपने हल सबको बताना चाहते थे, बल्कि उन्हें

पलीता पर लिखकर जाँचने को भी बेताब थे कि उनके हल सचमुच सही निकलेंगे या नहीं!

माहौल अब और भी दिलचस्प हो गया था , मानो किसी छुपे ख़ज़ाने का ताला खुलने ही वाला हो।

दोपहर का मौसम बहुत सुहाना था। सूरज बादलों की ओट से झाँक-झाँक कर, आँख-मिचौली खेल रहा था। सबने तय किया कि वे ज़ारा के पसंदीदा स्पॉट पर बैठकर अपनी-अपनी पहेलियों का हल बताएँगे।

पिंकी ने ट्रिकी जीजी से एक बैग लिया और उसमें कॉपी-पेन रख लिए, ताकि संकेतों के आगे उनके मतलब लिख सके। माधव दौड़कर घर से बाँस की बनी टोपियाँ ले आया था, जिससे सबका बचाव धूप और पानी से हो सके।

ट्रिकी जीजी ने भी एक झोला टाँग लिया था, जिसमें खाने-पीने का सामान भरा था। यह देखकर प्रिज़्म ने हँसते हुए चुटकी ली– "अरे! ट्रिकी जीजी की तैयारी देखकर तो लग रहा है, हम तो मिशन मार्स पर जा रहे हैं।"

सब ज़ोर से हँस पड़े। ट्रिकी जीजी थोड़ी झेंप गईं और फिर शर्मा कर अपने कपड़ों से झोले को ढक लिया।

सभी ज़ारा के उस पसंदीदा ऊँचे टीले पर पैर पसारकर बैठ गए। नीचे फैला नीला समुद्र मन को रोमांच और सुकून दोनों का अहसास दे रहा था। सूरज की आँख-मिचौली में

नीले समुद्र की लहरें झिलमिला रही थीं। हवा की हल्की, ठंडी और नमकीन सरसराहट, और लहरों की मीठी आवाज़ सबको और भी आनंदित कर रही थी।

सबसे पहले माधव ने बोलना शुरू किया, "तो मेरी पहेली का जो संकेत है, उसका धैर्य से नाता है। क्योंकि धैर्य और शांति ही इसे रोक सकती हैं। यानी ये है– क्रोध, जिसे हम तेज़ गुस्सा कहते हैं और अंग्रेज़ी में एंगर कहते हैं। तेज़ गुस्सा ही है जो दोस्ती और प्यार के रिश्तों को ख़त्म कर देता है।"

पिंकी ने बिना देर किए ज़ारा की पहेली का संकेत बनाकर उसके सामने लिखा-'लालसा'। वहीं, माधव की पहेली के संकेत के आगे उसने 'क्रोध' लिख दिया।

अब टोबी, अपनी पर्ची हाथ में लिए, तैयार खड़ा था और उसने बोलना शुरू किया, "तो देवियों और सज्जनों, मेरी पहेली का संकेत है– 'मद', यानी घमंड, जिसे अंग्रेज़ी में एरोगेंस कहते हैं। घमंड और विनम्रता का संबंध उल्टा है– जहाँ विनम्रता होती है, वहाँ घमंड का स्थान नहीं। घमंड करने वाला इंसान दिखावा करता है, दूसरों को नीचा दिखाता है और चीज़ें बिगाड़ देता है। और इस प्रकार अंत में उसके पास केवल दिखावा ही बचता है।"

सभी ने टोबी द्वारा इस संकेत को इतनी अच्छी तरह समझाने पर ताली बजाई। पिंकी ने जल्दी से टोबी की पहेली के संकेत के आगे घमंड लिख दिया।

अब प्रिज़्म की बारी थी। उन्होंने मुस्कुराते हुए कहना शुरू किया, "मेरी पहली लाइन किसी ने चुरा ली, तो मैं सीधे आगे शुरू करता हूँ।"

प्रिज़्म टोबी की तरफ़ इशारा कर रहे थे, जो टेलकोट में अपना मुँह छिपा कर हँस रहा था।

फिर उन्होंने आगे कहा, "मेरा संकेत लोभ है, क्योंकि लोभ यानी लालच– एक बुरी आदत है। अगर मन इसमें फँस जाए, तो सब कुछ होने या मिलने पर भी कमी ही महसूस होती है। अरे हाँ! अंग्रेज़ी में इसे ग्रीड कहते हैं।"

पिंकी ने प्रिज़्म की पहेली वाले संकेत के आगे लालच लिख दिया। फिर उसने ट्रिकी जीजी के हाथ से पर्ची लेकर माधव को थमा दी।

माधव बोला, "ट्रिकी जीजी को हमारी भाषा उतनी अच्छी तरह नहीं आती, इसलिए उन्होंने मुझे अपनी पहेली का हल लिखकर दिया है। यह है मोह, यानी बहुत लगाव, जिसे अंग्रेज़ी में अटैचमेंट कहते हैं। हम किसी से इसलिए लगाव करते हैं क्योंकि उसके बिना हम अधूरा महसूस करते हैं। और इस लगाव के कारण हम उसके प्रति एक ऐसा बंधन बना लेते हैं, जिसे सिर्फ़ छोड़ने का इरादा-यानी त्याग ही ठीक कर सकता है।"

माधव ने जिस आसानी से सबको हल समझाया, उस पर खुश होकर ट्रिकी जीजी ने उसके लिए ताली बजाई। टोबी, हमेशा की तरह, उनकी भाषा में माधव की बात उन्हें समझा चुका था।

पिंकी ने इस बार ट्रिकी जीजी की पहेली वाले संकेत के आगे मोह लिखा और नीचे अपना संकेत बना उसके आगे ईर्ष्या लिख दिया। फिर खड़े होकर उसने सभी से कहना शुरू किया, "मेरे संकेत का मतलब है– ईर्ष्या, जिसे आसान शब्दों में जलन कहते हैं और अंग्रेज़ी में जेलेसी। हमारे अंदर यह तुलना करने की वजह से आती है, और सिर्फ़ किसी की ख़ुशी में ख़ुश होने, भरोसा, स्नेह, समझदारी और साथ निभाने के रिश्ते बनाने पर यह पास नहीं फटकती।"

पिंकी के ऐसा कहते ही ज़ारा ने तुरंत उठकर उसे गले लगा लिया। उधर, शाम एक बार फिर लौट आई थी। रोशनी धीरे-धीरे कम हो रही थी और ट्रिकी जीजी के थैले का वज़न भी हल्का हो गया था, क्योंकि पूरे दोपहर अपने व्यवहार के मुताबिक उन्होंने सबका ख़याल रखा और सभी को कुछ न कुछ खिलाती-पिलाती रहीं थीं।

ज़ारा चुपचाप सबसे आगे-आगे चल रही थी। उसके पीछे माधव, पिंकी, टोबी और प्रिज़्म थे। सबसे पीछे मर्फ़ी था, जो ट्रिकी जीजी का झोला गले में लटकाए उनके साथ कदम मिलाकर चल रहा था।

ज़ारा की बहादुरी और बुद्धिमानी उसे विशेष बनाती थीं, पर जो गुण सचमुच उसे सब से अलग करता था– वह उसकी मासूमियत थी।

माधव, पिंकी, टोबी और प्रिज़्म आपस में बात करते-करते अचानक ज़ारा की चर्चा करने लगे और चारों इस बात पर सहमत हुए कि उसकी सादगी और भोलापन उसे सचमुच विशेष बनाते हैं।

उसके व्यक्तित्व पर षड् रिपुओं– काम, क्रोध, मद, लोभ, मोह और मत्सर का कोई असर दिखाई नहीं देता। शायद यही कारण है कि नियति ने धोलावीरा को पतन से बचाने की ज़िम्मेदारी उसी को सौंपी है।

टोबी ने सबको बताया कि इतने पढ़े-लिखे और सम्पन्न परिवार से होने के बावजूद ज़ारा में ज़रा-सा भी घमंड या अकड़ नहीं है। इस पर पिंकी ने तुरंत अपनी सहमति जताई।

तब माधव भी आश्चर्य से बोल पड़ा, "जब शुरुआत में टोबी ने यह बताया था, तो मुझे यक़ीन ही नहीं हुआ। लेकिन अब साफ़ दिखता है कि ज़ारा कितनी सहजता से 4500 साल पहले की इस अनजान सभ्यता में बिना किसी शिकायत के ढल गई है।"

प्रिज़्म ने अपनी राय रखी– "शायद ऐसा इसलिए है क्योंकि वह बहुत सहजता से सभी से प्रेम कर सकती है।"

और जब तक सब ट्रिकी जीजी के घर पहुँचे, सभी एकमत हो चुके थे कि प्रेम ही सबसे बड़ी शक्ति है, जो इंसान को हर कमी और कमज़ोरी से बचा लेती है।

रात का खाना ट्रिकी जीजी के पड़ोसी ने भिजवाया था। उँगलियाँ चाटते हुए टोबी बोला, "ऐसा लगता है, धोलावीरा के हर घर में मास्टर शेफ का विजेता रहता है!"

टोबी के इस नाटकीय अंदाज़ पर सभी हँस पड़े, पर ज़ारा को खिलखिलाते देख, वह झूमकर दस पॉइंट नहीं गिन सका, क्योंकि उसके हाथ में प्लेट थी।

सोने से पहले ज़ारा ने सबसे विदा लेते हुए कहा, "कल हमें छ: संकेतों के मतलब पलीते पर लिखकर पहले तो देखना है कि वे सही हैं या नहीं। और फिर पलीता मियाँ से पूरी कहानी जाननी है।"

जल्द ही सब अपने नर्म और कुनकुने बिस्तरों में दुबक गए। बाहर नमकीन लहरों की धीमी गूँज मानो लोरी गा रही थी, और भीतर सब सपनों की मीठी दुनिया में खोते चले गए।

अगले दिन की सुबह, ज़ारा जैसे ही तैयार होकर अपने कमरे से बाहर निकली, उसने देखा कि सब पहले से ही आगे के कमरे में बैठे बतिया रहे हैं।

"सॉरी। मुझे थोड़ी देर हो गई। कल थकावट शायद ज़्यादा ही हो गई थी," ज़ारा ने ट्रिकी जीजी के हाथ से नाश्ते की प्लेट लेते हुए मुस्कुराकर कहा।

"कोई बात नहीं, ज़ारा। हम सब तैयार होकर तुम्हारा इंतज़ार ही कर रहे थे," प्रिज़्म ने बड़े प्यार से जवाब दिया।

टोबी ने पलीता, पंख से बना पेन और लाल स्याही की बोतल मेज़ के बीच में रखते हुए कहा, "ज़ारा मैडम, आप नाश्ता कर लीजिए, फिर हम पलीता मियाँ से पूछते हैं– आगे का हाल।"

ज़ारा एक बार फिर सभी के बीच बैठी, पलीता के पन्नों पर पंख से बने पेन को लाल स्याही की बोतल में डुबोकर लिखने के लिए तैयार थी।

सभी की आँखे पन्नों पर गड़ी थीं। ज़ारा ने सारे संकेत एक-एक करके पन्नों पर बना कर उनका मतलब लिखा, जिसे पिंकी पहले से अपनी कॉपी में नोट कर चुकी थी।

और अंत में उसने लिखा-

अगर ढूँढ लिया हो हमनें संकेतों का सही मायने

तो जल्दी बताओ आगे की कहानी

ताकि हम सब पतन का कारण जाने

ज़ारा के ऐसा लिखते ही डायरी जैसी किताब, यानी पलीता, का वह पन्ना एक बार फिर किताब से अलग होकर हवा में राख बनकर गायब हो गया।

"लो! फिर गुस्सा गए पलीता मियाँ," टोबी ने कहा ही था, कि तुरंत ही पलीता के अगले पन्ने पर लिखा हुआ उभरा -

"पलीता को भी झुका दिया अपनी होशियारी से, ले आए सभी संकेतों के सही मायने सच्ची दोस्ती-यारी से।"

अब तो बतानी पड़ेगी पूरी कहानी

नहीं तो तुम सभी याद करा दोगे पलीता को उसकी नानी

जैसे ही पलीता ने यह लिखा, सब ख़ुशी से झूम उठे।

और बिना समय गवाए, ज़ारा ने तुरंत लिखा-

"तो पलीता मियाँ, अपना वादा निभाइए,

और अब पूरी कहानी हमें सुनाइए।"

सभी बेसब्री से इंतज़ार करने लगे, कि पलीता ज़ारा की बात का क्या उत्तर देगा।

और तभी पन्ने पर तुरंत लिखा हुआ उभरा-

तो मैं शुरू करता हूँ किस्सा,

कैसे ये छः चरण बने पतन का हिस्सा!

पलीता थोड़ा रुका, फिर आगे लिखना शुरू किया–

हर चरण अपने साथ लाया एक दुश्मन और सातवें चरण

तक धोलावीरा के हर घर में छिपकर कर बैठ चुके थे ये छः दुश्मन...

ज़ारा, पिंकी, माधव, टोबी और प्रिज़्म एक-दूसरे को फटी-फटी, आँखों से देखने लगे। फिर सबने बिना देर किए पढ़ना शुरू किया, क्योंकि पलीता ने आगे लिखा था–

सातवें चरण तक कोई घर न था इन छह कमजोरियों से दूर, इसीलिए तय हुआ– इस चरण में पतन का होना ज़रूर!

"अच्छा! तो ये छः संकेत, जिनके मायने षड् रिपु कहलाते हैं, यही इस सभ्यता के पतन का कारण बने, लेकिन कैसे?" ज़ारा ने हैरानी से कहा।

ऐसा लगा मानो पलीता ने ज़ारा का सवाल सुन लिया हो, क्योंकि उसने तुरंत आगे लिखना शुरू किया -

इन छः दुश्मनों ने तोड़ा– ख़ुशी में ख़ुश रहने का भरोसा, स्नेह, समझदारी और साथ निभाने का रिश्ता।

फिर हर इंसान को मोड़ा और अपने ही फ़ायदे के रास्ते पर छोड़ा...

"ओह, तो इन छः दुश्मनों ने एक-दूसरे को समझने और प्रेम से साथ रहने की इनकी ताक़त को तोड़ दिया। और फिर हर कोई अपने-अपने फायदे के बारे में सोचने लगा।"

ज़ारा पढ़ने के बाद सोचते हुए बोली ही थी कि पिंकी ने उसका कंधा हिला कर उस डायरी जैसी किताब के पन्ने पर इशारा किया, जहाँ पलीता फिर कुछ लिख रहा था–

इस सोच ने ऐसा मजबूर किया,

कि भूल गए अपने दिल और दूसरों के दिल की सुनना।

बस अपना हित ढूँढने में अंधे-बहरे बने,

और अपने सिवा कोई न दिखा इन्हें।

प्रकृति की आवाज़ को भी किया अनसुना,

और इस तरह पतन का रास्ता ख़ुद ही चुना

सभी चुप थे, क्योंकि सबके दिमाग़ में यही सवाल घूम रहा था– 'पतन का कारण तो हमें समझ आ गया, और ये भी कि क्यों आएगा, लेकिन इससे बचें कैसे? और, पतन को रोकें कैसे?'

तभी ज़ारा ने सबका ध्यान खींचा और बोली, "देखो! पलीता फिर से कुछ लिख रहा है।"

इतना सुनते ही सब उत्सुक होकर डायरी जैसी किताब के पन्ने पर झुक गए और पढ़ने में जुट गए–

अब कैसे इन छः दुश्मनों को हटाना है और इन्हें पतन से बचाना है,

ये दिमाग़ ख़ुद ही लगाना है।

"लो! हमें लगा पलीता जी हमें अंत में पतन से बचने-बचाने का रास्ता बताएंगे, पर ये तो सही में होशियार निकले-सारी टेंशन हमें देकर अपना पल्ला झाड़ लिए।"

टोबी अपने परिचित नाटकीय अंदाज़ में बोलता हुआ, ट्रिकी जीजी के पास रसोई की ओर चल पड़ा।

रात का खाना खाने के बाद, ज़ारा ने सभी को बैठकर बातचीत करने का सुझाव दिया, और सबने तुरंत सहमति जताई।

खाने के बाद, चाँदनी हल्की-सी चमक कमरे में फैल रही थी, और सब अपने-अपने स्थान पर आराम से बैठ गए।

ट्रिकी जीजी ने सभी को मीठा दूध देते हुए अपनी भाषा में कुछ कहा, जिसे माधव समझाते हुए बोला, "ट्रिकी जीजी बता रही हैं कि करीब आठ-दस दिन बाद यहाँ बगड़ बॉल खेल की प्रतियोगिता होने वाली है। यहाँ की टीम का कल प्रैक्टिस मैच भी है, जिसे देखने के लिए सभी धोलावीरा के लोगों ने ज़ारा को आमंत्रित किया है। ज़ारा सभी धोलावीरा वासियों के लिए बहुत विशेष हैं, इसीलिए उसे मुख्य अतिथि के तौर पर बुलाया गया है।"

सभी ज़ारा को बड़ी सराहनीय नजरों से देखने लगे।

ज़ारा थोड़ा शर्माते हुए बोली, "थैंक यू सो मच फॉर द इनविटेशन! बल्कि मैं क्यों, कल हम सभी इस मैच को देखने चलेंगे।"

वो थोड़ी देर रुकी, कुछ सोचते हुए गहरी साँस ली और फिर आज सारा दिन पलीता के साथ हुई बातचीत याद करते हुए बोली, "पलीता के अनुसार, धोलावीरा का पतन किसी एक घटना से नहीं हुआ। यह पिछले छः चरणों में धीरे-धीरे शुरू हुआ। इन छः दुश्मनों में से हर एक हर चरण में आया और धीरे-धीरे धोलावीरा के हर घर में अपनी जगह बना ली।"

ज़ारा ने थोड़ा रुककर सभी से पूछा, "पर ये दुश्मन कौन थे?"

सभी ने एक साथ जवाब दिया, "लालसा, गुस्सा, घमंड, लालच, लगाव और जलन।"

"बिल्कुल सही," ज़ारा ने सिर हिलाते हुए आगे कहा, "इन दुश्मनों ने धोलावीरा के लोगों को इतना बदल दिया कि वे दूसरों की ख़ुशी में ख़ुश होना ही भूल गए। उन्होंने एक-दूसरे पर भरोसा करना छोड़ दिया और केवल अपने फ़ायदे के बारे में सोचने लगे। धीरे-धीरे यही सोच उन्हें इतना अँधा बना गई कि वे दूसरों की परवाह करना भूल गए। और सबसे ज़रूरी बात– उन्होंने प्रकृति की आवाज़ सुनना भी छोड़ दिया। यही उनकी सबसे बड़ी भूल बनी, और इस तरह उन्होंने स्वयं ही अपने पतन का रास्ता चुन लिया।"

“तो अब हमारी चुनौती यही है कि हम इन छः बुरे साथियों को लोगों के मन से किस तरह निकालें और धोलावीरा को पतन से कैसे बचाएँ?” माधव ने ज़ारा की बात अधूरी न छोड़ते हुए कहा।

“बिल्कुल बच्चों,” तभी प्रिज़्म की गहरी आवाज़ गूँजी, “पर अब रात काफ़ी हो गई है, और कल ज़ारा के साथ हमें बगड़ बॉल का प्रैक्टिस मैच भी देखने जाना है। इसलिए अब सोने की तैयारी कर लेते हैं।”

सबने प्रिज़्म की बात मानी और सोने के लिए उठकर अपने-अपने कमरे की ओर चल पड़े।

13

फुसफुसाती मूर्ति– बगड़ में गड़बड़

धोलावीरा में ज़ारा का हर दिन एक नए मिशन के साथ शुरू होता था।

हर मिशन में कहीं न कहीं छुपा होता था सभ्यता को पतन से बचाने और टाइम ट्रैप से निकलने का रहस्य। लेकिन आज की सुबह कुछ अलग थी, ज़ारा को ऐसा लग रहा था जैसे आज स्कूल की छुट्टी का दिन हो।

उसके मन में अजीब-सी खुशी और सुकून की लहर दौड़ रही थी।

ट्रिकी जीजी ने ज़ारा के लिए बगड़ बॉल के प्रैक्टिस मैच में पहनने के लिए शीशे और सीपियों से बनी एक बहुत सुंदर, घेरदार स्कर्ट और टॉप निकाला।

यह उसके नीली आँखों के रंग के साथ ऐसे घुल-मिल गया जैसे वो सिर्फ उसके लिए बनाया गया हो, और सूरज

की पहली किरण में उसकी झिलमिलाहट सबकी आँखों को चकाचौंध कर रही थी।

ज़ारा नाश्ता करने के लिए जब उसे पहनकर आई, तो वह हर रोज़ से भी ज़्यादा सुंदर लग रही थी।

उसके घुँघराले बाल सीपियों से बने ढीले पिन से सजे हुए थे, और सीपियों की माला पर लटकी यूनिकॉर्न की मोहर उसकी पोशाक की खूबसूरती को और बढ़ा रही थी।

ज़ारा सुबह से अपनी उत्सुकता को रोक नहीं पा रही थी और बगड़ बॉल के खेल को पूरी तरह समझना चाह रही थी।

आज माधव ने बगड़ बॉल के मुख्य कप्तान, तिरलौकी, को भी नाश्ते पर बुला लिया था ताकि ज़ारा को खेल के बारे में अच्छी तरह जानकारी दी जा सके।

तिरलौकी को ज़ारा से मिलकर बहुत ख़ुशी हो रही थी।

तिरलौकी बगड़ बॉल का बहुत बेहतरीन खिलाड़ी था।

उसके परिवार में कई पीढ़ियों से बगड़ बॉल की कप्तानी चली आ रही थी, इसलिए खेल का हुनर उसके खून में बस गया था। लेकिन उसकी एक छोटी समस्या थी– किसी अनजान से बात करते समय वह घबरा कर हकलाने लगता था।

तिरलौकी ज़ारा को दिखाने के लिए बगड़ बॉल भी लेकर आया था।

ज़ारा ने तुरंत बगड़ बॉल तिरलौकी के हाथ से ली और उसे हवा में उछालने लगी। उसे ऐसा करते देख, तिरलौकी ने मुँह बनाते हुए माधव से कुछ कहा, जिसे सुनकर माधव और टोबी ज़ोर-ज़ोर से हँस पड़े।

जैसे ही ज़ारा ने टोबी से इशारे से पूछा, टोबी ने तपाक से उत्तर दिया, "तिरलौकी जी, आपको बॉल उछालते देखकर बब्बन का उतरा हुआ चेहरा बनाकर सबको हँसा रहे हैं।"

"अच्छा! क्या? बब्बन जी को मुझे बॉल से खेलता देख कर अच्छा नहीं लगता?" ज़ारा क़ायदे से बॉल को मेज पर रखते हुए बोली।

"नहीं, ऐसी बात नहीं है," माधव ने समझाते हुए कहा -

"असल में, बगड़ बॉल बनाने का तरीका अब धोलावीरा के कुछ ही घरों को पता है। उनमें से एक परिवार बब्बन का है। उसका परिवार यह बॉल अपने पर-दादा के जमाने से संभालते आ रहा है। अब इस तरह से कोई और बॉल नहीं बना पाता, इसलिए इस बॉल से उसे बहुत लगाव है। हर साल उसके घर वाले ढक-मरम्मत कर यह बॉल केवल प्रैक्टिस मैच खेलने के लिए देते हैं।"

"वो तो आपका नाम लेते ही बब्बन ने यह बॉल तिरलौकी को तुरंत दे दी, वरना इस बॉल के तो दर्शन दुर्लभ हैं, छूना तो दूर की बात है", टोबी अपनी मचिया हाथ में लिए, बगीचे की ओर जाते हुए बोला।

बाक़ी सभी हँसते हुए टोबी के पीछे-पीछे बगीचे की ओर निकल पड़े।

नाश्ते के बाद सभी सुहावनी धूप का आनंद ले रहे थे, और ट्रिकी जीजी, बगीचे से रसोई तक आती उनकी खिलखिलाहट का मज़ा लेते हुए, खाना बना रही थी।

"दोपहर में हमें बगड़ बॉल का प्रैक्टिस मैच देखने जाना है, तो कोई मुझे बताएगा कि यह खेल क्या है और इसे कैसे खेला जाता है?" ज़ारा उत्साह से चहकते हुए बोली।

टोबी ने ज़ारा को समझाते हुए कहा, "ज़ारा मैडम! इस खेल के बारे में जानने का असली मज़ा तो तिरलौकी जी से ही है, क्योंकि वे बगड़ बॉल के विराट कोहली हैं।"

"लेकिन मुझे उनकी भाषा नहीं आती, तो मैं कैसे समझूँगी कि ये क्या बोल रहे हैं?"– ज़ारा ने हैरानी से पूछा।

टोबी ने उसकी परेशानी भाँपते हुए जल्दी से अपनी लंबी टोपी के भीतर हाथ डाला और धीरे से एक चमकदार डिवाइस बाहर निकाली। वह डिवाइस ईयरबड जैसी छोटी-सी थी, लेकिन उसके किनारों पर हल्की नीली रोशनी तैर रही थी।

"ये भाषा पॉड है," टोबी ने मुस्कुराते हुए ज़ारा को वह डिवाइस थमाई और आगे कहा, "ज़ारा मैडम, इसे कान में लगाइए। इस डिवाइस से आप किसी भी भाषा को आसानी से समझ सकती हैं, क्योंकि यह आवाज़ को तुरंत ट्रांसलेट करके आपकी ब्रेनवेव्स से सिंक कर देता है।"

अरे वाह! ये तो कमाल का गैजेट, अपनी करामाती टोपी से ढूँढ निकाला आपने, टोबी जी!" ऐसा कहते हुए ज़ारा ने भाषा पॉड कान में लगाया और सभी को तालियों से तिरलौकी का स्वागत करने का इशारा किया।

सभी ने ज़ोरदार तालियों से तिरलौकी का स्वागत किया!

"ज, ज, ज, ज, ज़ारा," तिरलौकी बोलना शुरू तो किया, पर घबराहट में अचानक हकलाने लगा।

ज़ारा जैसे ही बड़े प्यार से उठकर तिरलौकी के पास आई, टोबी ने तुरंत भाषा पॉड का दूसरा जोड़ा तिरलौकी को थमा दिया।

अब तिरलौकी ने कान में इसे लगाते हुए ध्यान से ज़ारा की बात सुननी शुरू की– "अरे, तिरलौकी जी, घबराने की बिल्कुल ज़रूरत नहीं। मुझे पता है आप क्या महसूस कर रहें हैं। जब हमारे मन में बहुत सारे शब्द एक साथ दौड़ने लगते हैं, तो हमारी ज़ुबान कभी-कभी पीछे रह जाती है। बस उसी वजह से रुकावट आती है।"

फिर वह सबकी तरफ़ देखते हुए मुस्कुराई और बोली, "आप सब जानते हैं, मेरे साथ भी ऐसा ही होता है। जब मैं अपने पापा को कुछ बहुत ख़ास बताना चाहती हूँ, तो शब्द मेरे मन में ऐसे धक्का-मुक्की करने लगते हैं,

मानो सब एक साथ बाहर भागना चाहते हों, और तब मेरी आवाज़ भी अटकने लगती है।"

फिर ज़ारा का चेहरा आत्मविश्वास से भर उठा और उसने कहा,

"पर इससे निपटने का एक छोटा-सा तरीका है– आँखें बंद करो, गहरी साँस लो, फिर जो पहला शब्द मन में आए, उसे धीरे-धीरे बोलो– बाक़ी के शब्द अपने आप बाहर आ जाएँगे, जैसे सब एक-एक करके लाइन में चल रहे हों।"

सभी ज़ारा को प्रशंसा से भरी आँखों से देख रहे थे, क्योंकि उसके इस छोटे-से प्रयास ने तिरलौकी में आत्मविश्वास जगा दिया था।

तिरलौकी ने मुस्कुराते हुए गहरी साँस ली, फिर धीरे-धीरे बोलना शुरू किया– "ज़ारा! बगड़ बॉल धोलावीरा का एक प्राचीन खेल है। कहते हैं, इसे इस सभ्यता के पहले ही चरण से खेला जा रहा है।" अब तिरलौकी की आवाज़ में आत्मविश्वास झलक रहा था।

उसने आगे कहा, "ज़ारा! इसकी गेंद बनाने का तरीका सभ्यता के हर दौर से गुज़रता हुआ आज तक चला आया है। इसे सूखे पत्तों, रूई और रबर के पेड़ से निकले चिपचिपे रस को मिलाकर बनाया जाता है।"

वह थोड़ा रुका और फिर बोला, "यह खेल सिर्फ़ ताक़त और फुर्ती का नहीं है, बल्कि दिमाग़ और टीमवर्क का भी है। इसमें दो टीमें होती हैं– हर टीम में छ: खिलाड़ी और एक

गोलकीपर होता है, जिसे सब 'बगड़ ढाल' कहते हैं। मैदान के बीच में एक बड़ा घेरा होता है, जिसे कहते हैं 'बगड़ घेरा'। हर टीम को दूसरी टीम के घेरे तक पहुँचकर गोल करना होता है।

गोल के सामने एक छोटा घेरा होता है, जिसे गोलकीपर की ढाल का घेरा कहा जाता है।"

तिरलौकी ने मुस्कुराते हुए आगे कहा, "सबसे मज़ेदार बात ये है कि जब कोई खिलाड़ी गोल करता है, तो उसकी टीम का कोई भी खिलाड़ी ढाल के घेरे में खड़े होकर ज़ोर से चिल्लाता है– 'बगड़ धमाका!'

तभी गोल गिना जाता है। खेल की शुरुआत भी बड़ी दिलचस्प होती है– रेफरी बगड़ बॉल को हवा में उछालता है, और जैसे ही गेंद ऊपर से नीचे आती है, जो खिलाड़ी सबसे पहले उसे पकड़ लेता है, वही खेल की शुरुआत करता है।"

तिरलौकी ने संतुलित आवाज़ में आगे बताया, "गेंद को हाथ से पकड़ सकते हैं, लेकिन पास या गोल सिर्फ़ पैर से किक मारकर ही किया जा सकता है। सिर्फ़ गोलकीपर, यानी बगड़ ढाल, ही गेंद को हाथ, पैर या छाती से रोक सकता है। पूरा खेल दो हिस्सों में खेला जाता है– हर हिस्सा 20 मिनट का होता है, और बीच में दस मिनट का ब्रेक होता है।

आख़िर में, जो टीम सबसे ज़्यादा गोल करती है, वही बनती है बगड़ बॉल की विजेता।"

"अरे वाह! आपने बहुत ही अच्छे से समझाया, तिरलौकी जी!" ज़ारा ने अपने कान से भाषा पॉड निकालते हुए चहक कर कहा। तिरलौकी ने सभी के साथ दोपहर का खाना खाया, और फिर जल्दी से बॉल लेकर प्रैक्टिस मैच की तैयारी के लिए निकल पड़ा।

मौसम काफ़ी सुहाना था, और हवा में खेल का रोमांच पहले ही महसूस हो रहा था।

ज़ारा की टोली थोड़ी देर बाद प्रैक्टिस मैच देखने के लिए चल पड़ी। सबसे आगे फुदकते हुए टोबी और मर्फी चल रहे थे।

उसके पीछे ज़ारा और पिंकी, जिनकी खिलखिलाहट पूरे रास्ते सुनाई दे रही थी।

सबसे पीछे, ट्रिकी जीजी के खाने-पीने के सामान का झोला लटकाए, माधव और प्रिज़्म उनके साथ चल रहे थे।

प्रैक्टिस मैच के मैदान के रास्ते में वे उसी विशाल जलाशय के पास से गुज़रे, जिसके बीच में एक विचित्र मूर्ति खड़ी थी-

मानव शरीर पर यूनिकॉर्न का सिर, और हाथों में तराजू थामे हुए।

ज़ारा जैसे ही उसके पास से निकली, उसकी मोहर पर बना यूनिकॉर्न चमकने लगा।

पिंकी ने ज़ारा की तरफ़ आश्चर्य से देखा ही था कि ज़ारा ने धीरे से उसका कन्धा झकझोरते हुए कहा, "पिंकी, क्या तुम्हें

कोई हल्की-सी गूँज सुनाई दी, जैसे कोई हवा में फुसफुसा रहा हो?"

पिंकी ने कंधे उचकाते हुए कहा, "नहीं!! मुझे तो सिर्फ़ तुम्हारा चमकता पेंडल दिख रहा है।"

ज़ारा ने झट से टोबी और मर्फी की तरफ देखा, और फिर माधव, प्रिज़्म और ट्रिकी जीजी की ओर।

लेकिन सभी अपनी बातों में इतने मगन थे, मानो उन्हें कुछ भी सुनाई न दे रहा हो।

तभी ज़ारा के कानों में फुसफुसाहट की हल्की गूँज दब गई, और टोबी के चिल्लाने की आवाज़ गूँजी, "ज़ारा मैडम! देखिए, आ गया बगड़ बॉल का खेल का मैदान!"

माधव थोड़ा जल्दी क़दम बढ़ाते हुए ज़ारा के पास आया और बोला, "अच्छा हुआ, ज़ारा, हम जल्दी आ गए। अब तुम बगड़ बॉल के मुख्य खिलाड़ियों से भी मिल पाओगी, जो प्रतियोगिता में खेलेंगे।"

टोबी और माधव की बात सुनकर ज़ारा उस फुसफुसाहट को भूलकर फिर से सहज हो गई, और उसके चेहरे पर मुस्कान भी लौट आई थी।

प्रैक्टिस मैच के लिए भी मैदान बड़ी ख़ूबसूरती से सजाया गया था। मैदान के चारों ओर बैठने की व्यवस्था बिल्कुल हमारे स्टेडियम की तरह थी, और उन बैठने की जगहों पर

खचाखच लोग भरे हुए थे। ऐसा लग रहा था, जैसे पूरा धोलावीरा यहीं उमड़ पड़ा हो।

तभी दौड़ते हुए तिरलौकी, ज़ारा और बाक़ी सभी के पास आया। उसे मैदान में दौड़ता देख, मैच देखने आए लोग शोर मचाने लगे। तिरलौकी ने सभी को मुस्कुराते हुए हाथ से बैठने का इशारा किया।

वाक़ई, वह धोलावीरा का विराट कोहली लग रहा था!

ज़ारा के नज़दीक पहुँचकर तिरलौकी ने मुस्कुराते हुए कहा, "चलिए, ज़ारा! आपसे मिलने के लिए हमारे सभी खिलाड़ी बहुत उत्सुक हैं।

और देखिए, आपसे मिले आत्मविश्वास ने मुझे कितनी जल्दी आपकी भाषा भी सिखा दी।"

"यह तो आपके तेज़ दिमाग का नतीजा है, तिरलौकी जी," ज़ारा ने हँसते हुए जवाब दिया।

सभी तिरलौकी के पीछे-पीछे खिलाड़ियों से मिलने चल पड़े। खिलाड़ियों के लिए बैठने की जगह कुछ-कुछ हमारे स्टेडियम के ड्रेसिंग रूम जैसी बनाई हुई थी। फिर, ज़ारा के सामने सारे खिलाड़ी बड़े उत्साह के साथ खड़े थे।

तिरलौकी ने ज़ारा को आगे बताते हुए कहा, "ज़ारा, ये हमारे छः मुख्य खिलाड़ी हैं। चूँकि यह एक प्रैक्टिस मैच है, और यहाँ कोई प्रतिद्वंदी टीम नहीं है। इसीलिए, हर खिलाड़ी

के गोल को उसके नाम के आगे पॉइंट के रूप में लिखा जाएगा।"

फिर तिरलौकी ने सभी खिलाड़ियों को ज़ारा से मिलवाना शुरू किया और बोला,

"ज़ारा! मैं हूँ धोलावीरा की बगड़ बॉल, टीम का कप्तान– तिरलौकी।"

ज़ारा ने मुस्कुराते हुए तिरलौकी का अभिवादन किया और आगे बढ़ गई। तिरलौकी ने हाथ के इशारे से ज़ारा को बताना शुरू किया, "ये हैं अनोखे, हमारे उप-कप्तान और टीम के बगड़ धावक, क्योंकि..."

"इनकी तेज़ दौड़ने के आगे, हुसैन बोल्ट भी फेल हैं!" टोबी तपाक़ से बीच में बोल उठा, जिसे सुन सभी हँस पड़े।

ज़ारा ने उसे आँखों के इशारे से बड़ी मुश्किल से गोल-गोल घूमने से रोका।

तिरलौकी ने हँसते हुए आगे बताया, "ये हैं बब्बन, जिनके बारे में आप सुबह सुन चुकी हैं। पर इनकी एक और खूबी है– ये हमारे बगड़ जुगाड़ू हैं। यानी, ये बड़े अलग तरीके से बॉल को घुमाते हुए खेलते हैं– ऐसे लगता है जैसे बॉल इनके कहने पर चल रही हो।"

यह सुनकर बब्बन थोड़ा झेंप गया।

फिर तिरलौकी अगले खिलाड़ी की तरफ़ बढ़ते हुए बोला, “ये हैं पुत्तन, ये हैं सतिया, और ये हैं पछाई– ये हमारे बगड़ मारक हैं। मैदान के एक किनारे से भी मारी हुई इनकी किक इतनी ज़ोर की होती है कि बॉल सीधे ढाल के घेरे पर खड़े अपने खिलाड़ी के पास पहुँचती है। आख़िर में, सबसे जरूरी खिलाड़ी– हमारी टीम को गोल से बचाने वाला बगड़ ढाल, गंगी!”

फिर तिरलौकी ज़ारा की ओर देखते हुए मुस्कुराया और बोला, “तो ये थी हमारी टीम। और ज़ारा, अब आप अपने दोस्तों के साथ इस विशेष अतिथि वाले स्टैंड में बैठ सकती हैं।”

ज़ारा पिंकी, टोबी, मर्फी, प्रिज़्म और माधव के साथ बैठने के लिए चल पड़ी। ट्रिकी जीजी अपनी सहेलियों के पास जाकर पहले ही बैठ चुकी थी। सभी छः खिलाड़ी मैदान में उतरने के लिए तैयार खड़े थे।

हर तरफ़ IPL की तरह बस शोर ही शोर था। और एक छोटा सा आदमी, जिसने झबला जैसा कुछ पहना था, एक ऊँची मेज़ पर चढ़कर मुँह के सामने भोपूँ लगाकर बोलना शुरू करने वाला था।

ज़ारा को समझ तो आ रहा था कि वह कमेंट्री करने वाला है, लेकिन भाषा न समझ आने की वजह से उसके चेहरे पर हैरानी साफ़ झलक रही थी।

टोबी ने उसकी परेशानी भाँपते हुए एक बार फिर जल्दी से अपनी लंबी टोपी के भीतर हाथ डाला और भाषा पॉड निकालते हुए बोला, "लीजिए, ज़ारा मैडम! टेंशन नॉट-इसे कान में लगाइए और कमेंट्री का मज़ा उठाइए।"

ज़ारा ने तुरंत भाषा पॉड कान में लगाया।

पल भर में उसके चेहरे पर हैरानी और राहत एक साथ झलकने लगी, क्योंकि अब कमेंट्री उसे साफ़-साफ़ समझ में आने लगी थी। और तभी ज़ारा के कानों में शब्द गूँजे– "मेरे प्यारे धोलावीरा के भाइयों और बहनों, आप सभी का स्वागत है धोलावीरा के बगड़ बॉल के मैदान में। आज का मौसम है सुहाना और कमेंट्री करने आया है आपका अपना दोस्त– गदीने मस्ताना!

तो देवियो और सज्जनो, अपनी-अपनी सीटें थाम कर बैठ जाइए, क्योंकि जल्द ही मौसम बदलने वाला है और यहाँ शुरू होने वाली है रोमांच की ऐसी बारिश जिसमें छाते भी बेअसर हो जाएँगे।

चलिए, जल्दी से अपनी कुर्सी की पेटी कस लीजिए, क्योंकि एंट्री होने वाली है हमारे धुआँधार खिलाड़ियों की आंधी की!"

और गदीने के इतना कहते ही, पूरा मैदान तालियों की गड़गड़ाहट से गूँज उठा।

तभी धोलावीरा का ऐतिहासिक विशाल बिगुल बजा– उसकी आवाज़ जैसे पूरे आकाश में फैल गई।

फिर गदीने की गूँजती हुई आवाज़ वापस सुनाई दी– "सभी तालियों से स्वागत करें– हमेशा पहले से अच्छा खेलने की चाहत रखने वाले टीम के कप्तान तिरलौकी का!

उनके पीछे दौड़ते हुए आ रहे हैं हमारे उप-कप्तान अनोखे, जिनका गुस्सा इनसे भी तेज़ दौड़े।

दोस्तों, नज़र मत हटाना, क्योंकि आ रहे हैं बब्बन– जो अपनी गेंद को सीने से लगाए, चाहते हैं रंग ज़माना।

देखिए! देखिए! मैदान में प्रवेश कर रहे हैं पुत्तन-सतिया भाई– भाई, पर हमेशा क्यों इन्होंने अपने ही खिलाड़ियों के आगे टांग अड़ाई?

तालियाँ गूँजती रहनी चाहिए, क्योंकि अंत में आ रहे हैं पछाई– जिन्हें अपनी किक पर बहुत घमंड है भाई!

और इनके साथ हैं गंगी-बगड़ ढाल, जो अब तक न समझ पाए मनोबल का खेल-कमाल।"

सभी खिलाड़ियों के मैदान में आने के बाद, रेफरी मिलानी बगड़ गेंद लेकर 'बगड़ घेरे' के बिल्कुल बीचोंबीच पहुँचा।

उसने गेंद को ज़ोर से हवा में उछाला।

तभी, अपने क़द का फ़ायदा उठाते हुए, तिरलौकी उछला और फट से गेंद को पकड़ लिया।

और, गदीने की जोशीली कमेंट्री फिर गूँज उठी, "लीजिए दर्शकों, मिलानी ने गेंद उछाल दी है– जिसे उचककर हमारे अपने तिरलौकी ने झट से पकड़ लिया है।

देखिए! तिरलौकी भैया गेंद न छूटे, और सचमुच, तिरलौकी गेंद को पैरों पर नचाते हुए आगे बढ़ते चले जा रहे हैं।

लेकिन ये क्या!! ज़्यादा अच्छे प्रदर्शन के बोझ से इनका संयम टूटा और संतुलन बिगड़ने से गेंद पर पकड़ ढीली हुई।

इसका फ़ायदा उठा लिया सतिया ने– जो सबसे पहले गोल करने के लालच में सभी खिलाड़ियों को धक्का देते हुए आगे-आगे बढ़ता चला जा रहा है। पर कहते हैं, लालच बुरी बला!

रेफरी मिलानी से मिली इनको चेतावनी, और बगड़ घेरे में आकर भी ये नहीं कर पाए गोल।

नियम तोड़ने की वजह से एक बार फिर से रेफरी मिलानी बगड़ गेंद लेकर बगड़ घेरे के बीचोंबीच आ गए हैं।

ये उछली गेंद हवा में... और इस बार लपक लिया पछाई ने।

पर ये क्या! ढाल के घेरे के इतने पास होने पर भी ये गेंद को मैदान के एक कोने में लेकर जा रहे हैं।

शायद अपना बगड़-मारक हुनर दिखाना चाहते हैं, और ये मारी किक पछाई ने– लेकिन गेंद हवा में उड़ते-उड़ते सीधे दर्शकों के पास पहुँच गई!

फिर से नियम टूटा-और रेफरी मिलानी ने खेल का पहला भाग ख़त्म होने का बिगुल बजा दिया।"

"कितना मज़ा आ रहा है ना! खेल का पहला भाग कब ओवर हो गया, पता ही नहीं चला-और कमेंटरी सुनते-सुनते देखने में और मज़ा आ रहा है।" ज़ारा ने अपने कान से भाषा पॉड निकालते हुए, सभी के मुस्कुराते चेहरों को देखते हुए कहा।

ज़ारा और बाकी सब अपनी-अपनी जगह से उठकर चहलकदमी करने ही वाले थे कि तभी ट्रिकी जीजी अपनी सहेलियों के पास से उठकर सबके लिए खाने-पीने का सामान ले आईं।

तभी ज़ारा ने देखा कि ब्रेक में कोई भी खिलाड़ी एक दूसरे से बात नहीं कर रहा था, और ऐसा लग रहा था जैसे सबकी आपस में लड़ाई हो गई हो!

ज़ारा इस अटपटे बर्ताव को समझ पाती, कि खेल के दूसरे भाग के शुरू होने का बिगुल बज गया।

ज़ारा ने जल्दी से भाषा पॉड अपने कान में लगाया, और एक बार फिर गदीने की कमेंट्री शुरू हो गई-

"तो दोस्तों! शुरू हो गया है इस रोमांचक खेल का दूसरा भाग!

रेफरी मिलानी ने गेंद एक बार फिर हवा में उछाली-और देवियों-सज्जनों, अपनी सीटों पर थम जाइए, क्योंकि अब देखने को मिलेगा बब्बन का जादू!

लपक ली गेंद बब्बन ने! और देखिए– गेंद को ज़मीन पर ऐसे नचा रहे हैं अपने बब्बन जैसे गेंद का रिमोट कंट्रोल इनके पास हो!

तिरलौकी और पछाई आ रहे हैं, रास्ता रोका, पर ये पैतरा देखिए! दोनों के बीच से फिसलती गेंद, पैरों पर नाचते हुए आगे बढ़ती जा रही है।

अरे! अरे! पुत्तन घसीटते हुए गेंद रोकना चाह रहे हैं, पर बब्बन की कलाबाज़ी का कोई जवाब नहीं।

अरे पर ये क्या?? ढाल घेरे के पास पहुँचते ही-बब्बन गेंद उठा कर झाड़ने-पोछने लगे! उफ़्फ़, ये तो उनकी खानदानी बॉल है! रेफरी मिलानी दौड़ पड़े, हाथ से बॉल ली और चेतावनी दी।

उधर, ढाल के घेरे के पास का नज़ारा– गंगी अपने हाथ सिर पर रख कर बैठ गए, मनोबल डूबता जा रहा !

और अब, देखिए! रेफरी मिलानी ने बॉल हवा में उछाली और तपाक से अनोखे ने पकड़ ली!

अनोखे ने लगाई तेज़ दौड़, सारे खिलाड़ी उनके पीछे– और ये देखिए! अनोखे की अनोखी किक, और बॉल पहुँच

गई सीधे गोल में! अनोखे ने ढाल घेरे के पास खड़े पुत्तन को ढाल घेरे पर खड़े होकर बगड़ धमाका चिल्लाने का इशारा किया पर पुत्तन के तो जैसे पैर जकड़ गए हो! गुस्से में लाल-पीले होकर अनोखे पहुँच गए पुत्तन के पास और शुरू हो गई लड़ाई भारी।

रेफरी मिलानी बीच-बचाव में जुटे हैं, और ऐसा लगता है, दूसरे भाग का समय भी समाप्त हो गया।"

गदीने ने जैसे ही अपनी बात पूरी की, मैच समाप्ति का बिगुल बज उठा।

"तो मेरे प्यारे धोलावीरा वासियों, इस बार भी हमारे खिलाड़ी कोई गोल नहीं कर पाए।

चलिए देखते हैं, क्या होता है फाइनल में अगले शनिवार!

क्या हमारे खिलाड़ी करेंगे बेड़ा पार?

तब तक के लिए, गदीने को दीजिए जाने की इजाज़त!

करके सभी को नमस्कार।"

डूबती शाम के साथ ही सभी दर्शकों के चेहरे भी लटक गए थे, क्योंकि खिलाड़ियों ने अपने हुनर के हिसाब से खेल नहीं दिखाया था।

धीरे-धीरे मैदान ख़ाली होने लगा और सभी घर लौटने लगे।

ज़ारा इतने अच्छे खिलाड़ियों का इतना ख़राब प्रदर्शन देखकर हैरान रह गई, और उसे इसकी वजह बिल्कुल समझ नहीं आ रही थी।

माधव बीच रास्ते में बोला, "मैं यहीं से अपने घर निकलता हूँ, कल सुबह मिलते हैं!"

फिर वह ज़ारा की तरफ़ मुड़कर मुस्कुराया और बोला, "कल हम उसी विशाल जलाशय चलेंगे, जिसके बीच में वह विचित्र मूर्ति रखी है– मानव शरीर पर यूनिकॉर्न का सिर और हाथों में तराजू लिए।"

ज़ारा, माधव की बात सुनकर हैरान रह गई!

14

जादुई रात– समझ आई बात

रात काफी हो गई थी, पर ज़ारा की आँखों से नींद कोसों दूर थी। बगल के बिस्तर पर, पिंकी थकान से चूर होकर, गहरी नींद में सो चुकी थी। उसके नन्हें-नन्हें खर्राटों की धीमी-धीमी आवाज़ कमरे में गूँज रही थी, जो बहुत प्यारी लग रही थी। ज़ारा की आँखें तो नींद से बोझिल थीं, पर उसका दिमाग़ लगातार चल रहा था। एक के बाद एक सवाल उसके मन में आ रहे थे, और इन्हीं उलझनों में उलझकर वह अपने बिस्तर पर करवटें बदल रही थी।

वो चुपचाप अपने बिस्तर से उठी और खिड़की के पास रखी कुर्सी पर पैर सिकोड़कर बैठ गई। बाहर की गहरी, शांत रात और दूर से आती समंदर की लहरों का शोर। पर ज़ारा के दिमाग़ में तो विचारों का तूफ़ान मचा हुआ था। एक के बाद एक सवाल उसके मन में घूम रहे थे।

वो विशाल जलाशय की मूर्ति क्या फुसफुसाती है जो सिर्फ़ मुझे सुनाई देता है? क्या ये मेरा भ्रम है या सच में कोई मुझसे बात कर रहा है? और अचानक माधव ने वहाँ चलने के लिए क्यों कहा? क्या उसे भी कुछ ऐसा ही महसूस हुआ था?

ऐसा क्यों लग रहा था कि गदीने अपनी कमेंटरी से कुछ समझाने की कोशिश कर रहा था, और उसके हर शब्द में कोई क्लू छिपा हुआ हो? लेकिन क्या?

खेल में ब्रेक के समय सारे खिलाड़ी ऐसे मुँह फुलाकर क्यों बैठे थे? जबकि खेल शुरू होने से थोड़ी देर पहले तो आपस में खूब मस्ती कर रहे थे।

पतन का कारण जानने के बाद, अब उसे रोकने का तरीका खोजने के बीच यह मैच होना। क्या यह सिर्फ़ एक संयोग है? या फिर यह किसी बड़ी बात की तरफ़ इशारा?

पतन का कारण तो पता चल गया है, पर इसे रोका कैसे जाए, यह समझ में नहीं आ रहा। और सबसे ज़रूरी बात– अगर मैं इन्हें पतन से बचा न पाई, तो इस टाइम ट्रैप से कभी बाहर नहीं निकल पाऊँगी। लेकिन, मम्मा-पापा और गीगी के पास लौटने के लिए मुझे इन्हें बचाना ही होगा।

पता नहीं, मेरे अचानक गायब हो जाने के बाद मम्मा किस हाल में होंगी? पापा भी ज़रूर कहीं न कहीं इसे अपनी ही गलती मान रहे होंगे। और गीगी– वह अंदर ही अंदर बेचैन तो रहती होगी, मगर किसी से कुछ कहती नहीं होंगीं।

इन्ही विचारों में खोयी वो चुपचाप वापस अपने बिस्तर पर लेट गई और ना जाने कब उसे नींद आ गई।

तभी पिंकी ने खिड़की खोली, और भीतर आए उजाले से ज़ारा की नींद टूट गई।

"पिंकी, थोड़ी देर और सोने दो। रात में मुझे बहुत देर तक नींद नहीं आ रही थी।"

पिंकी, ज़ारा की गर्म ऊनी शॉल खींचते हुए बोली, "अरे उठिए! उठिए ज़ारा मैडम! जो सोता है वो खोता है।"

ज़ारा नींद से अपनी आँखें मलते हुए उठी।

पिंकी शीशे के सामने तैयार होते हुए बोली, "जल्दी करिए, माधव भी आता ही होगा। याद है न, उसके साथ उस विशाल जलाशय पर भी तो जाना है?"

कुछ ही देर में ज़ारा और पिंकी तैयार हो गईं और ट्रिकी जीजी के नाश्ते बनाने में मदद करने लगीं।

तभी माधव की आवाज़ आई, "तो, सब तैयार हैं?"

ज़ारा, नाश्ते की प्लेट माधव को देते हुए बोली, "पहले नाश्ता तो कर लो, फिर चलते हैं।"

माधव ने ट्रिकी जीजी से कहा, "ट्रिकी जीजी, आप प्रिज़्म जी को लेकर सीधे यहाँ से मेरे घर आ जाइएगा। आज दोपहर का खाना मेरे घर पर है।" ट्रिकी जीजी रसोई से मुस्कुराते हुए

बाहर आईं और हँसते हुए माधव को छेड़ दिया जिसका सबूत उसके लाल-लाल गाल थे।

नाश्ता ख़त्म होने के बाद, ज़ारा, पिंकी, टोबी, मर्फी और माधव विशाल जलाशय की ओर चल पड़े।

ज़ारा विशाल जलाशय के किनारे खड़ी होकर उस अजीब मूर्ति को बड़े ध्यान से देख रही थी। तभी, वहाँ धीरे-धीरे भीड़ इकट्ठी होने लगी। वे सभी ज़ारा से मिलने आए थे।

माधव, ज़ारा को थोड़ा असहज होते देख, उसके पास आया और धीरे से बोला, "पता नहीं, ज़ारा, इन्हें तुम्हारे आने का कैसे पता चल गया और ये सब यहाँ इकट्ठा हो गए।"

ज़ारा ने धोलावीरा के लोगों के मासूम और उत्साहित चेहरों को देखा और उसके चेहरे पर एक मुस्कान आ गई।

वह माधव से बोली, "अरे, कोई बात नहीं। इसी बहाने इन सब से मिलना हो जाएगा।"

अगले ही पल, ज़ारा को बड़ा आश्चर्य हुआ– क्योंकि सभी एक-एक कर के अपनी हाथ से बनी चीज़ें ज़ारा को भेंट करने लगे। तभी भीड़ में से लगभग नौ-दस साल का एक बच्चा निकला और बड़े प्यार से एक छोटी-सी मिट्टी की गुड़िया ज़ारा के हाथ में थमा दी। फिर उसकी माँ आगे आई और ज़ारा से कुछ कहने लगी।

माधव ने ज़ारा के कान में फुसफुसाकर कहा, "ये कह रही हैं कि सब बच्चे तुम्हारी तरह बहादुर और समझदार बनना चाहते हैं। इसलिए उन्होंने तुम्हारी गुड़िया बनाई है, ताकि हर समय तुम्हें अपने साथ रख सके।"

ये सुनते ही ज़ारा की आँखों में आँसू भर आए। उसने बड़े प्यार से गुड़िया अपने हाथ में ली और पास पड़ी एक छोटी-सी सीपी उसके बालों में लगाकर बोली, "लीजिए, अब ये हो गई पूरी तरह से धोलावीरा की ज़ारा।"

सभी ने तालियाँ बजाईं, और फिर बच्चे अपनी-अपनी सीपी और गुड़िया लेकर ज़ारा के पास आने लगे, ताकि वह उनकी गुड़िया के बालों में सीपी लगा दे।

वहाँ मौजूद सभी लोग ज़ारा से अपने मन की बातें बाँट रहे थे। कोई अपनी परेशानी बता रहा था, तो कोई अपनी खुशी। कोई अपने किसी करीबी के मिलने की खबर दे रहा था, तो कोई उनके बिछड़ने का दुःख बता रहा था।

माधव एक इंटरप्रेटर की तरह काम कर रहा था। वह लोगों की बातें ज़ारा तक पहुँचा रहा था और ज़ारा की बातों को सभी तक।

यह सब देखकर ऐसा लग रहा था, मानो इन लोगों को सच में अपने मसीहा से मिलने का मौक़ा मिल गया हो।

आज पहली बार ज़ारा को इन सभी के साथ मिलकर ऐसा अपनापन महसूस हुआ, जैसा इतने दिनों में कभी नहीं हुआ था। उसके दिल को एक सुकून-सा मिला। उसे सच में ऐसा लग रहा था, जैसे वह इन सभी से प्यार करने लगी हो।

धोलावीरा के लोग अनुशासन के पक्के थे, इसलिए थोड़ी ही देर में वापस अपने-अपने काम पर लौट गए। और उनके जाते ही, ज़ारा का मोहर पर बना यूनिकॉर्न फिर से चमकने लगा। इसे देखकर पिंकी चिल्लाई, "ज़ारा, ये फिर चमक रहा है!"

लेकिन ज़ारा ने तुरंत उसे चुप रहने का इशारा किया, क्योंकि उसके कानों में फिर से वही हल्की-सी गूँज सुनाई दी– जैसे कोई हवा में फुसफुसा रहा हो।

ज़ारा ने टोबी, माधव और पिंकी की तरफ़ देखते हुए पूछा, "क्या, तुम लोगों ने भी कोई फुसफुसाहट सुनी?"

सभी ने नहीं में सिर हिलाया।

माधव ने ज़ारा से कहा, "ज़ारा, ये फुसफुसाहट सिर्फ तुम्हें सुनाई देती है। इसलिए केवल तुम बता सकती हो कि ये क्या कह रही है।"

ज़ारा ध्यान से सुनते हुए बोली, "लेकिन ये फुसफुसाहट किसी और भाषा में है, जो मुझे समझ में नहीं आ रही।"

माधव ने सुझाव दिया, "तो फिर जो ये कह रही है, उसे दोहराओ-शायद मैं समझ सकूँ।"

ज़ारा ने आँखें बंद कर धीरे-धीरे बोलना शुरू किया– "लुमेआ, शिवारा, काल्टु, द्रोमा, अस्तिरा, मोरु, यांतरा, झारो, फेद्रा, सोलु।"

माधव ने एक-एक शब्द बड़े ध्यान से सुना, कुछ देर तक वह बिल्कुल शांत रहा।

फिर उसने धीरे से कहा, "अरे! यह भाषा तो धोलावीरा सभ्यता के पहले चरण में बोली जाती थी।" उसकी आवाज़ में हैरानी और उत्सुकता झलक रही थी।

वह आगे बोला, "मुझे यह पूरी तरह से तो नहीं आती, लेकिन बहुत पहले मैंने इसे सीखने की कोशिश की थी। इसीलिए मैं तुम्हें इन शब्दों का एक-एक कर मतलब बता सकता हूँ।"

माधव कुछ कहने ही वाला था कि तभी टोबी ने झट से अपनी टोपी उतारी। उसने टोपी के अंदर से एक मुड़ा हुआ कागज़ और एक पेन निकाला और पिंकी की तरफ़ बढ़ाते हुए बोला, "पिंकी जी, आप लिखना शुरू करें!"

और फिर जैसे ही माधव बोलने लगा, पिंकी ने लिखना शुरू किया– "लुमेआ मतलब रास्ता, शिवारा मतलब पानी, काल्टु मतलब पतन, द्रोमा मतलब धरती, अस्तिरा मतलब

बचना , मोरु मतलब मेरा, यांतरा मतलब शिलालेख , झारो मतलब पैर, फेद्रा मतलब पढ़ो, सोलु मतलब मसीहा।"

पिंकी के लिखते ही, इस बार टोबी ने झट से पर्ची उससे छीन ली– ताकि सबसे पहले वही पढ़कर सुना सके।

लेकिन तभी ज़ारा मुस्कुराते हुए बोली, "काफ़ी देर हो गई है, दोपहर के खाने का समय हो रहा है। चलो, इसे रास्ते में चलते-चलते पढ़ते हैं।"

ज़ारा, पिंकी, टोबी, माधव और मर्फी सब मिलकर माधव के घर की ओर निकल पड़े।

रास्ते में टोबी ने पर्ची खोलकर पढ़ना शुरू किया, "रास्ता, पानी, पतन, धरती।"

"टोबी जी, एक मिनट रुकिए!"– ज़ारा ने टोबी को रोकते हुए कहा।

वह कुछ पल सोचती रही, फिर बोली, "इन शब्दों को जोड़ने पर जो मतलब बनता है, वो ये है कि– इस धरती पर पतन पानी के रास्ते आएगा!" ज़ारा की बात सुनकर बाकी सब चौंक गए।

टोबी ने झट से आगे पढ़ना शुरू किया, "बचना, मेरा, शिलालेख, पैर, पढ़ो, मसीहा।"

ज़ारा, माधव के घर के बाहर रुककर कुछ सोचते हुए बोली, "कहीं इसका मतलब ये तो नहीं कि अगर बचना हो, तो मेरे पैरों के पास रखा शिलालेख पढ़ो, मसीहा?"

"बिलकुल सही!"– सभी एक साथ बोल उठे।

तभी टोबी बोला, "लेकिन इस पहेली को बाद में सुलझाएँगे। अभी तो माधव जी के घर से खाने की बड़ी स्वादिष्ट खुशबू आ रही है!– तो पहले पेट पूजा, फिर काम दूजा!" यह कहते हुए वो अंदर की ओर भागा।

पिंकी हँसते हुए उसके पीछे-पीछे आती हुई बोली, "अरे वाह, टोबी जी! आप तो अब पलीता की तरह तुकबंदी करने लगे हैं!"

घर के बाहर से ही प्रिज़्म की बुलंद आवाज़ और सभी के ठहाके सुनाई दे रहे थे।

"आ गए तुम लोग, बच्चों! थोड़ी देर हो गई, नहीं तो टोबी और माधव भी येल का वो शैडो मैन वाला किस्सा सुन लेते! अरे, बातों-बातों में सबसे ज़रूरी बात बताना तो भूल ही गया!" प्रिज़्म जैसे कुछ याद करते हुए माधव के दादा-दादी के पास गए और बोले, "ज़ारा, ये माधव के दादा हैं और ये हैं दादी जी।"

आगे की बात जानकर ज़ारा को बड़ा आश्चर्य हुआ, क्योंकि माधव ने कभी यह नहीं बताया था कि उसके मम्मा-

पापा अब इस दुनिया में नहीं हैं, और वह अपने दादा-दादी के साथ रहता है।

माधव के दादा-दादी ने जिस प्यार से ज़ारा को गले लगाया, ऐसा लगा जैसे वे बरसों से उसका ही इंतज़ार कर रहे हों। उनकी प्यार भरी गर्माहट से ज़ारा को भी उस नई जगह पर घर जैसा अपनापन महसूस हुआ।

जब तक ट्रिकी जीजी और दादी मेज पर खाना लगा रही थीं, माधव सबको अपने घर घुमाने ले गया। बड़े इत्मीनान से वह हर कमरे में ले जाता और अपनी माँ के हाथ की बनी चीज़ें दिखाता।

सचमुच, माधव की माँ बहुत अच्छी कलाकार थीं। सीपियों पर की गई उनकी बारीक चित्रकारी इतनी सुंदर थी कि नज़रें ही नहीं हटती थीं।

इतने में, ट्रिकी जीजी ने सभी को प्यार से आवाज़ लगाई। सभी बच्चे लगभग दौड़ते हुए खाने की मेज के पास पहुँच गए।

मेज पर स्वादिष्ट पकवान सजे हुए थे। प्रिज़्म और दादाजी जहाँ आराम से बैठे थे, वहीं ज़ारा और माधव उनकी प्लेट सजाकर खाना परोस रहे थे।

टोबी ने तो पहले ही मिठाई पर नज़र गड़ा ली थी, और पिंकी ने उछलते हुए एक सुंदर सी थाली उठाते हुए कहा, "मैं तो सीपी वाली थाली में खाना चाहूँगी!"

माधव की दादी और ट्रिंकी जीजी हँसते हुए सबको खाना परोस रही थीं। दादाजी बार-बार दादी से कुछ कहते, और वह ज़ारा की प्लेट में और पकवान रख देतीं।

खाने के बाद, गप्पें मारते, गाना सुनते और हँसते-खेलते कैसे शाम हो गई, पता ही नहीं चला।

उस दिन सबके लिए, माधव का घर सिर्फ़ घर नहीं रहा, बल्कि एक छोटा-सा त्योहार बन गया था।

बातों-बातों में, ज़ारा को जैसे अचानक कुछ याद आया हो।

वह उठकर चलने के लिए खड़ी हुई और बोली, "मुझे लगता है अब हमें चलना चाहिए। शाम भी हो रही है और एक काम भी पूरा करना है।"

पिंकी, टोबी और माधव ज़ारा का इशारा समझ चुके थे।

"माधव, क्या तुम हमें घर तक छोड़ दोगे? और हाँ, वो जलाशय वाले रास्ते से ले चलना।"

ज़ारा ने जैसे ही अपनी बात पूरी की, माधव ने फट से दादा-दादी की तरफ़ देखा। ना जाने कैसे, ज़ारा की बात का मतलब समझते हुए उन्होंने हाँ में सिर हिला दिया!

दादा और दादी जी सभी को घर के बाहर तक छोड़ने आए।

चलते-चलते दादी ने प्यार से एक सुंदर-सी डिबिया ज़ारा के हाथ में रख दी।

उन्होंने कुछ कहा, जिसका मतलब माधव ने ज़ारा को समझाया, "ज़ारा, दादी कह रही हैं कि इसे तब खोलना जब तुम्हें लगे कि तुम बिल्कुल अकेली हो!"

ज़ारा ने बड़े प्यार से वह डिबिया सुरक्षित अपनी जेब में रख ली।

दादा-दादी से विदाई लेकर, सभी थोड़ी ही देर में उस विशाल जलाशय के पास खड़े थे।

टोबी ने रास्ते में प्रिज़्म को और माधव ने ट्रिकी जीजी को वह सारी घटना बताई जो माधव के घर जाते समय विशाल जलाशय के पास हुई थी।

जलाशय पर पहुँचकर, ज़ारा एक बार फिर उसके बीचों-बीच बनी उस विचित्र मूर्ति के ठीक सामने खड़ी थी। उसके गले में लटकी यूनिकॉर्न की मोहर पहले की तरह चमक रही थी, पर अब उसे कोई फुसफुसाहट सुनाई नहीं दे रही थी।

"माधव, उस मूर्ति के पास कैसे पहुँचें, अगर उसके पैरों के पास रखा शिलालेख पढ़ना हो?" ज़ारा ने गहरी सोच के साथ पूछा।

जैसे ही ज़ारा ने यह कहा, माधव दौड़कर जलाशय के दाहिने कोने में बनी छोटी-सी झोपड़ी में गया। कुछ ही देर में

वह एक आदमी के साथ बाहर आया। उस आदमी ने ज़ारा का चमकता पेंडेंट देखते ही अदब से सिर झुकाया, और फिर पास में बने लकड़ी के हैंडल को घुमाना शुरू कर दिया।

थोड़ी ही देर में, जलाशय के दाहिने किनारे को मूर्ति से जोड़ता हुआ एक बाँस का पुल तैयार हो गया।

माधव दौड़ते हुए सभी के पास आया और बोला, "चलिए, पुल तैयार है!"

फिर उसने आगे समझाया, "यह पुल आमतौर पर सिर्फ मूर्ति की सफ़ाई के लिए खोला जाता है। लेकिन जब मैंने चकरी भैया को ज़ारा का नाम बताया और उन्होंने ज़ारा के गले में यह चमकता हुआ पेंडेंट देखा, तो उन्होंने इसे तुरंत खोल दिया।"

ट्रिकी जीजी और प्रिज़्म ने जलाशय के किनारे ही बैठने का निर्णय लिया। ज़ारा, पिंकी, टोबी, मर्फी और माधव धीरे-धीरे पुल पार करते हुए मूर्ति के पास पहुँच गए।

पिंकी सबसे पहले पुल पार करके मूर्ति के पास पहुँची। उसने ध्यान से मूर्ति के पैरों के पास रखा हुआ शिलालेख देखा और असमंजस में कहा, "ज़ारा, इसमें लिखी लिपि तो कुछ अलग है। अब क्या करें?"

"अच्छा! और हम मैग्निफाइंग लेंस भी साथ नहीं लाए।"

ज़ारा के ऐसा कहते ही, टोबी ने झट से अपनी टोपी उतारी।

उसमें से मैग्निफाइंग लेंस निकालते हुए, उसने नाटकीय अंदाज़ में कहा, "जब टोबी है साथ, तो टेंशन की क्या है बात!"

"ज़ारा, अब पलीता की लिखी बात टोबी जी से मत पढ़वाना, नहीं तो यह कवि बन जाएँगे," पिंकी ने थोड़ी झुंझलाहट के साथ कहा।

"ठीक है, ठीक है," ज़ारा हँसते हुए टोबी के हाथ से मैग्निफ़ाइंग लेंस लेकर ख़ुद पढ़ने लगी।

उसने धीरे-धीरे पढ़ा, "छः। बुरे। साथी। खेल। से। हटाओ। प्यार। दोस्ती। से। हर। मुश्किल। हराओ।"

"अरे, फिर पहेली!" टोबी ने नाटकीय अंदाज़ में सिर पीटते हुए कहा।

पिंकी और माधव ज़ारा की तरफ़ ऐसे देख रहे थे, जैसे उन्हें कुछ समझ ही नहीं आया हो।

"चलो, वापस चलते हैं। अँधेरा हो रहा है। इतना सब कुछ हल किया है, तो इसका भी हल निकाल ही लेंगे।"

ज़ारा ने सभी को भरोसा दिलाया, और वे पांचों पुल पार कर, ट्रिकी जीजी और प्रिज़्म के पास पहुँच गए।

प्रिज़्म दूर से ज़ारा की बात सुनकर बोले, "हाँ! ज़ारा बिल्कुल सही कह रही है।"

फिर उन्होंने ट्रिकी जीजी को सहारा देते हुए कहा, "तुम लोग मिलकर इस सभ्यता को बचाने के इतना करीब आ गए हो, तो अब इसे ज़रूर बचा ही लोगे। हमें तुम पर पूरा विश्वास है।"

फिर सभी आपस में बातें करते हुए घर की ओर चल पड़े। पर ज़ारा एकदम चुपचाप सबसे आगे चल रही थी, उसकी आँखें दूर आसमान की ओर निहार रही थीं।

खाना खाते हुए भी ज़ारा किसी से कोई बात नहीं कर रही थी।

अपने कमरे में जाने से पहले, वह टोबी से कुछ सोचते हुए बोली, "टोबी जी, आपने जो मुझे उस दिन भाषा पॉड दिए थे, उसमें रिकॉर्डिंग भी हो जाती है, क्या?"

"जी, ज़ारा मैडम। उसमें इन-बिल्ट रिकॉर्डिंग मोड है, जिस कारण इसमें सुनी हर बात रिकॉर्ड हो जाती है।"

टोबी ने दौड़ते हुए अपनी प्लेट रसोई में रखी और हड़बड़ाते हुए आगे बोला, "मैं अभी हैंड-वॉश करके आपको भाषा पॉड देता हूँ, ज़ारा मैडम।"

ज़ारा अपने कमरे की खिड़की के पास रखी कुर्सी पर फिर से पैर सिकोड़कर बैठ गई थी और कानों में भाषा पॉड लगाकर रिकॉर्डिंग सुन रही थी। पिंकी ने उसे इशारा किया

कि वह सोने जा रही है, और कुछ ही देर में ज़ारा को उसके नन्हे-नन्हे खर्राटों की धीमी-धीमी आवाज़ सुनाई देने लगी।

ज़ारा ने खेल के पहले और दूसरे भाग की कमेंटरी लगभग कई बार सुन ली थी।

उसने कानों से भाषा पॉड हटाए और गहरी सोच में डूब गई– 'हम सभी को फुसफुसाहट का मतलब निकालने पर ये तो समझ आ गया कि पतन पानी के रास्ते आएगा।

लेकिन शिलालेख पर लिखे बचाव के तरीक़े की पहेली समझ में नहीं आ रही।

छ: बुरे साथी, बगड़-बॉल में छ: खिलाड़ी होते हैं, ये तो पता है, पर ये 'बुरे' तो बिल्कुल नहीं हैं और इन्हें ही हटा देंगे तो बगड़-बॉल खेलेगा कौन? जीतना तो दूर की बात है।'

ज़ारा की नींद पूरी तरह उड़ चुकी थी। वो अपनी कुर्सी से चुप-चाप उठी। उसे उठते देख, कुर्सी के बगल में लेटा मर्फ़ी भी चौकन्ना होकर बैठ गया। ज़ारा ने हल्के से मेन गेट की सिटकनी खोली और बाहर आ गई और मर्फी भी उसके पीछे-पीछे बाहर आ गया।

उसने धीरे से अंदर झाँका– सब सो रहे थे। मर्फी उसकी तरफ बड़े प्यार और हैरानी के साथ देख रहा था, जैसे वह जानना चाहता हो कि ज़ारा अब आगे क्या करेगी?

ज़ारा नीचे झुकी और मर्फी के कान में फुसफुसाई, "मेरे साथ मेरे पसंदीदा स्पॉट पर चलोगे, मेरे क्युटी?"

मर्फी ने दोनों पलकें झपकाकर जैसे "हाँ" का इशारा किया।

फिर ज़ारा ने मर्फी को चुप रहने का इशारा करते हुए धीरे से कहा, "सभी के उठने से पहले हम वापस आ जाएँगे। शायद समुद्र के किनारे बैठकर कोई हल निकल आए।"

ज़ारा धीरे-धीरे बगीचे के बीच से निकलकर समुद्र की तरफ़ बढ़ने लगी। मर्फी उसके क़दम से क़दम मिलाकर चल रहा था।

रास्ते में चलते हुए ज़ारा ने आसमान की तरफ़ देखा, और उसे ऐसा लगा जैसे किसी ने पूरे आकाश में तारों की चादर फैला दी हो। हल्की-सी सर्द हवा महसूस होते ही ज़ारा अपनी शॉल में और सिमट गई।

नीचे, चाँदी-सी चमकती रेत पर ज़ारा और मर्फी के पैरों के निशान एक प्यारी-सी पगडंडी बना रहे थे। थोड़ी ही देर में वे दोनों अपने पसंदीदा ऊँचे टीले के पास खड़े थे।

मर्फी फुर्ती से छलाँग लगाकर उस पर चढ़ गया और बैठ गया। ज़ारा भी मुस्कुराते हुए उसके पास आकर बैठ गई और अपनी शॉल का एक सिरा उसे ओढ़ा दिया।

“देखो, मर्फ़ी,” ज़ारा ने आसमान की ओर इशारा करते हुए कहा, “ये तारे समुद्र को ऐसे चमका रहे हैं, जैसे ढेर सारे जुगनू पानी में उतरकर नाच रहे हों! सुनो, ये लहरें भी कितनी प्यारी धुन गा रही हैं। जैसे पूरा समंदर इन तारों के साथ दोस्ती निभा रहा हो।”

मर्फ़ी ने अपनी चमकती आँखों से ज़ारा को देखा, मानो उसकी हर बात समझ रहा हो।

समुद्र से आती ठंडी हवा ज़ारा को एक अजीब-सा सुकून दे रही थी। उसने आँखें बंद कीं, तो सबसे पहले मम्मा-पापा के चेहरे उभरे। फिर गीगी दिखीं, उसके बाद स्काई, टोबी, पिंकी, माधव, ट्रिकी जीजी, और माधव के दादा-दादी।

एक-एक करके सारे धोलावीरा वासियों के मासूम चेहरे उसकी आँखों के सामने आने लगे। धोलावीरा के बच्चे भी दिखे, जो उससे इतना प्यार करते थे।

“प्यार,” ज़ारा ने अचानक आँखें खोल दीं।

‘ओह!’ अब जाकर गीगी की बात समझ आई।

गीगी सच कह रही थीं– प्यार अनंत होता है। ना इसे नापा जा सकता है और ना ही बाँधा।

जब हम इसे किसी सीमा में बाँधने की कोशिश करते हैं, तभी दु:खी होते हैं। वीर के जाने के बाद, मैं इसी वजह से दु:खी रहती थी।

लेकिन अब देखो! कितने दिन हो गए, यहाँ मुझे एक पल के लिए भी वीर की कमी महसूस नहीं हुई।

बल्कि, यहाँ आकर, ट्रिकी जीजी, माधव, दादा-दादी और धोलावीरा के लोगों से मिलकर, मैंने जाना कि सच्चे रिश्ते बिना शर्त होते हैं– उनमें बस निर्मल प्यार और समझ होती है।

सच्चे रिश्तों को निभाने वाले लोग हमें आईने की तरह दिखाते हैं कि हम कौन हैं और कितने अनमोल हैं।'

ज़ारा अचानक खड़ी हो गई।

उसकी आँखों में जैसे समुद्र का पानी उतर आया हो।

दिल की गहराइयों से आवाज़ आई– "प्यार समझने से नहीं, महसूस करने से होता है। गीगी चाहती थीं कि मैं यही महसूस करूँ। जब हम किसी से सच्चा प्यार करते हैं, तो उसके भले के लिए सोचते हैं– बिना यह गिने कि इससे हमें लाभ होगा या हानि। सच्चा प्यार महसूस करने पर, हम अपना हित भूलकर दूसरे के हित के बारे में सोचते हैं।"

ज़ारा की आँखें अब खुशी से चमक रही थीं।

उसने धीरे से फुसफुसाया– "हाँ! यही है बचाव का रास्ता।"

तभी उसके कंधे पर कुछ मुलायम-सा आकर टिका।

15

मिला तरीका– बची सभ्यता

“पिंकी, टोबी, तुम दोनों यहाँ क्या कर रहे हो?” ज़ारा ने उन दोनों को अपने पीछे खड़ा देखकर पूछा।

पिंकी ने ज़ारा को समझाया, “मेरी अचानक से नींद खुली तो तुम कमरे में नहीं थी, और बाहर वाले कमरे में भी जब नहीं दिखी, तो मैंने टोबी को धीरे से उठाया ताकि ट्रिकी जीजी न जाग जाएँ। घर का दरवाज़ा खुला देखकर, टोबी तुरंत समझ गया कि तुम यहीं आई होगी।”

“ज़ारा मैडम, माना कि पतन पानी के रास्ते आएगा, पर आप इतनी रात में यहाँ अकेली उसे रोकने क्यों चली आईं?” टोबी की आवाज़ में चिंता झलक रही थी।

ज़ारा हँसते हुए बोली, “अरे! मैं रोकने नहीं, बल्कि बचाव का तरीका सोचते-सोचते यहाँ आ गई।”

“तो फिर! क्या मिला पतन से बचाव का तरीक़ा?” पिंकी ने ज़ारा के कंधे पर हाथ रखते हुए उत्सुकता से पूछा।

ज़ारा ने बड़ी शांति से जवाब दिया, “मेरे प्यारे दोस्तों! जब तक मैं इस टाइम ट्रैप से निकलने के लिए धोलावीरा को पतन से बचाना चाह रही थी, तब तक मुझे कोई हल नहीं मिल रहा था। लेकिन जैसे ही मैंने यह ठान लिया कि मैं धोलावीरा वासियों को बचाऊँगी, चाहे मैं यहाँ से निकल पाऊँ या न निकल पाऊँ, तभी मुझे बचाव का रास्ता अपने सामने खुला दिखाई दिया।”

“अरे वाह! यह तो कमाल हो गया!” टोबी ज़ोर से ताली बजाकर हँसा, और उसे ऐसा करते देख, मर्फी भी भौंकने लगा।

“फिर हमें भी जल्दी बताओ!” पिंकी अपनी जगह पर उत्सुकता से उछलते हुए बोली।

ज़ारा ने खनकती आवाज़ में उत्तर दिया, “बिल्कुल बताऊँगी, पर घर चलकर, सबके साथ बैठकर।”

पिंकी झट से बोली, “तो फिर घर की तरफ़ एक दौड़ हो जाए, क्योंकि सूरज भी निकलने वाला है!”

“सूरज? कौन सूरज? अब ये कौन नया हीरो आ गया है इस धोलावीरा में? ज़ारा मैडम, वो कहाँ के लिए निकलने वाला है? वो यहाँ आएगा, या ट्रिकी जीजी के घर जाएगा, या

कहीं और? वो देखने में कैसा है– मेरे जैसा, आपके जैसा, पिंकी के जैसा, या, या, या, ?" टोबी सवालों की बारिश करने लगा।

"आराम से! आराम से, टोबी जी!" ज़ारा ने उसे हड़बड़ाते देख शांत किया और अपनी हँसी को दबाते हुए कहा, "सूरज निकलने वाला है मतलब सुबह होने वाली है। इसीलिए सबके जागने से पहले घर पहुँच जाना चाहिए।"

ज़ारा के ऐसा कहते ही दोनों सहेलियाँ ज़ोर से हँसते हुए घर की ओर दौड़ गई, और उनके पीछे मर्फी भी दौड़ पड़ा।

टोबी भी खुशी में गोल-गोल घूमते हुए चिल्लाया, "ज़ारा मैडम हँसी!! ज़ारा मैडम हँसी!! टोबी को मिले दस क्रेडिट पॉइंट्स!!" और फिर वो भी तीनों के पीछे दौड़ गया।

ज़ारा, पिंकी, टोबी और मर्फी सभी समय से घर पहुँच चुके थे। ट्रिकी जीजी के कमरे से उनके खर्राटों की आवाज़ आ रही थी, जिससे पता चल रहा था कि वे गहरी नींद में हैं।

"ज़ारा, तुम भी थोड़ी देर आराम कर लो। रात भर सोई भी नहीं हो", पिंकी ने ज़ारा की नींद से चढ़ी हुई आँखों को देखकर कहा।

"हाँ! थोड़ा आराम कर लेती हूँ, फिर सुबह बचाव के तरीक़े के बारे में सबको बताऊँगी", ज़ारा ने अपने कमरे में बिस्तर पर पड़ी मुलायम शॉल ओढ़ते हुए कहा।

सुबह-सुबह ज़ारा को किसी ने नहीं जगाया, ताकि वह थोड़ी देर तक आराम कर सके। लेकिन तभी अचानक बाहर वाले कमरे से आती हुई बातचीत की आवाज़ ने उसकी नींद खोल दी!

थोड़ी ही देर में ज़ारा तैयार होकर आगे वाले कमरे में पहुँच गई। उसकी सूजी आँखें देखकर सबको समझ में आ रहा था कि उसकी थकान अभी पूरी तरह उतरी नहीं है।

पिंकी के हाथ से नाश्ते की प्लेट लेते हुए ज़ारा उन सब के बीच मचिया सरका कर बैठ गई। सभी बचाव के तरीकों के बारे में जानने के लिए उत्सुक थे। ज़ारा ने ज़्यादा समय न लेते हुए कहना शुरू किया– "दोस्तों, अब साफ़ है-पतन का असली कारण हम सबके अंदर बैठे छः बुरे साथी हैं– लालसा, गुस्सा, लगाव, जलन, लालच और घमंड।"

माधव ने गंभीर आवाज़ में पूछा, "मतलब, वही षड् रिपु? जो हमें अंदर से कमज़ोर बना देते हैं?"

ज़ारा ने सिर हिलाते हुए कहा, "हाँ। और ये भी समझ आ चुका है कि 'पतन पानी के रास्ते आएगा', यानी समुद्र में उठे साइक्लोन या ऊँची ज्वार से।"

पिंकी चौंककर बोली, "लेकिन असली चुनौती तो ये है कि हम बचेंगे कैसे?"

ज़ारा ने पूरे आत्मविश्वास से जवाब दिया, "यही तो! तुम सबको वो विचित्र मूर्ति के पैरों के पास मिला शिलालेख याद है न, जिसमें लिखा था-'छः बुरे साथी खेल से हटाओ'।"

सभी ने एक साथ सिर हिलाकर हामी भरी।

ज़ारा ने आगे समझाया, "जब मैंने बार-बार बगड़ बॉल की कमेंट्री सुनी, तब मुझे इसका असली मतलब समझ आया कि हर खिलाड़ी के भीतर यही एक-एक बुरा साथी छिपा है। और यही वजह है कि वो बार-बार खेल हार जाते हैं।"

टोबी ने हड़बड़ाकर कहा, "तो ज़ारा मैडम, आप इन खिलाड़ियों को ही हटाने वाली हैं?"

ज़ारा हँस पड़ी, "अरे नहीं! फिर खेलेगा कौन? असली काम है– इन खिलाड़ियों के भीतर से इन षड् रिपु, यानी छः बुरे साथी, हटाना।"

प्रिज़्म ने तुरंत जोड़ा, "और अगर ऐसा हो गया, तो मैच जीतना तय है!"

ज़ारा ने मुस्कुराकर कहा, "बिलकुल! और यही धोलावीरा के लोगों के लिए भी एक बड़ा सबक होगा।"

उसकी आवाज़ में उत्साह और विश्वास साफ़ झलक रहा था। उसने आगे कहा, "जैसे ही उनके अंदर से ये 'छः बुरे साथी' हटेंगे, प्यार और दोस्ती की ताक़त से यह संकट अपने आप टल जाएगा ।"

"वाह, ज़ारा मैडम! आपने तो रात भर जागकर पूरी प्राब्लम ही सॉल्व कर दी," टोबी ने कहा।

टोबी के इतना कहते ही, माधव, ट्रिकी जीजी और प्रिज़्म ने ज़ारा की ओर सवालों भरी नज़रों से देखा।

ज़ारा को झेंपते देख टोबी कवर-अप करते हुए बोला, "मेरा! मेरा! मेरा मतलब, आपके दिमाग़ ने रात भर भागकर पूरी प्राब्लम ही सॉल्व कर दी।"

टोबी की बे-सिर-पैर की बातों पर सभी फिर से हँस पड़े।

फिर टोबी गोल-गोल घूमते हुए चिल्लाया, "ज़ारा मैडम हँसी!! ज़ारा मैडम हँसी!! टोबी को मिले दस क्रेडिट पॉइंट्स!!"

दोपहर भर सभी इसी पर विचार-विमर्श करते रहे कि बगड़ बॉल के खिलाड़ियों के अंदर से छः बुरे साथी निकालने के लिए क्या किया जाए?

अंत में, सभी की बातों का निष्कर्ष निकालते हुए प्रिज़्म ने माधव से कहा, "बरखुरदार, आज रात के खाने में तिरलौकी जी को बुला लीजिए। चूँकि, ज़ारा की बातें पहले उनपर असर कर चुकी हैं, इसलिए अगर मेरी मानें तो शायद इस बार ज़ारा के समझाने पर यह बात भी उनके समझ में आ जाए।"

"हाँ, यह बिल्कुल सही रहेगा!" माधव ने कहा। "कल से चार दिनों तक प्रैक्टिस मैच हैं और पाँचवें दिन

प्रतियोगिता। अगर कल के प्रैक्टिस मैच में ज़ारा की बातों का असर तिरलौकी पर दिखा, तो बाकी टीम के खिलाड़ियों और मैच देखने आए धोलावीरा के लोगों को भी बहुत कुछ सीखने और समझने का मौक़ा मिलेगा।" यह कहकर माधव तुरंत तिरलौकी को बुलाने निकल पड़ा।

कुछ ही देर में माधव और तिरलौकी ट्रिकी जीजी के घर पहुँच गए। तिरलौकी, हर बार की तरह, ज़ारा से मिलकर काफ़ी खुश था।

खाने से पहले ट्रिकी जीजी ने सूप जैसा कुछ स्वादिष्ट सभी को पीने के लिए दिया।

माधव ने तिरलौकी से कहा, "तिरू!! ज़ारा जी कल के मैच से पहले तुम्हें कुछ बताना चाहती हैं।"

तिरलौकी का उत्सुक चेहरा देखकर ज़ारा मुस्कुराई और बोली, "तिरलौकी जी, आप बगड़ बॉल के बेहतरीन खिलाड़ी हैं। बस एक छोटी-सी समस्या है– यह कप्तानी, जो आपके परिवार में पीढ़ियों से चली आ रही है।"

तिरलौकी ने चौंककर ज़ारा की ओर देखा और कहा, "मतलब?"

ज़ारा ने धीरे से समझाया, "मतलब यह कि जब आप खेलते हैं, तो आपके लिए असली मक़सद टीम की जीत नहीं रह जाती। बल्कि आप इसलिए खेलते हैं ताकि यह कप्तानी आपके हाथ से

न निकल जाए। यही कप्तानी की लालसा आपको दबाव में डाल देती है और आपका खेल बिगड़ जाता है।"

तिरलौकी ने सिर झुका लिया और धीरे से बोला, "आप सही कह रही हैं, ज़ारा जी, पर मैं इससे निपटूँ कैसे?"

ज़ारा ने शांत स्वर में कहा, "ऐसी समस्या कई अच्छे खिलाड़ियों को हो जाती है। और इसका हल बहुत आसान है– खेलते समय अपनी सफलता के बारे में मत सोचिए, बल्कि टीम की सफलता को ही अपना लक्ष्य बनाइए। तभी आप सच्चे कप्तान कहलाएँगे।"

तिरलौकी की आँखों में फिर से चमक लौट आई।

"समझ गया!"– उसने मुस्कराते हुए कहा।

"अब मुझे अच्छा खेलना है अपनी कप्तानी बचाने के लिए नहीं, बल्कि इसलिए कि मेरी टीम अच्छा खेले और जीते। क्योंकि जीत सिर्फ मेरी नहीं होगी, सबकी होगी।"

ज़ारा आत्मविश्वास से बोली, "बिलकुल सही! और खेलते वक्त मन ही मन दोहराइए– 'टीम के लिए खेलना है!'

यही मंत्र आपको सच्ची ताक़त देगा।"

खाना ख़त्म होते ही माधव और तिरलौकी अपने घर लौट गए। इधर, ट्रिकी जीजी के घर में भी सब जल्दी सोने चले गए, क्योंकि कल के मैच में तिरलौकी के प्रदर्शन पर बहुत कुछ निर्भर करता था।

फाइनल प्रतियोगिता– 4 दिन बाक़ी

सुबह से ही ट्रिकी जीजी के घर में हर काम जल्दी निपटाने की आपा-धापी मची हुई थी।

थोड़ी ही देर में, सब बगड़ बॉल के मैदान में पहुँच गए और अपनी-अपनी जगह पर आराम से बैठ गए। मैदान में माहौल ठीक वैसा ही था, जैसा पिछली बार था।

जैसे ही तिरलौकी ज़ारा के सामने से मैदान में उतरा, ज़ारा खड़ी होकर उसका हौसला बढ़ाते हुए बोली, "तिरलौकी जी! याद रखिए– आज आपको अच्छा खेलना है और गोल करना है अपनी टीम के लिए, कप्तान बने रहने के लिए नहीं।"

तिरलौकी ने जोश से कहा, "देखिएगा ज़ारा! आज मैं टीम के लिए खेलूँगा, अपने लिए नहीं!"

दर्शकों के साथ-साथ बाकी खिलाड़ी भी आज तिरलौकी के खेल में एक अलग ही जोश और उमंग देखकर हैरान थे। तिरलौकी का शानदार प्रदर्शन देखकर कुछ ही देर में ढोल-नगाड़ों की ताल और सीटियों की आवाज़ों से पूरा मैदान गूँज उठा। दर्शक धोलावीरा का झंडा लहराते हुए ज़ोर-ज़ोर से चिल्लाने लगे– "तिरलौकी, तिरलौकी, तिरलौकी!"

हर बार जब गेंद तिरलौकी के पैरों से निकलकर आगे बढ़ती, तो ऐसा लगता मानो वह पूरी टीम को अपने साथ खींचे जा रहा हो। और कुछ ही समय में तिरलौकी ने एक नहीं, दो नहीं, बल्कि पूरे पाँच गोल कर दिए!

गदीने की कमेंट्री सबको ज़रूर याद आ रही थी, लेकिन आज वह दर्शकों के बीच बैठकर बस खेल का आनंद ले रहा था।

तालियों और नारों की गड़गड़ाहट के बीच, मैच एक नई उमंग और उत्साह के साथ समाप्त हुआ।

और फिर, ज़ारा के पास ही बैठे टोबी, माधव, पिंकी, मर्फी, ट्रिकी जीजी और प्रिज़्म की नज़रें ज़ारा की ओर मुड़ गईं।

ज़ारा ने मुस्कुराते हुए सभी से कहा, "देखा? जब कोई अपनी लालसा छोड़कर टीम के लिए खेलता है, तो उसका खेल कितना बदल जाता है।"

माधव तुरंत खड़ा हुआ और बोला, "मैं यही बात बाकी खिलाड़ियों और धोलावीरा के लोगों को बताने जा रहा हूँ!"

माधव मैदान के बीच पहुँचा और सबको उनकी-अपनी भाषा में समझाने लगा।

बोलते समय उसने ज़ारा का नाम भी लिया, जैसे वह सबको बता रहा हो कि यह सब ज़ारा की सूझबूझ का नतीजा है।

ज़ारा के लिए दर्शकों और खिलाड़ियों ने ज़ोरदार तालियाँ बजाईं और मिलकर एक नारा भी लगाया।

फिर माधव ने सबको पतन के बारे में पूरी जानकारी दी और बताया कि ज़ारा की सूझबूझ के कारण ही उन्हें ये सच्चाई पता चल पायी।

मैदान में जितने भी लोग थे, उनकी आँखों से साफ़ झलक रहा था कि अब वे समझ चुके हैं– छः बुरे साथियों को अपने भीतर से हटाकर ही हर मुश्किल से जीता जा सकता है ।

आज का सबक, धोलावीरा में रहने वाले हर एक के दिल में बस गया। सबने मिलकर यह प्रण लिया कि वे अपनी-अपनी लालसा छोड़कर इस सभ्यता को बचाने की कोशिश करेंगे।

लेकिन ज़ारा को यह आभास था कि सिर्फ लालसा छोड़ देना ही काफ़ी नहीं होगा। अभी बाकी पाँच बुरे साथियों का भी सामना करना है।

उसी दिन शाम को, तिरलौकी अपने साथ अनोखे को लेकर ट्रिकी जीजी के घर आ गया।

ना जाने क्या बात थी कि ट्रिकी जीजी के घर में मेहमानों के लिए जगह और खाना कभी भी कम नहीं पड़ता था।

खाने के बाद जब सब लोग साथ बैठे, तो माधव ने बात शुरू की, "ज़ारा! तिरलौकी अपने साथ अनोखे को इसलिए लेकर आया है, क्योंकि वह चाहता है कि तुम अनोखे को भी अपने खेल सुधारने के लिए कुछ टिप्स दो, जैसे तुमने पहले तिरलौकी को दिए थे।"

"क्यों नहीं!" ज़ारा हँसते हुए बोली और उसने टोबी की तरफ़ ऐसे देखा, जैसे वह कहना चाह रही हो कि 'टोबी जी, अपनी लंबी टोपी का जादू दिखाइए'।

"ज़ारा मैडम, मैं हमेशा आपसे कहता हूँ, जब टोबी हो साथ तो टेंशन की क्या है बात!" टोबी ने ऐसा कहते हुए झट से अपनी टोपी उतारी और उसमें से भाषा पॉड्स के दो जोड़े निकालकर, एक ज़ारा को दिया और दूसरा अनोखे को। अनोखे ने तुरंत भाषा पॉड्स लगाए और ज़ारा की बात सुनने के लिए बैठ गया। धीरे-धीरे घर के अन्य लोग भी उसके साथ बैठ गए।

ज़ारा ने कहना शुरू किया, "अनोखे जी, एक बात सच-सच बताइए– आपको बहुत जल्दी गुस्सा आ जाता है, ना?"

अनोखे ने आश्चर्य से ज़ारा को देखते हुए सिर हिलाया।

ज़ारा ने आगे कहा, "आपको पता है, अगर आप इस गुस्से को थोड़ा अपने बस में कर लें, तो आप इस खेल की दिशा ही बदल सकते हैं।"

इस पर अनोखे तुरंत बोल पड़ा, "मैं बहुत कोशिश करता हूँ, पर यह जल्दी गुस्सा आ जाने की आदत मेरे अंदर से जाती ही नहीं।"

"जब गुस्सा आए, तो इसे बस में करने का एक मूल मंत्र है– दस का दम" ज़ारा ने गंभीरता से उत्तर दिया।

"दस का दम!"– ज़ारा के पास बैठे सभी लोग एक साथ बोल पड़े।

“हाँ, ‘दस का दम’– मतलब जैसे ही गुस्सा आए, अपनी साँस को शांत करते हुए दस से उल्टी गिनती शुरू कर दो।”

ज़ारा ने समझाते हुए कहा, “यह मिशिगन में पढ़ रहे मेरे दोस्त का बताया एक बड़ा सटीक फार्मूला है, देखना!! जीरो तक आते-आते गुस्सा भी जीरो हो जाएगा।”

अनोखे ने ज़ारा की बात पर भरोसा करते हुए कहा, “क्या सच में ऐसा करने से मेरा गुस्सा शांत हो जाएगा?”

ज़ारा समझाते हुए बोली, “हाँ, बिल्कुल! क्योंकि इसमें एक साइंस है– जब हमें गुस्सा आता है, तो दिमाग़ में जैसे एक अलार्म बज उठता है, दिल तेज़ धड़कता है और गुस्सा बढ़ने लगता है।”

वह आगे बोली, “लेकिन जब हम दस से उल्टी गिनती गिनते हैं और धीरे-धीरे साँस लेते हैं, तो दिमाग़ को शांत होने का समय मिल जाता है। यह ऐसा है जैसे हमने अपने दिमाग़ का पॉज़ बटन दबा दिया हो– फिर सब धीरे-धीरे नॉर्मल हो जाता है। इसी तरह, ‘दस का दम’ काम करता है, और जीरो तक आते-आते गुस्सा ऐसे उड़ जाता है, जैसे– गुब्बारे से हवा।”

अनोखे ख़ुशी-ख़ुशी अपनी कुर्सी से उठते हुए बोला, “चलो, तिरू! रात काफी हो गई है– कल के खेल में अपना ‘दस का दम’ दिखाना है।”

फिर माधव, तिरलौकी और अनोखे हँसते हुए अपने-अपने घर की ओर चल दिए।

अगली सुबह अनोखे के खेल में बदलाव देखने की उत्सुकता लिए, ज़ारा और बाकी सब लोग भी जल्दी सोने के लिए अपने-अपने कमरों में चले गए।

फाइनल प्रतियोगिता– 3 दिन बाक़ी

प्रैक्टिस मैच में पहनने के लिए, ट्रिकी जीजी हर रोज़ ज़ारा के लिए सुंदर-सुंदर ड्रेस निकालती थीं।

ज़ारा भी उन्हें बहुत सँभालकर पहनती और फिर धोकर, अच्छे से तह करके वापस ट्रिकी जीजी को दे देती।

सभी सुविधाओं वाले घर में पली-बढ़ी होने के बावजूद, ज़ारा की ये छोटी-छोटी बातें उसे ख़ास बनाती थीं।

"ज़ारा, तुम्हारी आज की ड्रेस बहुत सुंदर लग रही है," पिंकी ने बगड़ बॉल के मैदान में ज़ारा के बगल वाली जगह पर बैठते हुए कहा।

"थैंक यू!" ज़ारा बोली, पर उसका पूरा ध्यान खेल में था, क्योंकि सारे खिलाड़ी मैदान में उतर आए थे।

फिर एक रोमांचक मैच की शुरुआत हुई।

अनोखे को देखते ही माधव अपनी जगह पर बैठे हुए ज़ोर से बोला, "अनोखे, भूलना मत भाई– 'दस का दम'!"

अनोखे ने हँसकर हामी भरी और जैसे ही रेफरी मिलानी ने गेंद हवा में उछाली, अनोखे ने उसे लपकते हुए तेज़ी से दौड़ लगा दी। वह सबसे आगे था और बाकी सभी खिलाड़ी उसके बहुत पीछे थे।

फिर एक ही पल में अनोखे की ज़ोरदार किक से बॉल सीधे गोल पोस्ट में चली गई।

अनोखे ने एक बार फिर ढाल घेरे के पास खड़े पुत्तन को "बगड़ धमाका!" चिल्लाने का इशारा किया, लेकिन पुत्तन इस बार भी नहीं हिला।

अनोखे ने आँखें बंद कीं और अपने मन में 'दस का दम' दोहराते हुए उल्टी गिनती शुरू की– दस, नौ, आठ...

सभी खिलाड़ी और दर्शक हैरान थे कि इतने समय बीत जाने के बाद भी अनोखे को गुस्सा नहीं आ रहा था। तभी तिरलौकी दौड़ते हुए ढाल घेरे पर पहुँचा और चिल्लाया, "बगड़ धमाका!"

फिर तो पूरे मैदान में लोगों की आवाज़ गूँज उठी– "बगड़ धमाका!"

अनोखे की आँखों में खुशी के आँसू थे। उसने दौड़कर तिरलौकी को गले लगा लिया और फिर दोनों ने मिलकर दनादन गोल की बारिश कर दी।

खेल समाप्त होने के बाद, सभी दर्शकों की आँखों में आए आँसू बता रहे थे कि उन्हें आज का सबक मिल गया है।

ज़ारा खुशी से चिल्ला उठी, "देखा! गुस्सा हुआ जीरो, तो हम बने हीरो-यही है 'दस का दम'!"

इसके बाद पूरे मैदान में एक ही आवाज़ गूँजी, "दस का दम!"

एक बार फिर सबने मिलकर यह प्रण लिया कि वे अपना-अपना गुस्सा 'दस का दम' से भगाकर इस सभ्यता को बचाने की कोशिश करेंगे।

आज शाम, ट्रिकी जीजी के घर गाने-बजाने की महफ़िल जमी थी।

ट्रिकी जीजी ने माधव के साथ मिलकर डांस का एक बहुत सुंदर स्टेप किया, जिसे देखकर सभी ने ज़ोरदार तालियाँ बजाईं।

तभी दरवाज़े पर किसी ने दस्तक दी।

माधव दरवाज़ा खोलते हुए बोला, "ज़ारा, देखो तो! तुमसे मिलने कौन आया है, ?"

16

चेन टूटी– आया बदलाव

माधव के इतना कहते ही सबकी नज़रें दरवाज़े पर टिक गईं। कुछ समय के लिए कमरे में सन्नाटा छा गया। फिर धीरे-धीरे दो लोग सकुचाते हुए अंदर आए।

"अरे! ये तो हमारी बगड़ बॉल टीम के खिलाड़ी– बब्बन और सतिया हैं!" टोबी ने अपने चिर-परिचित अंदाज़ में कहा।

ट्रिकी जीजी ने बड़े प्रेम से उनका स्वागत किया, उन्हें स्नेह से बैठाया और पिंकी से दोनों के लिए मीठा भिजवाया।

माधव और टोबी की मज़ेदार बातों ने माहौल को एकदम हल्का कर दिया। कुछ ही पल में, प्रिज़्म के शरारती किस्से सुनकर बब्बन और सतिया भी सबके साथ खुलकर हँसने लगे।

ज़ारा की आँखों का इशारा समझते हुए, टोबी उनसे कुछ पूछने ही वाला था कि तभी बब्बन ने माधव से अपनी भाषा में कुछ कहा। टोबी ने बात पकड़ ली और तुरंत ज़ारा से बोला–"ज़ारा मैडम, ये दोनों भी तिरलौकी और अनोखे को इतना अच्छा खेलते देखकर आपसे जीतने का तरीका सीखना चाहते हैं।"

और ज़ारा के कुछ कहने से पहले ही, टोबी ने फटाफट अपनी टोपी के अंदर से तीन भाषा पॉड निकालकर ज़ारा, बब्बन और सतिया को थमा दिए।

बिना समय गँवाए, बब्बन और सतिया ने पॉड अपने कानों में लगाए और ज़ारा की बात ध्यान से सुनने के लिए अपनी कुर्सियाँ सरकाकर उसके एकदम पास आ गए।

ज़ारा के समझाने का तरीका इतना अच्छा था कि सब उसकी बातें बड़े ध्यान से सुनते थे। उसने गहनता से अपनी बात शुरू की -

"तो, बब्बन जी," ज़ारा ने हल्की मुस्कान के साथ गेंद की ओर इशारा करते हुए कहा, "हम सब जानते हैं कि यह आपकी ख़ानदानी गेंद है। लेकिन क्या आपको यह पता है कि जिस तरह पूरे धोलावीरा में हर किसी को बगड़ बॉल का खेल पसंद है, ठीक उसी तरह इस खास गेंद के लिए भी सबके मन में गहरा सम्मान और प्यार है।"

"क्या! सच में?" बब्बन की आवाज़ में अचानक भावनाएँ उमड़ आईं।

फिर ज़ारा ने बब्बन के हाथ से बॉल ली और उसे सतिया की ओर उछाल दी। सतिया ने उसे बड़े प्यार और आदर से पकड़ लिया।

"देखिए, सतिया ने कितनी सहजता से गेंद पकड़ी," ज़ारा मुस्कुराते हुए बोली, "लेकिन आपका इस गेंद से ज़रूरत से ज़्यादा लगाव ही आपके खेल को बिगाड़ देता है।"

"तो फिर मैं क्या करूँ ताकि खेल न बिगड़े?"– बब्बन थोड़ा परेशान होकर बोला।

"बब्बन जी," ज़ारा ने अपनी बात जारी रखी, "सोचिए, आपके दादा-परदादा के समय से यह गेंद इस खेल में इस्तेमाल हो रही है। इसका मतलब है, आपसे पहले भी कितने ही बेहतरीन खिलाड़ियों ने इसका पूरा ध्यान रखा होगा, और आगे आने वाले खिलाड़ी भी रखेंगे।"

"तो फिर," ज़ारा ने थोड़ा झुककर पूछा, "इस महान विरासत को अकेले सँभालने की ज़िम्मेदारी आपने अपने कंधों पर क्यों ले ली?"

ज़ारा के इन गहरे और सीधे सवालों का जवाब बब्बन के पास सचमुच नहीं था।

"तो बस," ज़ारा ने अपनी बात पूरी की, "अब से यह मंत्र याद रखिए। खेल शुरू होते ही, और खासकर जब गेंद आपके पास आए, तो आपको मन ही मन यह कहना है– जैसे खेल का मैदान सबका है, वैसे ही यह गेंद भी सबकी है।"

बब्बन ने एक छोटे बच्चे की तरह ज़ारा के पीछे-पीछे दोहराया– "जैसे खेल का मैदान सबका है, वैसे ही यह गेंद भी सबकी है।"

"अरे वाह! ये तो जादू हो गया! ऐसा बोलते ही मुझे अंदर से कितना हल्का महसूस हो रहा है," बब्बन खुशी से बोला।

उसका चेहरा फिर से खिल उठा था, और खोई हुई मुस्कान वापस लौट आई थी।

बब्बन के चेहरे पर लौटी चमक देखकर सतिया भी तुरंत उत्साह में आ गया और बोला, "मैं तो बस गोल करना चाहता हूँ! फिर मुझसे ऐसी कौन-सी गलती हो जाती है कि मेरा खेल बिगड़ जाता है?"

ज़ारा मुस्कुराई और बोली, "इसका जवाब मैं आपको खाना खाने के बाद बताऊँगी। अभी देखो– ट्रिकी जीजी सबको खाने का इशारा कर रही हैं।"

यह कहकर, ज़ारा पिंकी के साथ मिलकर, गरमा-गरम खाना परोसने में ट्रिकी जीजी की मदद करने के लिए चली गई।

ट्रिकी जीजी के खाने का जादुई स्वाद कितना ज़बरदस्त था– यह तो बब्बन और सतिया के खाने के साथ आ रही चटखारेदार आवाज़ों से ही पता चल रहा था।

जैसे ही उन्होंने खाना ख़त्म किया, सतिया की बेचैनी को भाँपते हुए, ज़ारा तुरंत उसके पास बैठ गई और बोली–

"आपको 'बोलते बुलबुले' सीरीज़ की 'आबरा की डाबरा' किताब में दी गई 'हार या जीत' वाली कहानी ज़रूर पढ़नी चाहिए। उस कहानी में बताया गया है कि कछुए से दौड़ हारने के बाद खरगोश को कैसे यह एहसास हुआ कि सिर्फ़ नंबर वन बनने का लालच ही सारा खेल बिगाड़ देता है-ठीक यही बात आपके साथ भी हो रही है।"

सतिया ने उत्साह में आकर अपने कान में लगा भाषा पॉड ठीक किया और पूछा, "तो फिर, मैं इस लालच पर काबू कैसे पाऊँ?"

ज़ारा ने समझदारी भरी मुस्कान के साथ जवाब दिया– "देखो, जब तुम्हारे दिमाग़ पर सबसे पहले गोल करने का लालच हावी हो जाता है," ज़ारा ने नरमी से समझाया, "तब तुम मैदान पर अंधा-धुंध भागने लगते हो। उस वक़्त तुम्हें न अपने साथी खिलाड़ियों की परवाह रहती है, न उनकी कोई आवाज़ सुनाई देती है। तुम बस अपने रास्ते में आने वाली हर चीज़ को रौंदते हुए आगे बढ़ना चाहते हो।"

"और ठीक उसी पल," ज़ारा ने ज़ोर दिया, "तुम एक सबसे ज़रूरी बात भूल जाते हो– सिर्फ़ गोल दागने वाला ही असली हीरो नहीं होता। बल्कि, सही समय और सही जगह पर पास देने वाला भी उतना ही बड़ा हीरो होता है!"

ज़ारा की गंभीर बात सुनते ही, सतिया ने तुरंत उसके पीछे दोहराया– "गोल करने वाला ही हीरो नहीं होता, पास देने वाला भी उतना ही बड़ा हीरो होता है।"

सतिया के चेहरे पर अब एक शांत और खुली मुस्कान थी। उसके अंदर का सारा लालच जैसे हवा हो चुका था, और उसका चमकता चेहरा ख़ुद ही सब कुछ बता रहा था।

"चलो बच्चों," प्रिज़्म ने एक प्यारे, ज़िम्मेदार बुज़ुर्ग की तरह सबको इकट्ठा करते हुए कहा, "कल एक ज़रूरी मैच है, इसलिए अब सब आराम करो और सोने चलो।"

बब्बन, सतिया और माधव ने सबसे खुशी-खुशी विदा ली और अपने-अपने घर की ओर निकल पड़े। बाकी सब भी जल्दी ही अपने कमरों में आराम करने चले गए।

फाइनल प्रतियोगिता– 2 दिन बाकी

अगले दिन, खेल के मैदान में ज़ारा को ट्रिकी जीजी का लाया हुआ नाश्ता पकड़ाते हुए, माधव पास ही बैठकर बोला,

"आज का मैच काफी रोमांचक होने वाला है, है ना ज़ारा?"

ज़ारा ने आँखों में चमक के साथ तेज़ी से सिर हिलाकर उसकी बात पर ज़ोरदार हामी भरी।

तभी, टोबी की नज़र मैदान में कदम रखते बब्बन पर पड़ी। उसने ज़ोर से चिल्लाकर आवाज़ लगाई,

"बब्बन भाई! याद है न– जैसे खेल का मैदान सबका है, वैसे ही यह गेंद भी सबकी है!"

बब्बन ने टोबी की ओर देखकर प्यार से मुस्कुराया और पास खड़े सतिया के कंधे को हल्का-सा थपथपाया।

सतिया ने पलटकर मैदान के बीच से उतने ही ज़ोर से जवाब दिया, "बिल्कुल! क्योंकि 'सिर्फ़ गोल दागने वाला ही हीरो नहीं होता, पास देने वाला भी उतना ही बड़ा हीरो होता है!"

रेफरी मिलानी बगड़ घेरे के बीच खड़े थे और जैसे ही उन्होंने गेंद उछाली, इस बार सबसे पहले उसे सतिया ने पकड़ लिया।

आज सतिया बिल्कुल बब्बन की तरह गेंद को पैरों पर नचाते हुए आगे बढ़ रहा था। वह बड़े जुगाड़ से सामने से आते हर खिलाड़ी को बिना ठोकर मारे पार कर रहा था।

तभी सतिया अचानक पलटा और ज़ोर से किक मारकर ढाल घेरे के पास खड़े बब्बन को पास दिया। बब्बन ने उसी तेज़ी के साथ किक मारते हुए गोल कर दिया।

बब्बन और सतिया का यह भाईचारा देख पूरे मैदान में तालियों की गड़गड़ाहट गूँज उठी। जल्द ही अनोखे ढाल घेरे पर पहुँचकर चिल्लाया, "बगड़ धमाका!"

मैदान में मौजूद सभी दर्शक अपनी सीटों से उछल पड़े! ढोल-नगाड़ों की गूँज से धोलावीरा का मैदान गूँज उठा, और हर तरफ जश्न का माहौल था।

उधर, गंगी का आत्मविश्वास अब पूरी तरह लौट चुका था। उसने आज के मैच में शानदार तरीके से चार गोल बचाए थे!

मैच समाप्त होने पर स्कोर-बोर्ड पर कुछ ऐसा लिखा था:

- तिरलौकी - चार पॉइंट
- अनोखे - दो पॉइंट
- पुत्तन - कोई पॉइंट नहीं
- सतिया - तीन पॉइंट
- पछाई - कोई पॉइंट नहीं

बब्बन और सतिया के शानदार प्रदर्शन ने खेल को बहुत रोचक बना दिया था। खेल देखने आए हर दर्शक के चेहरे पर ख़ुशी झलक रही थी–

दोनों खिलाड़ियों ने लालच और लगाव छोड़कर जो खेल दिखाया, उसने सबका दिल जीत लिया था।

फिर, सबने एक महान संकल्प लिया– वे अपने मन से लालच और अति-लगाव को पूरी तरह हटाकर इस 'धोलावीरा' की सभ्यता को बचाने की हर संभव कोशिश करेंगे।

मैच के बाद, पुत्तन और पछाई के चेहरे पूरी तरह लटके हुए थे, क्योंकि उनके खाते में कोई पॉइंट नहीं था। उनके उदास चेहरे देखकर, माधव उन्हें तुरंत अपने साथ ट्रिकी जीजी के घर ले आया।

टोबी ने उन्हें देखते ही, उनकी भाषा में हौसला देते हुए कहा, "अरे पुत्तन और पछाई भाई, ऐसे निराश मत हो! बिल्कुल मत घबराओ। देखना, कल होने वाले फ़ाइनल प्रैक्टिस मैच में तुम्हारे नाम के सामने भी ज़रूर पॉइंट्स होंगे।"

आज के मैच में इतनी दौड़-भाग और उछल-कूद करने के बाद, हर किसी को ज़बरदस्त भूख लगी थी।

इसलिए, सभी जल्दी से रात का खाना खाने के लिए इकट्ठा हो गए।

जब पुत्तन और पछाई खाना खाते समय थोड़ा झिझकने लगे, तो ट्रिकी जीजी ने तुरंत पहल करते हुए प्रेमपूर्वक अपने हाथ से उनकी थालियों में खाना परोसा।

ज़ारा, टोबी, मर्फी, माधव, पिंकी, प्रिज़्म, पुत्तन और पछाई– सभी ने मिलकर ट्रिकी जीजी के हाथों से बने स्वादिष्ट व्यंजनों का भरपूर आनंद लिया। मेज पर देर तक हँसी-मज़ाक और खिलखिलाहट गूँजती रही।

खाना ख़त्म होते ही, सबने अपनी-अपनी खीर की कटोरी ली और ज़ारा को चारों ओर से घेरकर बैठ गए।

अब समय था उन बचे हुए दो 'बुरे साथियों' को हटाने का तरीका जानने का।

ज़ारा ने जैसे ही अपने कान में भाषा पॉड लगाया और बोलना शुरू किया, पुत्तन और पछाई ने भी बिना एक पल गँवाए तुरंत अपने कान में वह डिवाइस लगा लिया।

ज़ारा ने सीधे पछाई की ओर देखा और कहा, "पछाई जी! दसवीं क्लास में हिंदी की किताब में एक पाठ था– 'कबीर के दोहे।' मुझे उनका एक दोहा बहुत पसंद है। उसका अर्थ यह था कि अगर कोई व्यक्ति अपने धन, ज्ञान या शक्ति का इस्तेमाल किसी के काम आने के लिए नहीं करता, तो उसके बड़े होने का कोई मतलब नहीं!"

पछाई ने झट से अपनी भौंहें चढ़ाते हुए तेज आवाज़ में पूछा, "लेकिन आप मुझे यह सब क्यों बता रही हैं?"

उसकी आवाज़ में एक छिपा हुआ घमंड और बनावटी गंभीरता साफ़ झलक रही थी।

"मैं आपको इसलिए बता रही हूँ," ज़ारा ने उसकी आँखों में देखते हुए कहा, "क्योंकि आप अपनी टीम के बगड़ मारक होने के बावजूद कोई गोल नहीं कर पाते। क्या आपको पता है-ऐसा क्यों?"

"क्यों?"– पछाई से रहा नहीं गया, और उसने तुरंत पूछा।

"क्योंकि जब भी आप गोल करने चलते हो, तब आपको अपनी ताक़त पर घमंड आ जाता है। आप अपनी ताक़त दिखाने के लिए किक मारते हो, और इसी वजह से गेंद गोल पोस्ट में जाने की बजाय मैदान के बाहर चली जाती है," ज़ारा ने समझाते हुए कहा।

"ये बात तो सही है! मैं मैदान में सबको अपनी ताक़त दिखाने के चक्कर में गोल करने से चूक जाता हूँ।

पर इसका उपाय क्या है?"– पछाई ने सोचते हुए कहा।

ज़ारा ने फट से जवाब दिया, "उपाय बहुत सीधा है– गोल करने के लिए किक मारने से पहले मन ही मन दोहराओ, दिखावे के लिए नहीं, ये किक टीम की जीत के लिए।"

पछाई ने तुरंत दोहराया, "दिखावे के लिए नहीं, ये किक टीम की जीत के लिए।"

और बस उसी पल, उसके चेहरे पर आत्म-विश्वास और खुशी की एक तेज़ चमक दौड़ गई।

ज़ारा अपनी खीर की कटोरी रसोई में रखकर वापस आई, तो उसने देखा कि पुत्तन, माधव को कुछ बोलने से रोक रहा है और बाकी सब उसे ऐसा करते देख ज़ोर-ज़ोर से हँस रहे हैं।

"क्या बात है, माधव?"– ज़ारा ने मुस्कुराते हुए पूछा।

माधव ने कहा, "अरे! पुत्तन की बचपन की बात है, वही बताने से मना कर रहा है।"

पुत्तन के शांति से बैठ जाने पर माधव ने कहना शुरू किया, "असल में जब ये छोटा था, तो इसकी मम्मा ने इसके बड़े भाई के जन्मदिन पर रबड़ी बनाई थी।

लेकिन ये जनाब जलन के मारे पूरी रबड़ी अकेले ही पी गए और फिर इनका पेट बुरी तरह ख़राब हो गया!

तब से सब इन्हें मज़ाक़ में 'जलकुट्टू' बुलाने लगे हैं।"

"अच्छा! तभी जलन के कारण ये अनोखे के गोल करने पर भी 'बगड़ धमाका' नहीं बोले,"– ज़ारा ने मुस्कुराते हुए पुत्तन की ओर देखा।

पुत्तन का लटका चेहरा देखकर ज़ारा फिर बोली,

"पुत्तन जी, क्या आप चाहते हैं कि अब कोई आपको 'जलकुट्टू' ना बुलाए?"

पुत्तन के चेहरे पर बड़ी-सी मुस्कान आ गई और उसने तुरंत हामी भरी।

"तो फिर," ज़ारा ने कहा, "आपको अपना खेलने का तरीका बदलना होगा।"

"मैं तैयार हूँ! बताइए"– पुत्तन तुरंत बोला।

वह दिल से चाहता था कि सब उसे 'जलकुट्टू' कहना हमेशा के लिए छोड़ दें।

ज़ारा प्यार से मुस्कुराई और कहा, "आपको खेलते समय अपने साथियों की हर तरह से मदद करनी होगी, ताकि वे गोल कर सकें। और जब भी कोई गोल करे, तो आप ज़ोर से चिल्लाएँ– 'बगड़ बधाई!' समझे?"

पुत्तन ख़ुशी के मारे उछलते हुए चिल्लाया, "करें गोल मेरे भाई, सभी को बगड़ बधाई!"

सभी बहुत ख़ुश थे कि ज़ारा के समझाने के तरीक़े से, कल के प्रैक्टिस मैच से पहले बगड़ बॉल के सभी खिलाड़ियों के अंदर से ये छः बुरे साथी निकल चुके होंगे।

ट्रिकी जीजी ने प्यार से ज़ारा को गले से लगा लिया।

प्रिज़्म मुस्कुराते हुए बोले, "वाह! मेरी बहादुर ज़ारा, तुमने एक बार फिर हर बुराई को हरा डाला!"

तभी टोबी ने चहकते हुए कहा, "अरे वाह, ज़ारा मैडम! आपके लिए तो नया स्लोगन तैयार हो गया– मैं हूँ ज़ारा, इस बार मैंने, हर बुराई को भगा डाला!"

सब ज़ोर-ज़ोर से हँस पड़े और कमरे में खुशी की लहर दौड़ गई।

ज़ारा ने विनम्रता से हँसते हुए कहा, "ये सब आप लोगों की मदद की वजह से हुआ है, ये मेरे अकेले के बस की बात नहीं थी।

आपको पता है, हमारे अंदर के ये छः बुरे साथी किसी चेन रिएक्शन की तरह एक-दूसरे से जुड़े होते हैं।

अगर किसी तरह इस चेन की एक कड़ी भी टूट जाए– यानी एक बुरा साथी भी हमारे अंदर से निकल जाए, तो पूरी चेन खुल जाती है, और बाकी पाँच बुरे साथी भी अपने आप भाग जाते हैं।"

"और तुमने ये कर दिखाया, मेरी प्यारी दोस्त!"– पिंकी ने खुश होकर ज़ारा के गले में बाँहें डाल दीं।

अगले दिन आख़िरी प्रैक्टिस मैच था।

सभी बहुत उत्साहित थे, क्योंकि अब हर खिलाड़ी अपनी कमज़ोरी से ऊपर उठ चुका था।

17

बुराई भगाई– ख़ुशियाँ आई

फाइनल प्रतियोगिता– 1 दिन बाक़ी

पूरा धोलावीरा मानो साँसें थामे कल होने वाले फाइनल मैच का इंतज़ार कर रहा था।

लेकिन आज प्रैक्टिस मैच में खिलाड़ियों का प्रदर्शन देखने के लिए सिर्फ ज़ारा, टोबी, मर्फी, माधव, ट्रिकी जीजी, पिंकी और प्रिज़्म ही नहीं उत्साहित थे-पूरा धोलावीरा मैदान पर उमड़ चुका था। हर कोई अपने पसंदीदा खिलाड़ियों को उनकी कमज़ोरियों पर काबू पाने के बाद खेलते हुए देखना चाहता था।

कुछ ही पलों में, मैच का बिगुल बजा। उसकी तेज़ आवाज़ के साथ ही, सभी खिलाड़ी पूरे जोश के साथ मैदान में उतर आए।

रेफरी मिलानी ने गेंद उछाली, और वह बब्बन के पैर के पास आकर फिर से ऐसे नाचने लगी, मानो बब्बन उसे रिमोट कंट्रोल से चला रहा हो।

बब्बन के जुगाड़ को समझते हुए, सतिया गेंद लेने की पूरी कोशिश कर रहा था।

तभी, पछाई न जाने कैसे बिजली की तरह बीच में आया और पूरी ताक़त लगाकर चिल्लाया-

"दिखावे के लिए नहीं, ये किक टीम की जीत के लिए!"

अगले ही पल, पछाई की ज़ोरदार और सटीक किक लगते ही गेंद सीधी गोल पोस्ट के अंदर चली गई।

गोल होते ही पुत्तन तेज़ी से भागा, ढाल घेरे के अंदर आकर ज़ोरदार आवाज़ में चिल्लाया– "बगड़ धमाका!"

फिर उसने खुशी से हवा में उछलते हुए पुकारा– "पछाई भाई! बगड़ बधाई!"

पूरा मैदान अब सिर्फ एक ही नाम के नारे से गूँज रहा था– "पुत्तन, पुत्तन, पुत्तन!"

अपने नाम के गूँजते नारों को सुनकर पुत्तन को अपने कानों पर विश्वास नहीं हो रहा था। उसकी आँखें भर आईं। उसने भावुक होकर ज़ारा की ओर देखा और बहुत ही अदब से झुककर उसे धन्यवाद दिया।

आज का मैच एक इतिहास रचने का ऐलान कर रहा था।

मैदान में मौजूद हर खिलाड़ी का टीमवर्क इतना बेमिसाल था कि उसे देखकर हर दर्शक दंग था।

जैसे-जैसे गेंद अविश्वसनीय तेज़ी और सटीकता के साथ खिलाड़ियों के बीच घूमती रही, वैसे-वैसे दर्शकों की तालियाँ और उनकी उत्साहित आवाज़ें पूरे मैदान में गूँजती रहीं।

कोई साथी खिलाड़ी को सोच-समझकर सटीक पास दे रहा था, तो कोई गिरते हुए खिलाड़ी को झट से सहारा देकर उठा रहा था।

कहीं गोल होते ही कोई खुशी से बिना देर किए "बगड़ धमाका!" चिल्ला उठता, तो कहीं कोई गेंद के साथ मज़ेदार कलाबाज़ियाँ दिखाकर पूरी टीम का हौसला बढ़ा रहा था।

मैदान के हर कोने से खिलाड़ियों के नाम लगातार गूँज रहे थे।

सभी छः खिलाड़ियों के शानदार प्रदर्शन ने आज हर किसी को खुशी से हैरान कर दिया था। गंगी का ऊँचा मनोबल उसे ऊँची-ऊँची छलाँग लगाकर गोल बचाने की जबरदस्त ताकत दे रहा था।

आज खेल में सच्ची खेल भावना का एक ऐसा अनोखा प्रदर्शन देखने को मिला कि लोग स्कोर गिनना और लिखना तक पूरी तरह भूल गए।

सभी खिलाड़ी प्रेम और भाईचारे के साथ अपनी धोलावीरा टीम के लिए खेल रहे थे, पॉइंट्स बनाने के लिए नहीं।

बस यही तो समझाना चाहती थी– ज़ारा।

तभी गदीने ने अपना भोपूँ उठाया और मैदान के बीच आकर ज़ोर से बोला।

ज़ारा ने तुरंत अपने कानों में भाषा पॉड्स लगाए, ताकि वह उसकी हर बात साफ़-साफ़ सुन और समझ सके।

गदीने छाती तानकर ज़ोर से चिल्लाया, "सुनो-सुनो! आज जैसा खेल, सभ्यता के इस सातवें चरण में किसी ने कभी नहीं देखा था! ऐसा खेल अब इतिहास बन गया है!"

भीड़ ज़ोरदार तालियाँ बजाने लगी।

गदीना ने खुशी से हँसते हुए आगे बढ़कर घोषणा की, "तो इसी ऐतिहासिक जीत की खुशी में, आज शाम फ़ाइनल प्रतियोगिता से ठीक पहले, हम सबने मिलकर एक छोटा-सा मिलन समारोह रखा है! ताकि हम सब आपस में मेल-जोल बढ़ा सकें और अपने मसीहा, ज़ारा से मिल सकें।"

गदीने शरारती अंदाज़ में भोपूँ को अपने मुँह से हटाकर बोला, "और हाँ, सबसे ज़रूरी बात– सभी को खाली पेट आना है! पेट पूजा का पूरा प्रबंध है, वरना प्लेट छूट जाएगी!"

यह सुनते ही बच्चे खिलखिलाकर हँस पड़े, और भीड़ में ठहाकों की गूँज फैल गई।

जाने से पहले, सभी ने अपने दिल पर हाथ रखकर प्रण लिया– कि वे अपने भीतर से घमंड और जलन को दूर करके इस सभ्यता को बचाने की पूरी कोशिश करेंगे।

आज शाम धोलावीरा का सिटाडेल एक बार फिर रोशनी से नहा उठा था।

छः बुरे साथियों के हट जाने के बाद भी, समुद्र से घिरे इस जगह की हवा और पानी भले ही नमकीन रह गए हों,

लेकिन धोलावीरा के लोगों के स्वभाव में घुली मिठास ऐसी थी, जो अब कभी फीकी नहीं पड़ने वाली थी।

आज के समारोह में लोअर सिटाडेल और अपर सिटाडेल के बीच का कोई फ़र्क़ समझ नहीं आ रहा था।

वहाँ मौजूद हर कोई एक-दूसरे के साथ ऐसे घुल-मिल गया था, मानो वे सभी एक ही बड़े, खुशहाल परिवार का हिस्सा हों।

छोटे बच्चे हाथों में रंग-बिरंगी फिरकियाँ लिए खुशी से इधर-उधर दौड़ रहे थे। महिलाएँ ख़ूबसूरत और रंग-बिरंगे वस्त्रों में सजकर मीठे गीत गा रही थीं, और बुज़ुर्ग अपने पुराने अनुभव और कहानियाँ सुनाते हुए प्यार से मुस्कुरा रहे थे।

ढोल-नगाड़ों की थाप पर युवा नृत्य कर रहे थे, जिनके पैरों की थिरकन और तालियों की गूँज मिलकर ऐसा माहौल बना रही थी, जिसमें खुशी लहरों की तरह चारों ओर फैल रही थी।

ज़ारा को सम्मान से मंच पर बुलाया गया।

वहाँ मौजूद हर आँख उसे दिल से धन्यवाद कहते हुए खुशी से चमक रही थी।

ठीक ज़ारा के धोलावीरा में पहुँचने वाले पहले दिन की तरह, आज भी समारोह स्थल के बिल्कुल बीचों-बीच एक ऊँचा, भव्य मंच बना था, जिस पर एक आकर्षक सिंहासन रखा गया था।

और, एक बार फिर, जैसे ही ज़ारा उस भव्य सिंहासन पर बैठी, उसके दाएँ-बाएँ बने यूनिकॉर्न्स अचानक एक तेज़ रोशनी से चमकने लगे।

लेकिन इस बार ज़ारा चौंकी नहीं, और सभी धोलावीरा के लोगों ने अपनी भाषा में ज़ोर से नारा लगाया।

ज़ारा ने एक बार फिर अपने कानों में भाषा पॉड्स लगा लिए, ताकि वह सभी की हर बात साफ़-साफ़ समझ सके।

थोड़ी ही देर में, सभी लोग एक-एक करके ज़ारा के पास आने लगे।

वहाँ मौजूद हर व्यक्ति अपनी आवाज़ में गहरा उत्साह और आँखों में चमकती उम्मीद लिए ज़ारा को बता रहा था कि छ: बुरे साथियों को मन से पूरी तरह निकाल देने के बाद, वे सब अब धोलावीरा सभ्यता को बचाने के लिए पूरी तैयारी कर रहे हैं।

सबसे पहले, महिलाओं के समूह से एक बूढ़ी दादी आगे आईं और स्नेह से बोलीं, "इन छ: बुरे साथियों के निकलते ही, हम सभी महिलाओं की करुणा और प्रेम अपने घर की सीमा को लाँघकर पूरे धोलावीरा में फैल गई। हमने सबके घरों से अनाज और ज़रूरी सामान इकट्ठा करके सामूहिक भंडार तैयार कर लिया है, ताकि हम जब यहाँ से निकलकर किसी नई जगह बसें, तो हमारे पास खाने-पकाने की चीज़ें कम न पड़ें।"

तभी, कुम्हारों का काम करने वाले एक बुज़ुर्ग, बच्चों की एक छोटी टोली को साथ लेकर आगे आए और आदर से बोले,

"मसीहा! मैं कुम्हार हूँ। मैंने धोलावीरा के हर घर से इन बच्चों को साथ लिया और सबके लिए पानी की सुराही तैयार की है। ताकि यहाँ से निकलते समय, हर किसी के पास रास्ते के लिए अपनी-अपनी सुराही हो।"

कुछ युवा लड़के और लड़कियों के समूह ने ज़ारा को बताया, "हमने बाहर निकलने के रास्तों की जाँच शुरू कर दी है। कहाँ ऊँचे टीले हैं, कहाँ पानी भर सकता है– सबका नक्शा बना रहे हैं, ताकि जब हम सभी यहाँ से निकलें, तो हर कोई जानता हो कि सबसे सुरक्षित रास्ता कौन-सा है?"

फिर धोलावीरा के पुरुषों में से एक बालिष्ठ व्यक्ति सामने आया।

उसका ऊँचा कद, चौड़े कंधे और चेहरे पर गंभीर मगर दयालु भाव सबसे अलग दिखाई दे रहे थे।

उसने सिर पर सीपियों और नीले पत्थरों से बनी मुकुट–जैसी पगड़ी पहनी थी।

वह अपना परिचय देते हुए ज़ारा से बोला– मसीहा, मैं धोलावीरा का प्रमुख– कुमारसेन!

आपके बताए अनुसार, जो संकट पानी के रास्ते आएगा, उसे समझने के लिए हम सभी पुरुष समुद्र की तरफ़ निकल पड़े।

हमने देखा कि हवा पूरब दिशा से बह रही है, मतलब यदि तूफ़ान उठा तो वह पूरब से आएगा और यह भी देखा कि समुद्र के जीव-जंतु अपनी सुरक्षा के लिए दक्षिण दिशा की ओर पलायन कर रहे हैं।

इसका मतलब है कि हमें भी अपनी सुरक्षा के लिए धरती के रास्ते दक्षिण दिशा की ओर जाना चाहिए।"

ज़ारा खुशी से बोली, "अरे वाह! फिर तो हमें निकलने का रास्ता मिल गया।"

कुमारसेन ने थोड़ा चिंतित होकर कहा, "मगर इसमें एक समस्या है।

दक्षिण की ओर मोहनजोदड़ो हैं। हमारी सभ्यता के छठे चरण तक उनकी हमसे अच्छी दोस्ती थी, लेकिन सातवें चरण से उन्होंने ना जाने क्यों हमसे दूरी बना ली, इसलिए हमें कोई नया स्थान ढूँढना पड़ेगा।"

"लेकिन ढूँढने के लिए अब हमारे पास ज़्यादा समय भी तो नहीं बचा,"

माधव अपनी उत्सुकता रोक नहीं पाया और तुरंत बोल पड़ा।

ज़ारा कुछ पल के लिए गहरे विचारों में डूब गई। फिर, उसने बोलना शुरू किया, जिसे माधव ने तुरंत उनकी भाषा में बताना शुरू कर दिया-

"आप लोग बिलकुल परेशान मत होइए!

अगर हम सब मिलकर बचाव के रास्ते पर इतनी दूर तक आ गए हैं, तो मुझे पूरा विश्वास है कि आगे भी हमें रहने और बसने के लिए कोई सुरक्षित स्थान ज़रूर मिलेगा।"

ज़ारा की बात ने सभी के अंदर उम्मीद की किरण एक बार फिर जगा दी।

सभी ने ख़ुशी-ख़ुशी खाना खाया, और फिर सब हँसते-गाते अपने-अपने घरों की ओर निकल पड़े।

माधव आज सभी के साथ ट्रिकी जीजी के घर आ गया था।

बाहर चाँदनी खामोश धोलावीरा पर बिखर रही थी, और घर के आगे वाले कमरे में ज़ारा और बाकी सब अपनी-अपनी पसंदीदा जगह पर बड़े आराम से बैठ गए।

ज़ारा झूमते हुए झूले में जाकर बैठ गई। पिंकी ने तुरंत खिड़की के पास वाली चौकी हथिया ली, जहाँ से उसे पूरा समुद्र साफ़ दिखता था।

टोबी आलस से ज़मीन पर पसर गया, जबकि प्रिज़्म ने कोने में रखे मिट्टी के दीपक के पास अपनी जगह बना ली।

माधव ने चारों ओर आराम से देखते हुए मुस्कुराकर कहा, “पता नहीं, ट्रिकी जीजी के घर पर क्या जादू है? दिनभर की भागदौड़ के बाद यहाँ बैठो तो ऐसा लगता है जैसे दुनिया भर की सारी थकान गायब हो गई है।”

“देखो ना,” पिंकी ने खिड़की के बाहर झाँकते हुए कहा, “आज समुद्र कितना शोर कर रहा है, जैसे सभी को कुछ ज़रूरी बात बताना चाह रहा हो।”

"अरे! यह शोर तो साफ़-साफ़ बता रहा है कि कोई बड़ा तूफ़ान आने वाला है," टोबी ने उठकर कहा।

"पर इससे भी ज़रूरी एक बात है!" टोबी ने माधव की ओर इशारा करते हुए सवाल उठाया, "अभी तक किसी ने ज़ारा मैडम को यह तक नहीं बताया कि कल धोलावीरा टीम के साथ फाइनल प्रतियोगिता खेलने के लिए टीम कहाँ से आ रही है?"

"अरे हाँ! इतनी आपा-धापी में ये तो मैं पूछना ही भूल गई!" ज़ारा ने याद आते ही हड़बड़ाते हुए कहा।

फिर माधव ने गहरी साँस लेते हुए कहा, "ज़ारा, वो और कोई नहीं, मोहनजोदड़ो की टीम है।"

"मोहनजोदड़ो?" ज़ारा की आँखें आश्चर्य से फैल गईं।

"ज़ारा मैडम, इसका मतलब कल आप अपने पसंदीदा एक्टर ऋतिक रोशन से मिलने वाली हैं?"

टोबी ने सिर घुमाते हुए ऐसा नाटक किया, जैसे उसे चक्कर आ रहे हों। टोबी की एक्टिंग देखकर सभी खिलखिलाकर हँसने लगे।

पिंकी ने ज़ोर से हँसते हुए कहा, "अरे टोबी जी, आप भी! ऋतिक रोशन तो मोहनजोदड़ो फ़िल्म में थे, असल के मोहनजोदड़ो में नहीं!"

ज़ारा को हँसते देखकर, टोबी एक बार फिर खुशी से गोल-गोल घूमते हुए चिल्लाया, "ज़ारा मैडम हँसी! ज़ारा मैडम हँसी! टोबी को मिले दस क्रेडिट पॉइंट्स!"

माधव ने फिर थोड़ा गंभीर होकर कहा, "लेकिन सच कहूँ तो मोहनजोदड़ो की टीम हमारी सिंधु घाटी सभ्यता की सबसे पुरानी और मज़बूत टीम है। उनके लिए यह खेल सिर्फ़ खेल नहीं, बल्कि एक परंपरा और प्रतिष्ठा है। उनका हर खिलाड़ी बेहद फुर्तीला और अनुशासित है। हमने हर बार उनके ऐसे-ऐसे दाँव देखे हैं, जिन्हें देखकर अच्छे-अच्छे खिलाड़ी चकरा जाते हैं।"

टोबी ने हल्की घबराहट के साथ सिर खुजाते हुए कहा, "मतलब। हम तो गए! मोहनजोदड़ो की टीम से जीतना आसान नहीं होगा।"

ज़ारा ने सभी के चेहरे पर हल्की चिंता देखी, तो फटाफट सबको सँभालते हुए बोली, "अरे, चिंता की कोई बात नहीं!

हमने छः बुरे साथियों को हराया है,

देखना! मोहनजोदड़ो की टीम भी हमारी दोस्ती, भरोसा और सच्चाई की ताक़त के आगे टिक नहीं पाएगी।"

"तो कल का दिन सिर्फ़ एक फ़ाइनल मैच नहीं होगा," प्रिज़्म ने गंभीरता से खड़े होते हुए कहा, "बल्कि यह असली

इम्तहान होगा-कि धोलावीरा सभ्यता ने अपने भीतर से छः बुराइयों को सचमुच हमेशा के लिए निकाला है या नहीं।”

प्रिज़्म ने इतना कहकर बैठक का समापन किया।

चूँकि रात काफी हो चुकी थी, इसीलिए माधव आज ट्रिकी जीजी के घर में ही रुक गया।

और सभी अपनी-अपनी जगहों पर सोने के लिए चल दिए।

बाहर समुद्र की लहरों की तेज आवाज़ें आ रही थीं,

पर घर के भीतर सन्नाटा पसर चुका था,

मानो सभी कल आने वाले तूफ़ान की आहट सुन रहे हों।

18

बगड़ बॉल के झटके– खेल हुआ हटके

फाइनल प्रतियोगिता

धोलावीरा की मिट्टी से आज इतिहास रचने वाले महा-संग्राम की खुशबू हर तरफ फैल रही थी। मैदान में सिर्फ धोलावीरा के लोग ही नहीं, बल्कि मोहनजोदड़ो से भी कई उत्साही दर्शक मैच देखने आए थे।

ऊपर आकाश में काले बादल घुमड़ रहे थे, जैसे किसी भी पल बरस पड़ेंगे। लेकिन मैच देखने आए सभी लोग यही प्रार्थना कर रहे थे कि ये काले बादल सिर्फ मैच को ऊपर से देखें, बरसें नहीं।

धोलावीरा के लोगों ने आज ज़ारा के बैठने की विशेष व्यवस्था की थी– उसे धोलावीरा के प्रमुख कुमारसेन और मोहनजोदड़ो के प्रमुख के साथ बैठाया गया था। ट्रिकी जीजी और माधव अपने दोस्तों के साथ थे, जबकि पिंकी, टोबी, प्रिज़्म और मर्फी ज़ारा के पास बैठे थे।

ज़ारा ने टोबी के दिए भाषा पॉड पहले से ही अपने कानों में लगा लिए थे। तभी मैदान के विशेष दरवाज़े से दोनों प्रमुख मैदान में आए।

उनके आते ही, मैदान में बैठे सभी लोग सम्मान से खड़े हो गए।

प्रमुखों ने हाथ के इशारे से सबको बैठने को कहा और फिर ज़ारा के पास अपनी जगह पर पहुँच गए। ज़ारा ने दोनों का अभिवादन किया। इसके बाद कुमारसेन ने ज़ारा को मोहनजोदड़ो के प्रमुख से मिलवाते हुए कहा– "ज़ारा! ये मोहनजोदड़ो के प्रमुख, सिन्धुपति हैं।"

सिन्धुपति ने मुस्कुराकर कुमारसेन की बात बीच में ही काट दी और ज़ारा से सीधे कहा, "और आप ज़ारा हैं, सही कहा? आपकी बहादुरी और तेज़ दिमाग़ की कहानियाँ तो हमारे मोहनजोदड़ो तक फैली हैं।"

ज़ारा इतने बुज़ुर्ग और एक सभ्यता के प्रमुख से अपनी तारीफ़ सुनकर थोड़ा शर्मा गई।

सिन्धुपति ने बिना रुके आगे कहा, "आप सच में धोलावीरा की मसीहा बनकर आई हैं, ज़ारा। आपने बड़ी समझदारी से आने वाले संकट और इस सभ्यता के संभावित पतन की न केवल पहले से जानकारी दी, बल्कि उससे निबटने का रास्ता भी बताया और सुझाया।"

फिर सिन्धुपति घूमकर कुमारसेन की ओर देखा और बोले, "मित्र कुमारसेन! धोलावीरा के लोगों के व्यवहार में आए इस बदलाव ने मेरा दिल जीत लिया है। इसलिए, यह खेल चाहे कोई भी टीम जीते, मैच समाप्त होने पर मैं एक ऐसी बड़ी घोषणा करने वाला हूँ, जो धोलावीरा सभ्यता के भविष्य को बदल देगी।"

कुमारसेन का चेहरा, सिन्धुपति के मुँह से "मित्र" शब्द सुनकर खिल उठा, और उसकी आँखें ज़ारा को धन्यवाद देने के लिए झुक गईं।

पूरा मैदान खचाखच भर चुका था। हर तरफ़ ढोल-नगाड़ों, तालियों और नारों का शोर गूँज रहा था।

जैसे ही धोलावीरा के छः खिलाड़ी मैदान में आए, सभी धोलावीरा वालों की आवाज़ एक साथ गूँजी– "धो-ला-वी-रा !! धो-ला-वी-रा !! धो-ला-वी-रा !!"

लेकिन नारों के बदलते देर नहीं लगी। जैसे ही मोहनजोदड़ो की टीम ने मैदान में प्रवेश किया, एक बार फिर आवाज़ गूँजी-

"मो-ह-न-जो-द-ड़ो !! मो-ह-न-जो-द-ड़ो !! मो-ह-न-जो-द-ड़ो !!"

दोनों तरफ़ की टीमें आमने-सामने खड़ी थीं।

एक तरफ़ उत्साह से भरी धोलावीरा की टीम थी, जिसके खिलाड़ी अपनी पुरानी कमजोरियों से मुक्त होकर आत्मविश्वास से चमक रहे थे। दूसरी तरफ़ ताक़तवर और अनुशासित मोहनजोदड़ो की टीम थी, जिसके खिलाड़ी अपनी प्रतिष्ठा बचाने के लिए हर हाल में जीतना चाहते थे।

गदीने एक बार फिर अपना चिर-परिचित झबला पहने, ऊँची मेज़ पर चढ़ा और मुँह के सामने भोपूँ लगाकर कमेंट्री करने के लिए पूरी तरह तैयार था। बिगुल बजते ही उसने बोलना शुरू किया– "मेरे प्यारे भाइयों और बहनों, आज है शनिवार, और सभी करिऐ– गदीने का नमस्कार, स्वीकार! आप देख सकते हैं मैदान के बाईं तरफ़– हमारे धोलावीरा के होनहार, और दूसरी तरफ़– मोहनजोदड़ो के शूरवीर, जिन्होंने कभी नहीं चखी हैं हार।"

दोनों तरफ़ के खिलाड़ियों ने अपने-अपने सभ्यता गान के बाद एक-दूसरे से हाथ मिलाया। फिर रेफरी मिलानी बगड़ गेंद लेकर दौड़ते हुए बगड़ घेरे के बीचोंबीच खड़ा हो गया। सिंधुपति और कुमारसेन के झंडे लहराते ही, मिलानी ने गेंद हवा में जैसे ही उछाली, गदीने की कमेंटरी फिर से शुरू हो गई– "प्यारे दोस्तों! और ये-रेफरी मिलानी ने गेंद उछाली, जिसे बिना देर किए मोहनजोदड़ो के मंगरू ने लिया लपक,

देखिए, बड़ी फुर्ती के साथ मंगरू, अकेले ही गोल की तरफ़ भागे जा रहे हैं!"

अरे! अरे! ये क्या हुआ!

बब्बन ने लगाई जुगाड़ और गेंद कर दी पार और बिना एक पल की देरी के तिरलौकी को दिया– पास!

पर अपने कप्तान तिरलौकी ने भी तुरंत ही गेंद दी पछाई को,

फिर!! पछाई ने ज़ोर से चिल्लाते हुए–'दिखावे के लिए नहीं, ये किक टीम की जीत के लिए !'

मारी ज़ोरदार किक, और ये गई गेंद सीधे गोल पोस्ट के अंदर!

देखिए तो कैसे, दौड़ते हुए हम सब के अपने अनोखे आए ढाल घेरे में और चिल्लाए– 'बगड़ धमाका!'

और ये मिला– धोलावीरा को पहला पॉइंट, जिसे रेफरी मिलानी ने तुरंत नोट किया।

तभी, अनोखे के पास से गेंद लेने के लिए आ गए मोहनजोदड़ो के बैजू।

लेकिन उन्होंने अनोखे से कुछ कहा, और देखिए-अनोखे, लाल-पीले हो गए!

अरे, ये तो चमत्कार हो गया!

अनोखे अपनी तेज दौड़ के साथ गेंद पैरों से चिपकाए आगे बढ़ते हुए चिल्लाए– 'दस का दम !'

और गेंद एक बार फिर गई उछल !

साथियों, बिना पलके झपकाएँ, देखिए क्यूँकि ये गई गेंद सीधे गोल पोस्ट के अंदर!

जहाँ ढाल घेरे के पास खड़े सतिया चिल्ला उठे– 'बगड़ धमाका!'"

रेफरी मिलानी ने धोलावीरा को दूसरा पॉइंट दे दिया!

और देखिए, मोहनजोदड़ो के बैजू को दिखाया गया लाल फीता।

इस वजह से, धोलावीरा को मिल गई है फ्री किक– तो भाइयों और बहनों, क्या आपको भी दिख रही है तिरलौकी के मन में फ्री किक मारने की लालसा?

लेकिन देखिए-उन्होंने बड़ी तेज़ी से दोहराया– क्यायायाया? क्यायायाया? और आप लोगों को भी सुनाई दिया, है ना?"

और गदीने के ऐसा बोलते ही, धोलावीरा के लोगों की आवाज़ पूरे मैदान में गूँज उठी– टीम के लिए खेलना है

और जैसे ही गूँज हल्की हुई, गदीने की कमेंटरी फिर से सुनाई दी– "हाँ मेरे साथियों! इसीलिए तो तिरलौकी ने गेंद उछाल दी बब्बन की ओर। और अब सभी अपनी साँसे थाम लें।

देखने के लिए कि बब्बन मारेंगे ज़ोरदार किक, या दिखाएँगे गेंद को दुलार!”

गदीने की चुप्पी के साथ, पूरे मैदान में सुई पटक सन्नाटा छा गया। और फिर, बब्बन की आवाज़ सबको साफ़ सुनाई दी–

जैसे खेल मैदान सबका है, वैसे गेंद भी सबकी है!

लेकिन अगले ही पल, सब मायूस हो गए, क्योंकि बब्बन की ज़ोरदार किक से गेंद मैदान के बाहर चली गई।

बब्बन सिर पर हाथ रख, हताश होकर बैठ गया।

लेकिन उसकी टीम के बाकी पाँच साथी खिलाड़ी दौड़ते हुए आए, उसे गोद में उठाया, और पुत्तन के साथ-साथ चिल्लाए -

“बब्बन भाई, बगड़ बधाई! आपने लगाव की कमज़ोरी दूर भगाई!”

धोलावीरा के खिलाड़ियों की इस साथ निभाने की भावना देख, मोहनजोदड़ो के खिलाड़ी एक-दूसरे को आश्चर्य और हैरानी के साथ देख रहे थे। तभी खेल का पहला भाग ख़त्म होने का बिगुल बजा। रेफरी मिलानी ने गेंद मैदान के बाहर जाने के कारण, धोलावीरा की टीम से एक पॉइंट काट लिया।

और इस तरह स्कोर है– धोलावीरा: एक पॉइंट, मोहनजोदड़ो: जीरो पॉइंट।

ब्रेक में, सिन्धुपति और कुमारसेन ने खासतौर पर ज़ारा, पिंकी, प्रिज़्म और टोबी के लिए ताज़ा फलों का रस और केले के चिप्स मंगवाए।

तभी, सिन्धुपति ने एक और थाल मँगवाया, जिस पर चॉकलेट एनर्जी बार जैसी दिखने वाली कुछ अनोखी चीज़ें रखी थीं।

कुमारसेन ज़ारा की ओर थाल बढ़ाते हुए बोले, "ये लीजिए, इन चीज़ों को चखिए। ये हमारे मोहनजोदड़ो के सबसे स्वादिष्ट और ताक़त से भरे पकवान हैं। इन्हें खाने से आगे का रोमांचक खेल देखने की पूरी ताक़त बनी रहेगी!"

और दूसरे भाग के शुरू होने में सिर्फ दस सेकंड ही बाकी थे कि मर्फी, जो ट्रिकी जीजी और माधव के पास घूम-घामकर पेट पूजा कर चुका था, वापस ज़ारा के पैर के पास आकर आराम से लेट गया।

दूसरा भाग शुरू होने का बिगुल बज चुका था। दोनों टीमों के छः खिलाड़ी पूरी ताक़त के साथ वापस मैदान में उतर चुके थे। रेफरी मिलानी एक बार फिर बगड़ घेरे के बीचोंबीच खड़ा था।

पलक झपकते ही उसने गेंद हवा में उछाल दी, और तुरंत ही गदीने की कमेंटरी शुरू हो गई– "दूसरे भाग की शुरुआत हुई ज़ोरदार।"

रेफरी मिलानी के गेंद उछालते ही, मोहनजोदड़ो के कप्तान-मुंजा ने तुरंत गेंद लपक ली,

ओह! देवियों और सज्जनों, लगता है, मोहनजोदड़ो की टीम इतनी आसानी से हार मानने वाली नहीं है!

मुंजा गेंद पर क़ब्ज़ा जमाए, धोलावीरा के हर खिलाड़ी को छकाते हुए तेज़ी से आगे दौड़ रहे हैं, और देखिए! देखिए! मुंजा पहुँच गए बगड़ घेरे में! और उन्होंने पूरी ताक़त से गेंद दी उछाल!

लेकिन गेंद पकड़ने के लिए गंगी ने भी लगाई बेहद ऊँची छलाँग । अरे!। अरे-रे! यह क्या हुआ? गेंद तो उनके हाथ से सिर्फ़ दो इंच ऊपर से निकली और सीधे चली गई गोल पोस्ट के अंदर! और ये– गोल!"

गदीने के गोल चिल्लाते ही मंगरू ने तेज़ी से दौड़ लगाई और ढाल घेरे के पास पहुँचकर ज़ोर से चिल्लाया– "बगड़ धमाका, हमारे कप्तान मुंजा का गोल कोई नहीं बचा पाता।"

मोहनजोदड़ो के दर्शक अपनी टीम का पहला गोल देख कर नाचने-कूदने लगे। पूरे मैदान में "मुंजा, मुंजा, मुंजा," गूँज रहा था, जिसे और तेज़ी से बोलने के लिए मुंजा हाथ का इशारा कर रहा था।

पहले बब्बन और अब गंगी की चूक से धोलावीरा की टीम का मनोबल गिरता जा रहा था।

लेकिन तिरलौकी ने एक अच्छे कप्तान की भूमिका निभाते हुए सभी खिलाड़ियों का उत्साह बढ़ाया और ज़ारा की ओर इशारा किया। ज़ारा को देख सभी के चेहरे खिल उठे, और सब वापस पूरी ताक़त के साथ मैदान में उतर आए।

गदीने ने एक बार फिर अपना भोपूँ उठाकर बोलना शुरू किया– "अरे भाई वाह! ये किया मोहनजोदड़ो ने– अपना पलटवार!

लगता है, अब ये नहीं मानने वाले हार!

लेकिन ये क्या! गेंद इस बार लपक ली है अपने सतिया भाई ने,

और ये देखिए कैसे? सतिया भाई आगे-आगे, और मोहनजोदड़ो टीम के खिलाड़ी उनके पीछे-पीछे।

सतिया भाई ने सभी को क्या छकाया, अरे अरे! लेकिन ये बैजू कैसे बीच में आया?

अपने सतिया भाई ने बिना समय गवाए दोहराया– 'गोल मारने वाला ही हीरो नहीं, पास देने वाला भी उतना ही हीरो होता है!'

और पास दिया तिरलौकी को।

पास देते ही बैजू ऐसे सतिया के चरणों क्यों गिर गया?

लेकिन तिरलौकी बिना ध्यान भटकाए गेंद लेकर दौड़ा बगड़ घेरे की ओर और वहाँ से गेंद दी उछाल और ये मारा– गोल!"

गदीने के गोल बोलते ही। मैदान में अचानक सन्नाटा छा गया!

हर किसी की आँखें पुत्तन पर जम गईं। और पुत्तन, जो पहले से ही इसी पल के इंतज़ार में ढाल घेरे के पास तैयार खड़ा था, ज़ोर से चिल्लाया– "बगड़ धमाका! तिरलौकी भाई! बगड़ बधाई !"

धोलावीरा के दर्शक पूरे मैदान में "तिरलौकी! तिरलौकी! तिरलौकी!" के नारे लगाने लगे, जिसे तिरलौकी ने हाथ का इशारा कर शांत करवाया।

एक बार फिर गदीने ने खेल का हाल सुनाना शुरू किया– "पर ये क्या दोस्तों!

रेफरी मिलानी भागे बैजू को उठाने, और उसकी एक्टिंग के आगे उनकी आँखें भी धोखा खाई -उन्हें लगा सतिया ने उसे धक्का दिया है भाई।

पर अपने रेफरी मिलानी सबका मन रखते हैं खूब!

इसलिए धोलावीरा को दिया एक पॉइंट, और मोहनजोदड़ो को मिली फ्री किक की छूट।

और स्कोर हुआ– धोलावीरा: दो पॉइंट, मोहनजोदड़ो: एक पॉइंट।"

गदीने ने अपना भोपूँ नीचे रख दिया। पूरे मैदान में सन्नाटा छा गया।

खेल के अंतिम पाँच मिनट ही बचे थे, और यह फ्री किक सिर्फ एक मौका नहीं थी, बल्कि धोलावीरा को जीत या मोहनजोदड़ो को बराबरी पर लाने का आख़िरी दरवाज़ा थी।

गदीने ने अपना भोपूँ एक बार फिर उठा लिया और बोलना शुरू किया– "गेंद को अपने पैरों पर नचा रहे हैं कुल्का, और फ्री किक के लिए गेंद इनके पास है क्योंकि इनका टाइटल है बगड़ मारक उल्का। इनकी आँखें बाज़ की तरह पैनी, और चेहरे पर वही पुराना आत्मविश्वास, जो हर खिलाड़ी का उड़ा देता है– होश।

गेंद को जमीन पर पैरों से उन्होंने धीरे से जमाया, थोड़ा पीछे हटे, और अब, ये मारी एक ज़ोरदार किक!"

गदीने के बोलते-बोलते अचानक रुक जाने पर, ऐसा लगा जैसे पूरे मैदान की साँसें सचमुच थम गई हों।

गेंद हवा में उड़ी।

यह तीव्र गति का एक घुमावदार शॉट था, जो सीधे गोलपोस्ट की ओर बढ़ रहा था। गंगी एक बार फिर पूरी जान लगाकर हवा में कूदा, पर ये क्या?

वह कलाबाज़ी खाते हुए धड़ाम से नीचे गिरा, और गेंद उसके हाथों से फिसलकर सीधे गोलपोस्ट के अंदर चली गई!

मोहनजोदड़ो टीम के सभी खिलाड़ी बेतरतीब उछलते हुए पूरे मैदान में इधर-उधर दौड़ने लगे। ऐसा लगा जैसे पूरा मोहनजोदड़ो शहर ही मैदान पर टूट पड़ेगा। और ठीक उसी समय, खेल के दूसरे भाग के ख़त्म होने का बिगुल भी ज़ोर से बज उठा।

गंगी ज़मीन पर ऐसे बिखर गया, जैसे अब वह किसी को अपना चेहरा नहीं दिखाना चाहता हो।

उसकी टीम के सारे खिलाड़ी दौड़कर आए, उसे उठाया, गले लगाया और उसका हौसला बढ़ाने लगे।

गदीने ने रेफरी मिलानी का इशारा पाकर जल्दी से अपना भोपूँ उठाया और बोला, "आप सभी बैठ जाइए! बैठ जाइए! खेल में दोनों टीमों के पॉइंट दो-दो हैं, इसलिए खेल बराबरी पर है।

खेल अभी ख़त्म नहीं हुआ है– अब हमारे प्रमुख फ़ैसला करेंगे कि जीत कैसे तय की जाए।"

सिंधुपति और कुमारसेन किसी गंभीर बात में उलझे सभी को दिखाई दे रहे थे।

उन्होंने आपस में बातचीत की, फिर ज़ारा से कुछ सलाह ली।

उसके बाद उन्होंने टोबी को बताया, जो जल्दी से दौड़ता हुआ गदीने के पास पहुँचा, और गदीने ने बोलना शुरू किया-

"हमारे दोनों प्रमुखों ने, ज़ारा जी के साथ विचार-विमर्श करने के बाद, यह निर्णय लिया है कि दोनों टीमों को गोल करने के लिए एक-एक फ्री किक दी जाएगी, तो चलिए देखते हैं– इस बार मारने वाला जीतता है या बचाने वाला!"

पूरा मैदान एक बार फिर दोनों टीमों का हौसला बढ़ाते हुए नारों से गूँज उठा।

रेफरी मिलानी ने सिंधु घाटी सभ्यता की मोहर उछाली– टॉस धोलावीरा ने जीता। और इस तरह पहली फ्री किक मारने की बारी धोलावीरा को मिली। हर तरफ़ नगाड़ों के बीच तिरलौकी के नाम की आवाज़ गूँज रही थी।

लेकिन यह देखकर सबका मुँह खुला का खुला रह गया जब तिरलौकी ने अपनी फ्री किक सतिया को दे दी!

वह सतिया के कान में फुसफुसाया, "आज तुम्हें गोल करके हीरो बनना है, सतिया– अपनी टीम को जिताने के लिए!"

सतिया तिरलौकी के गले लगा। फिर गेंद को पूरे आदर से ज़मीन पर रखते हुए, अपनी पूरी ताकत से एक ज़ोरदार किक मारी।

गदीने ने तुरंत भोपूँ उठाया और चिल्लाया– "सत्तिया ने गेंद तेज़ी से उछाल दी है– हवा में!

पर इस बार, गेंद ने मोहनजोदड़ो के बगड़ ढाल को ज़बरदस्त चकमा दिया!

ओह! बगड़ ढाल धोखा खाकर बाईं ओर झुका।

और गेंद– अचानक दाईं ओर मुड़ते हुए– सीधे गोल पोस्ट के अंदर जा पहुँची! और! और! ये हुआ– गोल।"

ज़ारा, सतिया की बेहतरीन किक देखकर अपनी जगह से उठी और तालियाँ बजाने लगी।

सतिया ने उसे देखकर आदर से सिर झुकाया। अब बारी थी मोहनजोदड़ो की।

कप्तान मुंजा ने गेंद अपने पैरों के पास जमाकर रखी। भीड़ एकदम खामोश हो गई थी, क्योंकि यह गोल पूरे मैच का फ़ैसला करने वाला था।

कप्तान मुंजा ने चमकती आँखों से पूरे मैदान को इस अंदाज़ में देखा, जैसे उसकी आँखें सबसे कहना चाह रही हों-

"यह जीत इस बार भी हमारी ही होगी!"

उसने तेज़ दौड़ लगाई, ज़ोरदार किक मारी, और गेंद सीटी बजाती हुई हवा में गोलपोस्ट की ओर उछल गई।

लेकिन इस बार सभी को धोलावीरा का बगड़ ढाल- गंगी नहीं, बल्कि एक ऊँचे मनोबल की मज़बूत दीवार सामने खड़ी दिख रही थी, जिसे सचमुच कोई भी गेंद पार नहीं कर सकती थी।

गंगी बिजली जैसी फुर्ती के साथ झपटा और अगले ही पल गेंद उसके हाथ में थी।

गदीने की तेज आवाज़ ऐसे निकली, जैसे वह भोपूँ फाड़कर चिल्ला रहा हो-

"ये बचा लिया। गंगी ने गोल! और इसके साथ ही। धोलावीरा। विजेता है।"

पूरा मैदान ख़ुशी से गूँज उठा– "गंगी! गंगी! गंगी।"

ज़ारा अपनी जगह पर खुशी के मारे उछलने लगी और उसने पिंकी को गले लगा लिया। सारा मैदान जैसे खुशी से झूम उठा। दोनों प्रमुख भी अपनी जगह से उठकर धोलावीरा की टीम के लिए तालियाँ बजा रहे थे।

धोलावीरा के हर खिलाड़ी की आँखों से आँसू छलक रहे थे, क्योंकि इतनी बड़ी ऐतिहासिक जीत उन्हें इस चरण में पहली बार मिली थी।

शायद जीत का जुनून मोहनजोदड़ो की टीम को सिर्फ़ खेल के मैदान तक ही था, और वे सिर्फ़ खेल तक ही विरोधी थे।

क्यूँकि खेल ख़त्म होते ही, मोहनजोदड़ो टीम के खिलाड़ी दौड़कर धोलावीरा की टीम के खिलाड़ियों को इस तरह गले लगा रहे थे, जैसे वे सब उनके अपने सगे भाई हों और जैसे जीत असल में उन्हीं की हुई हो!

तभी एक बार फिर गदीने की आवाज़ सुनाई दी– "अरे वाह, देवियों और सज्जनों! अच्छा है, अभी तक आप अपनी जगह से हिले भी नहीं। और मेरी मानिए, तो हिलिएगा भी नहीं, क्योंकि अभी हैं खिलाड़ियों को पुरस्कार देने की बारी।

फिर मोहनजोदड़ो के प्रमुख– सिन्धुपति, करेंगे कोई घोषणा भारी!!

अब गदीने के भोपूँ को मिलेगा विश्राम, क्योंकि आगे करना है ढेर सारा काम!"

19

उफनता समंदर– अकेला सफ़र

सूरज की ढलती रोशनी और लोगों के खुशी से दमकते चेहरों से मैदान का सजा हुआ मंच झिलमिला उठा था।

पूरा मैदान उत्सव के उल्लास में डूबा हुआ था।

ढोल-नगाड़ों की थाप लगातार गूँज रही थी, सब लोग झूम-झूमकर नाच रहे थे, और खिलाड़ियों के सम्मान में बजती तालियों से पूरा वातावरण जीवंत हो उठा था। माधव जैसे ही मंच संचालन के लिए आगे बढ़ा, ज़ारा ने जल्दी से अपने कानों में भाषा पॉड्स लगा लिए।

नगाड़ों की गूँज के बीच माधव की गहरी आवाज़ चारों ओर फैल गई-"मेरे प्यारे मोहनजोदड़ो और धोलावीरा के साथियो,

अब वो घड़ी आ गई है जिसका सबको बेसब्री से इंतज़ार था– वो पल, जब हम दोनों टीमों के खिलाड़ियों को सम्मान

देंगे, और विजेता टीम– धोलावीरा, को भेंट की जाएगी आठ धातुओं से बनी ऐतिहासिक बगड़ बॉल!

एक समय था, जब इस सातवें चरण में मोहनजोदड़ो का इस बगड़ बॉल पर अधिकार बना हुआ था, क्योंकि धोलावीरा लगातार हारता चला आ रहा था। लेकिन आज, अपनी मेहनत और समझदारी के बल पर हमारे धोलावीरा की टीम ने न सिर्फ़ खेल जीता है, बल्कि इतिहास रच दिया है!"

एक बार फिर पूरा मैदान तालियों की गूँज से भर उठा। हर कोई जानता था कि यह मैच सिर्फ़ एक खेल नहीं था– बल्कि सभ्यता की आत्मा का इम्तिहान था।

तालियों के बीच माधव की तेज़ आवाज़ गूँजी, "तालियाँ बजती रहनी चाहिए, क्योंकि मंच पर सबसे पहले आ रहे हैं–

मोहनजोदड़ो के शूरवीर!"

मोहनजोदड़ो के सभी छ: खिलाड़ी, अपने बगड़ ढाल के साथ, मंच पर आ चुके थे।

धोलावीरा के प्रमुख कुमारसेन ने आगे बढ़कर सभी मोहनजोदड़ो के खिलाड़ियों को गले लगाया। उन्होंने उनके गले में फूलों की मालाएँ पहनाईं और स्नेह से मुस्कुराए।

फिर उन्होंने कप्तान मुंजा को स्मृति-चिह्न के रूप में टेराकोटा से बनी एक मूर्ति भेंट की– जिसमें मानव शरीर पर यूनिकॉर्न का सिर था और हाथों में तराजू थामी हुई थी।

माधव ने संचालन करते हुए आगे कहा, "कप्तान मुंजा, आपके हाथ में जो यह मूर्ति है– यह धोलावीरा की आस्था का प्रतीक है। कहा जाता है कि जब भी इस सभ्यता पर कोई संकट आएगा, तो उसे बचाने वाला मसीहा यूनिकॉर्न्स के साथ प्रकट होगा और सब कुछ फिर से संतुलित कर देगा।

और हमारे बीच बैठी– ज़ारा, इसका जीता-जागता उदाहरण है। अब मैं कप्तान मुंजा से अनुरोध करता हूँ कि वे भी कुछ कहें।"

मुंजा ख़ुशी-ख़ुशी आगे आया और तेज़ी से चिल्लाया, "धोलावीरा– मोहनजोदड़ो ज़िंदाबाद! ज़िंदाबाद!

मैं सभी से सबसे पहले यह बताना चाहता हूँ कि मुझे आज तक इस खेल में इतना मज़ा नहीं आया जितना आज आया।

धोलावीरा के खिलाड़ियों का खेल कमाल का था, और उनके खेलने के तरीकों में दोस्ती, प्रेम और भाईचारा साफ़ झलक रहा था। इसलिए, जीती भले धोलावीरा की टीम हो, पर प्रतिष्ठा दोनों सभ्यताओं की ऊँची हुई है।"

मुंजा के ये कहने के साथ ही,सभी लोग फिर से बुलंद आवाज़ में नारे लगाने लगे-"धोलावीरा– मोहनजोदड़ो ज़िंदाबाद! ज़िंदाबाद!"

एक बार फिर, माधव जल्दी से मंच पर आया और इस बार की विजेता टीम धोलावीरा को मंच पर बुलाया।

मोहनजोदड़ो के प्रमुख, सिन्धुपति आगे आए और एक-एक करके सभी खिलाड़ियों– तिरलौकी, पुत्तन, सतिया, पछाई, गंगी, अनोखे और बब्बन, को गले लगाया। फिर उन्होंने सबके गले में फूलों की माला पहनाई।

माधव ने एक बार फिर बोलना शुरू किया, "इसके पहले कि यह चमचमाती आठ धातुओं से बनी बगड़ बॉल धोलावीरा के खिलाड़ियों को सीने से लगाने के लिए दी जाए, हमारे दोनों सभ्यताओं के प्रमुखों ने मिलकर फ़ैसला किया है कि आज यहाँ दो विशेष सम्मान भी दिए जाएँगे।

सबसे पहले, तिरलौकी को उनकी अच्छी कप्तानी के लिए बगड़ बाज कप्तान का टाइटल दिया जाएगा, क्योंकि उन्होंने जिस बेहतरीन तरीक़े से अपनी टीम के हर खिलाड़ी को मौका दिया और उनका पूरा साथ दिया, हम सभी ने उसे अभी कुछ देर पहले देखा। और गंगी– बगड़ ढाल को, अपनी टीम को अंतिम पलों में जीत दिलाने के लिए टाइटल, बगड़ सितारा ढाल!"

तिरलौकी और गंगी की आँखों में ख़ुशी के आँसू थे, जो सभी देख पा रहे थे। उन्होंने बड़ी विनम्रता से सिन्धुपति के हाथों से टाइटल का विशेष प्रतीक चिह्न लिया।

माधव के कहने पर तिरलौकी दो शब्द बोलने के लिए आगे आया। प्रतीक चिह्न को ऊपर उठाते हुए उसने कहा, "ये टीम के लिए!

हाँ, यही तो सिखाया हमारी ज़ारा ने, और आज ज़ारा के सुझाव और सहायता से हम सब यहाँ तक पहुँचे हैं।"

फिर, जैसे ही सिन्धुपति ने ऐतिहासिक आठ धातुओं से बनी चमचमाती बगड़ बॉल तिरलौकी के हाथों में दी,उसने इसे उठाते हुए ज़ारा की ओर इशारा किया और कहा– "ये आपके लिए, मसीहा!"

तिरलौकी की यह बात सुनकर ज़ारा के गाल शर्म से लाल हो गए। माधव के आग्रह पर मोहनजोदड़ो के प्रमुख– सिन्धुपति आगे आए और बोले–"आज धोलावीरा के वीरों ने केवल एक खेल नहीं जीता, बल्कि पूरी मानवता के मन पर छाए छः बुरे साथियों को भी परास्त किया है। लालसा, गुस्सा, लगाव, जलन, लालच और घमंड– ये वो छाया हैं जिनसे हर सभ्यता बार-बार कमज़ोर हुई है।"

उनकी आवाज़ गंभीर हो गई और उन्होंने आगे कहा- "आज मैं आप सभी के साथ एक बात साझा करना चाहता हूँ– इन्हीं बुरे साथियों से दूरी बनाने के लिए हम, मोहनजोदड़ो के लोग, सातवें चरण में धोलावीरा से दूर रहे। हमें डर था कि कहीं इन बुरे साथियों की छाया हमारे जीवन में भी न आ जाए और हमारी सभ्यता भी संकर में न घिर जाए। लेकिन आज आप सभी ने, ज़ारा की मदद से यह सिद्ध कर दिया है कि जब मन से यह अंधेरा मिटता है, तो सभ्यता उजाले की ओर बढ़ती है। मैं ज़ारा जी को धन्यवाद देना चाहता हूँ कि उन्होंने

हम सभी को यह सिखाया कि हमारी सभ्यता के नाम भले अलग-अलग हों, लेकिन हम सब एक विशाल कुटुंब हैं।"

फिर उन्होंने अपनी बाहें फैलाईं और कहा– "इसलिए, मैं, सिन्धुपति, पूरे मोहनजोदड़ो की ओर से धोलावीरा के सभी लोगों को आमंत्रित करता हूँ। आइए! हमारे नगर में रहिए और हमारे साथ एक हो जाइए। अब हमें डर नहीं, बल्कि गर्व है कि धोलावीरा के लोगों को मिली ज्ञान की रोशनी से हमारा नगर भी चमकेगा।"

फिर, धोलावीरा के प्रमुख– कुमारसेन आगे आए और बोले, "इस आमंत्रण के लिए हम सभी धोलावीरा वासी आपके सदैव आभारी रहेंगे।"

पूरा मैदान तालियों और जयघोष से गूँज उठा।

"मोहनजोदड़ो और धोलावीरा– हमेशा रहेंगे भाई-भाई!!" कुमारसेन दौड़कर सिन्धुपति के गले लग गए।

और तभी, आकाश में ज़ोरदार बिजली कड़की!

बारिश की एक बूँद ज़ारा के हथेली पर टप से गिरी,

"कहीं ये आने वाले तूफ़ान की घोषणा तो नहीं।"

ज़ारा ने अपने मन में सोचा और तुरंत बहादुरी के साथ मंच पर आई, जैसे– समय आ चुका हो,

माधव को समझने में देर न लगी कि वह सभी से कुछ कहना चाहती हैं। इसलिए वह उसकी बात सभी को समझाने

उसके साथ आगे आया। ज़ारा की मीठी-सी गंभीर आवाज़ पूरे मैदान में गूँज उठी, "मेरे प्यारे साथियों, आप सब लोग धीरे-धीरे मैदान से बाहर निकलिए। पहले बच्चों और महिलाओं को जाने दीजिए, उसके बाद ही पुरुष निकलें। तूफ़ान का संकट आने वाला है, पर आप घबराइए नहीं! आपके शूरवीर प्रमुख आपके साथ हैं। मोहनजोदड़ो से आए सभी लोग आगे निकलेंगे, और धोलावीरा वासी, आप सभी फटाफट अपना सामान बांधकर जल्दी से धोलावीरा खाली करें, क्योंकि समुद्र की लहरें किसी भी समय इस जगह को डुबा सकती हैं।पर याद रखिएगा– कोई हड़बड़ी नहीं!! सभी अपना संतुलन बनाए रखें और आगे बढ़ें। मोहनजोदड़ो आपकी प्रतीक्षा कर रहा है।"

फिर से मैदान में नारा गूंजा– 'हमारे मसीहा, ज़ारा की जय हो!'

और मैदान व्यवस्थित तरीके से खाली होने लगा। ज़ारा भी टोबी, मर्फी, माधव, पिंकी और प्रिज़्म के साथ ट्रिकी जीजी के घर जल्दी ही लौट आई। धुआँधार होती बारिश रुकने का नाम नहीं ले रही थी। एक बार फिर, ऐसा लग रहा था कि 'धोलावीरा में बरस कर यह बारिश सबको अपना महत्व बताना चाह रही हो।'

माधव और पिंकी, ट्रिकी जीजी के साथ मिलकर उनका बचा हुआ सामान बाँधने में मदद कर रहे थे। ज़ारा, निकलने

से पहले, सबके लिए गरमा-गरम हर्बल टी बना रही थी, और मर्फी उसके पास बैठा था।

टोबी और प्रिज़्म जाने से पहले कुछ गहन चर्चा में डूबे हुए थे। समुद्र का तेज़ गर्जन ट्रिकी जीजी के घर तक साफ़ सुनाई दे रहा था, और उसे सुनकर ऐसा लग रहा था कि मानो समुद्र सबको यहाँ से दूर चले जाने की चेतावनी दे रहा हो, इन सबके बीच, सभी लोग ज़ारा के हाथ की गरमा-गरम हर्बल टी पीने के लिए, आगे वाले कमरे में आकर आराम से बैठ गए।

माधव हाथ में हर्बल टी लेकर बोला, "ज़ारा, तुम ना होती तो अभी हम एक बड़ी तबाही के शिकार हो चुके होते।"

ज़ारा, ट्रिकी जीजी और प्रिज़्म को हर्बल टी देते हुए बोली, "अरे, ऐसी बात नहीं है। यह सब आप लोगों के प्यार और भरोसे का नतीजा है।"

माधव एक बार फिर बोला, "ट्रिकी जीजी, आप मेरे साथ सीधे मेरे घर चलिए। फिर वहाँ से दादा-दादी को लेकर हम सभी मोहनजोदड़ो के लिए निकलेंगे।"

फिर उसने ज़ारा से कहा, "ज़ारा, तुम हमारे साथ चल रही हो ना?"

ज़ारा इस सीधे सवाल पर बस मुस्कुरा दी। तभी, पिंकी उछलकर ज़ारा के पास आई और उसके गले में झूलते हुए बोली,

"वैसे ज़ारा, तुम चाहो तो हमारे साथ यूनिकॉर्न वैली भी चल सकती हो, क्योंकि प्रिज़्म की मल्टीवर्स ट्रैवल टाइम मशीन में दो लोग आराम से सफ़र कर सकते हैं।"

"बिल्कुल, ज़ारा! बल्कि यही सही रहेगा!"

प्रिज़्म ने ट्रिकी जीजी का सामान बाहर रखने में माधव की मदद करते हुए कहा।

ज़ारा ने पिंकी और प्रिज़्म को कोई जवाब नहीं दिया और हँसकर उनकी बात भी टाल दी।

टोबी और मर्फी ज़ारा को बहुत प्यार भारी नज़रों से देख रहे थे।

ज़ारा से जैसे ही उनकी नज़रें मिलीं, वे दोनों भागकर आए और ज़ारा से चिपक गए।

ज़ारा ने दोनों को दुलार से गले लगाते हुए कहा, "अरे, तुम दोनों तो हमारे IT फर्म के परिवार का हिस्सा हो! चिंता मत करो, हम मिलते रहेंगे!"

उधर, सभी लोग बाँस की छतरी लिए, ट्रिकी जीजी के घर के बाहर आ चुके थे। सबकी आँखों से आँसू टपक रहे थे, और वे आँसू बारिश की बूँदों के साथ एक अजीब तालमेल बिठा रहे थे। ज़ारा अपनी चित-परिचित मुस्कान लिए हर किसी को लगातार हिम्मत दे रही थी। सबसे पहले, ज़ारा, ट्रिकी जीजी, माधव, टोबी और मर्फी ने भावुक होकर पिंकी और प्रिज़्म को अलविदा कहा।

वे दोनों बिना देर किए अपनी मल्टीवर्स ट्रैवल टाइम मशीन में बैठकर 'यूनिकॉर्न वैली' के लिए रवाना हो गए।

जब माधव और ट्रिकी जीजी ने प्यार से ज़ारा को चलने का इशारा किया, तो वह गहरी मुस्कान के साथ बोली– "आप सभी का इंतज़ार एक नई सुबह के साथ मोहनजोदड़ो में हो रहा है, आप लोग जाइए!"

"और तुम? तुम क्या करोगी? हम तुम्हें यहाँ ऐसे अकेले कैसे छोड़ दें?"

माधव के ऐसा कहते ही, ट्रिकी जीजी ने ज़ारा का हाथ कसकर थाम लिया, जैसे वह उसे अकेले छोड़ने को बिलकुल तैयार न हों।

ज़ारा ने गंभीर होकर कहा, "मेरा मिशन पूरा हो चुका है– धोलावीरा सभ्यता का पतन होने से बच गया। और यह सब तब हुआ, जब मैंने आप सबको बचाने के लिए अपने बचने का मकसद पीछे छोड़ दिया। इसीलिए, मैं आप लोगों के साथ नहीं जा सकती।"

वो थोड़ी रुकी, और माधव की आँखों में झाँकते हुए बोली– "मुझे अपनी VEZA टीम और पापा पर पूरा विश्वास है, उन्होंने मेरी वापसी का 'सेफ़ पैसेज' ज़रूर तैयार कर लिया होगा।

अब मुझे बस अपनी समझदारी और बहादुरी से उस रास्ते को ढूँढकर, उन लोगों तक पहुँचना हैं।"

फिर ज़ारा ट्रिकी जीजी के पास आकर उन्हें गले लगाते हुए बोली– "इसीलिए आप लोग जल्दी निकलिए। हमारे पास समय बहुत कम है, और मेरी चिंता बिल्कुल मत कीजिए, क्योंकि–

मैं हूँ ज़ारा,

हर डर मुझसे हारा!"

ज़ारा के ऐसा कहते ही, माधव और ट्रिकी जीजी के चेहरे आत्मविश्वास से चमकने लगे। ट्रिकी जीजी ने आख़िरी बार बड़ी प्यार भरी आँखों से अपने घर को निहारा। ऐसा लगा, जैसे वह उस एक पल में उस घर में सभी के साथ बिताए हर पल को अपने अंदर समेटना चाह रही हों,फिर, ट्रिकी जीजी ने प्यार से ज़ारा के माथे को चूमा और आगे बढ़ गई।

माधव को एक बार फिर समझ नहीं आ रहा था कि वह क्या कहे, जिस पर टोबी ने मज़ेदार ढंग से चिल्लाया, "माधव, झटपट कुछ बोल! मुँह में दही जमा है क्या?"

सभी फिर टोबी की बात पर हँसने लगे, और माधव ज़ारा, टोबी और मर्फी को प्यार से अलविदा कहकर ट्रिकी जीजी के साथ चल दिया।

माधव चलते-चलते ज़ारा, मर्फी और टोबी को पलट-पलट कर देख रहा था। टोबी, माधव की धूमिल होती छवि को देख ज़ोर से चिल्लाया– "बाय-बाय वीरू! जल्द मिलते हैं!"

अंत में बचे हुए तीनों गहरे दोस्त-ज़ारा, टोबी और मर्फी– अब ट्रिकी जीजी के बगीचे से बाहर आ चुके थे।

टोबी ज़ारा के पास आकर बोला, "ज़ारा मैडम, मैंने आपके यहाँ बिताए हर पल के ब्रेन वेव सिग्नल VEZA की टीम, पार्थ सर और हेनरी सर को भेज दिए हैं। और सबसे अच्छी बात ये है कि उन्होंने हर सिग्नल को पूरी तरह से इंटरसेप्ट कर लिया है!"

हर बार की तरह, ज़ारा का पूरा ख़याल रखते हुए, वह उसकी छतरी को बड़े आराम से ठीक करते हुए बोला– "आपने ठीक समझा है– उन्होंने सेफ पैसेज तैयार कर लिया है।"

टोबी एक बार फिर ज़ारा से कसकर लिपट गया और उदास आवाज़ में बोला–

"ज़ारा मैडम, मेरा और मर्फ़ी का साथ यहीं तक था, क्योंकि हमारा कॉन्फ़िगरेशन यहीं तक के लिए सेट था।

हम दोनों को डिसअपीयरिंग अलर्ट्स बार-बार आ रहे हैं, और इसीलिए अब हमें निकलना होगा।

आप प्लीज़ अपना ख़याल रखिएगा।"

टोबी का बोलते-बोलते गला पूरी तरह रुँध गया।

ज़ारा ने एक बार फिर प्यार से टोबी और मर्फी को कसकर अपने गले से लगा लिया।

मर्फी ने दुलार से उसका पैर चाटा, तो वह बोली–"बाय-बाय, मेरे क्यूट और प्यारे टोबी जी!!

बहुत जल्द अपनी दुनिया में फिर मिलते हैं।"

ज़ारा के ऐसा कहते ही, टोबी और मर्फी एक तेज़ 'पी-चूँ' की आवाज़ के साथ पल भर में ग़ायब हो गए।

बाहर बारिश की बूँदें 'पटर-पटर' आवाज़ करते हुए ज़ारा के छाते पर गिर रही थीं।

ज़ारा अब बिलकुल अकेली थी, पर उसने अपने अकेलेपन और डर को ख़ुद पर हावी नहीं होने दिया।

उसका पूरा दिमाग़ इस समय एक ही बात सोच रहा था– "यहाँ से 'सेफ़ पैसेज' ढूँढ़कर बाहर कैसे निकला जाए।"

अनजाने में ही सोचते-सोचते उसके कदम समुद्र के किनारे, अपने सबसे पसंदीदा स्पॉट की तरफ़ मुड़ गए।

20

सफ़र का अंत– क्या होगा नया आरंभ?

VEZA लॉन्च साइट, धोलावीरा, गुजरात– ज़ारा के जाने के लगभग एक महीने बाद

धोलावीरा की वीज़ा लॉन्च साइट अब भी उसी गहरे तनाव और बेचैनी में डूबी हुई थी, जैसा माहौल उस दिन था जब ज़ारा समय की सीमाओं को पार करके एक पुरानी सभ्यता में पहुँच गई थी।

चारों तरफ़ मॉनिटर पर दौड़ती रोशनी की लकीरें थीं, मशीनों की हल्की-सी गुनगुनाहट थी, और हेनरी, पार्थ तथा VEZA की पूरी टीम की आँखों में नींदहीन थकान साफ़ दिख रही थी, भले ही ज़ारा के ब्रेनवेव सिग्नल सफलतापूर्वक पकड़े जा चुके थे, लेकिन उसे वापस लाना किसी बहुत बड़ी पहेली को सुलझाने से कम नहीं था।

मगर पूरे एक महीने की कड़ी और लगातार मेहनत के बाद, हेनरी और उनकी टीम ने मिलकर आखिरकार एक 'सेफ़ पैसेज' तैयार कर लिया था। लेकिन वह तो सिर्फ़ एक रास्ता भर था– उस रास्ते से होकर ज़ारा किस तरह लौटेगी, यह अब भी गहरे रहस्य की परछाइयों में छिपा हुआ था।

हेनरी ने मॉनिटर पर उभरती नीली-हरी लहरों को ध्यान से देखा।

उसकी आवाज़ थकी हुई थी, मगर उसमें एक हल्की-सी उम्मीद छिपी थी। उसने धीमे से कहा, "सिग्नल स्थिर है, यानी ज़ारा वहाँ सुरक्षित है। लेकिन अब इस 'सेफ़ पैसेज' से वापस कैसे आना है– इसका रास्ता उसे ख़ुद ही अपने साहस और बुद्धिमानी से ढूँढना होगा।"

थोड़ा गहराई से सोचते हुए, हेनरी ने स्पष्ट किया, "इसका मतलब है कि उसे ख़ुद ही यह तय करना होगा कि वह किस माध्यम से वापस लौटे।"

मम्मा थोड़ी चिंतित होकर बोलीं, "ऐसा क्यों, हेनरी? ज़रा सोचो-वहाँ तो भयंकर तबाही आने वाली है!

सभी लोग उस जगह को छोड़ चुके हैं, मेरी बच्ची वहाँ बिल्कुल अकेली है!

ऐसे में तो बड़े-बड़ों का दिमाग़ काम नहीं करता, वो तो बस एक बच्ची है!"

शायद, इतने दिनों में पहली बार मम्मा का गला बोलते-बोलते पूरी तरह रुँध गया था।

जब ज़ारा ने अपनी बुद्धिमानी और साहस से एक पूरी सभ्यता को बचा लिया था, तो मम्मा के दिल में बस एक ही इच्छा थी कि उनकी प्यारी बिटिया– ज़ारा अब जल्द-से-जल्द सुरक्षित घर वापस लौट आए।

पार्थ एक बार फिर मम्मा को समझाते हुए बोला, "मैडम, थोड़ा और सब्र कर लीजिए प्लीज़। 'सेफ़ पैसेज' अब पूरी तरह तैयार है, लेकिन यह तभी सक्रिय होगा, जब ज़ारा अपने लौटने का सही तरीका पहचान लेगी।

जैसे ही ज़ारा सही तरीका चुनेगी, उसके ब्रेनवेव फ़ीड से 'सेफ़ पैसेज' का कोड सक्रिय हो जाएगा।

उसके बाद हमारा न्यूरल ट्रांज़ैक्टरी अल्ट्रा-साउंड उस रास्ते की मैपिंग सीधे चुने गए माध्यम तक पहुँचाएगा।

यही मैपिंग उस माध्यम को सक्षम बनाएगी कि वह होलोग्राफ़िक टाइम फ्रैक्चर से बने इंटरडायमेंशनल ट्रांज़िशन ज़ोन को पार कर सके।"

गीगी मम्मा के पास आई और भरोसा दिलाते हुए बोली, "पार्थ एकदम सही कह रहे हैं! तुम बिल्कुल मत घबराओ। अपनी ज़ारा पर पूरा भरोसा रखो– वो बहुत बुद्धिमान और

हिम्मती है। वह जल्दी ही सही तरीका और माध्यम खोज लेगी।"

लेकिन मम्मा अपनी बेचैनी को बिलकुल रोक नहीं पा रही थीं। वह अचानक कुर्सी से उठकर तेज़ कदमों से हेनरी के पास आईं और थोड़ा ज़ोर देकर बोलीं, "लेकिन ये सारी बातें तो आप पहले भी बता चुके हैं! असली सवाल तो यह है– अगर ज़ारा ने ग़लत तरीका या माध्यम चुन लिया, तो, तो क्या होगा?"

कमरे में पलभर के लिए सन्नाटा छा गया, सभी की साँसें थम-सी गईं। यह सुनकर हेनरी का चेहरा सफ़ेद पड़ गया।

उसकी आवाज़ काँप उठी– "न, नहीं! ऐसा नहीं हो सकता। ज़ारा ने धोलावीरा के लोगों को बदल दिया है, उनकी सभ्यता को बचाया है। वो वहाँ हमेशा के लिए कैद नहीं रह सकती!"

स्काई, जो पास ही लेटा था, अचानक भौंक पड़ा– जैसे उसके भी दिल में वही बेचैनी दौड़ गई हो।

पार्थ ने एक बार फिर सबको संभालने और शांत करने की कोशिश की। उसकी आवाज़ धीमी थी, मगर पूरे भरोसे से भरी हुई थी।

"देखिए, हम सीधे ज़ारा तक पहुँच नहीं सकते। लेकिन उसकी हर सोच और हर निर्णय की गूँज हमारे पास आती है।

अभी-अभी आए ज़ारा के ब्रेनवेव सिग्नल बता रहे हैं कि वह बड़ी बहादुरी से वहाँ से निकलने का सही तरीका खोजने की दिशा में आगे बढ़ रही है।"

फिर उसने सभी को स्क्रीन पर उभरते ब्रेनवेव पैटर्न दिखाए, रंग-बिरंगे धागों जैसी लहरें, जो पल-पल बदल रही थीं।

गीगी पार्थ की पीठ थपथपाते हुए बोली, "वेल डन, माय बॉय! हमें तुमसे यही उम्मीद थी।"

कमरा एक बार फिर ख़ामोशी में डूब गया।

सिर्फ़ मशीनों की बीप और मॉनिटर पर चमकती लहरें ही बोल रही थीं। तभी मम्मा विशाल स्क्रीन की तरफ़ इशारा करते हुए चिल्लाईं, "हेनरी, लुक ऐट दिस! ये क्या हो रहा है?"

सबकी नज़र उस विशाल स्क्रीन पर गई, जहाँ ज़ारा का ब्रेनवेव सिग्नल एक हल्की-सी नीली लहर की तरह तैर रहा था।

लेकिन वहाँ अचानक, एक बार फिर 360 डिग्री में तेज़ी से घूमता हुआ, सुनहरी आभा से जगमगाता एक यूनिकॉर्न का प्रतीक स्क्रीन पर उभर आया।

यह देखते ही, पार्थ ख़ुशी से ज़ोर से चिल्लाया,

"येस्स!! अपनी ज़ारा ने यह भी कर दिखाया!

वह अब 'सेफ़ पैसेज' से लौटने के लिए पूरी तरह से तैयार है!"

मम्मा की आँखों से खुशी के आँसू अब बेतरतीब बह रहे थे। हेनरी दौड़कर मम्मा और गीगी को गले लगाते हुए बोला,

"अटेंशन, एवरीवन! अपने-अपने टेक्निकल गैजेट्स के साथ तुरंत तैयार हो जाइए। हमें कच्छ लेक की तरफ़ निकलना है– ज़ारा का अराइवल लोकेशन वही है।"

पार्थ, अपनी गाड़ी लेकर म्यूज़ियम हॉल के मुख्य दरवाज़े पर खड़ा लगातार हॉर्न बजा रहा था।

गीगी, मम्मा और हेनरी तेज़ी से दौड़ते हुए झटपट गाड़ी में बैठ गए। हेनरी के हाथ में आई-पैड था, जिस पर मैपिंग्स ऑन थीं, ताकि वह पार्थ को ज़ारा के लैंडिंग की सटीक लोकेशन बता सके। मम्मा ने अपनी ज़ारा के लिए दोनों हाथों में कस कर तीरामिसु पेस्ट्री और उसकी फेवरेट पानी की बॉटल पकड़ी थी। और गीगी के हाथ में ऑर्किड्स का सुंदर गुच्छा था।

पार्थ की गाड़ी के पीछे-पीछे, गाड़ियों का काफ़िला धोलावीरा की रेत उड़ाते हुए इस तरह निकला, जैसे ज़ारा के आने की ख़ुशी में सुनहरा गुलाल उड़ रहा हो।

वहाँ, आज से 4500 साल पहले के धोलावीरा में, ज़ारा के पास–

ज़ारा अपने सबसे पसंदीदा स्पॉट-उस ऊँचे टीले के सामने-पूरे हौसले के साथ खड़ी थी।

चारों ओर मूसलाधार बारिश हो रही थी, और समुद्र की उफ़नती लहरें बार-बार उसके पैरों से टकरा रही थीं।

पानी अब इतना बढ़ चुका था कि टीले की नींव तक पहुँच गया था। दूर, पूरब दिशा में उठता हुआ तूफ़ान साफ़ दिखाई दे रहा था। आकाश बार-बार चमकती बिजली से जगमगा रहा था, और हर गड़गड़ाहट मानो चेतावनी दे रही थी कि समुद्र अब रुकने वाला नहीं है।

ऐसा लग रहा था जैसे अथाह समुद्र धीरे-धीरे आगे बढ़ रहा हो-पूरा धोलावीरा अपने भीतर समा लेने के लिए। ज़ारा ने अपने पैर मज़बूती से रेत में गाड़ दिए थे। समुद्र की ज़ोरदार लहरों के थपेड़े उसे गिराने के लिए अपनी पूरी ताक़त लगा रहे थे।

लेकिन उसने मन ही मन कहा– "मैं हूँ ज़ारा, हर डर मुझसे हारा!

फिर अगले ही पल जैसे पुरानी यादें तेज़ी से उमड़ आईं, कैसे मर्फी हर बार उससे पहले दौड़कर इस टीले पर चढ़ जाता था,यही वह जगह थी जहाँ पहली बार टोबी और माधव उससे मिले थे, कैसे उसने और पिंकी ने मिलकर लहरों के शोर में डूबी शाम की झुरमुट में ढेर सारी बातें की थीं,और कैसे एक सुनहरी दोपहर ट्रिकी जीजी के स्वादिष्ट नाश्ते और प्रिज़्म की मज़ेदार बातों में गुज़री थी।

लेकिन आज, वह पूरी तरह अकेली थी, उसके दिल की धड़कनें तेज़ हो गईं!

समुद्र का पानी अब उसके घुटनों तक पहुँच चुका था। बारिश की बूँदें उसके चेहरे से बहकर नमक मिले आँसुओं जैसी लग रही थीं।

उसने गहरी साँस ली और आसमान की ओर देखा।फिर, एक लंबी साँस खींचते हुए, तेज़ी से टीले पर चढ़ गई।

नीचे, समुद्र की विहंगम लहरें शोर पर शोर करती, ऊँची-ऊँची उठ रही थीं। ज़ारा मन ही मन बुदबुदाई– "क्या यही वो पल है, जब मुझे अपना रास्ता चुनना होगा?"

उसने आँखें बंद कर लीं।

चारों तरफ बारिश, तूफ़ान और लहरों का शोर था, लेकिन उसके भीतर अब एक गहरी शांति उतर रही थी।

तभी!! अचानक, उसका हाथ अपनी ड्रेस की जेब में रखी किसी चीज़ से टकराया।

उसे याद आया, "अरे! ये तो वही ड्रेस हैं जो उस दिन मैंने माधव के घर जाने के लिए पहनी थी।"

"ओह, दादी का गिफ्ट!"

उसने पॉकेट में हाथ डालकर वही सुंदर सी डिबिया बाहर निकाली।

तभी उसे याद आया कि दादी ने कहा था– "इसे तब खोलना जब तुम्हें लगे कि तुम बिल्कुल अकेली हो।"

"शायद यही सही समय है इसे खोलने का," ज़ारा फिर एक बार मन ही मन बुदबुदाई।

जैसे ही वह डिब्बी खोलने लगी, ऊपर आकाश में बड़ी ज़ोर से बिजली कड़की।

उसने अपनी नज़र डिब्बी पर गड़ाई, और जैसे ही उसका ढक्कन उठाया, उसकी आँखें ख़ुशी से चमक उठीं।

डिब्बी के अंदर एक छोटी-सी नीली डॉलफिन चमक रही थी– मानो वह कोई खिलौना नहीं, बल्कि जीवित हो।

उसकी चमकती आँखें और हल्की मुस्कान ज़ारा के दिल तक उतर गईं।

ज़ारा की आँखों के सामने अचानक पुरानी यादें तैर गईं– वो दिन, जब उसने यूनिकॉर्न वैली से लौटकर अपना प्रोजेक्ट पूरा किया था। मम्मा-पापा और गीगी उसकी मेहनत देखकर इतने खुश हुए कि उन्होंने उसे उसकी पसंदीदा फ़िल्म मिशन इम्पॉसिबल दिखाने ले गए, और फिर सरप्राइज़ ट्रिप पर डॉलफिनेरियम भी ले गए।

उसे वो पल सामने दिखने लगे– जब उसने पहली बार पानी में छलाँग लगाती असली डॉलफिनों को देखा था।

और फिर उसे मिला सबसे प्यारा दोस्त– एक चंचल, उछलता-कूदता डॉलफिन: ब्लेड।

उसने अपनी आँखें बंद कीं और जैसे ही उस चमकती नीली डॉलफिन को अपनी मुट्ठी में भींचकर अपने सीने से लगाया, ब्लेड का चेहरा उसकी आँखों में तैर गया।

मानो ब्लेड अब भी पानी की छींटों के बीच उछल रहा हो, और अपनी किलकारी जैसी आवाज़ में कह रहा हो-

"ज़ारा तुम अकेली नहीं हो देखो मैं हूँ तुम्हारे पास हूँ!"

ज़ारा का दिल भर आया, और उसके मुँह से अनायास ही निकला– "ब्लेड"

अगले ही पल उसे सचमुच डॉलफिन की आवाज़ सुनाई दी। उसने फौरन आँखें खोलीं-और अचंभे से उसकी चीख निकल गई!

सामने, अपनी मज़बूत पूंछ से पानी को तेज़ी से लहराते हुए, ब्लेड तैर रहा था।

"ब्लेड! क्या, क्या तुम सच में आ गए हो?"

ज़ारा के मुँह से खुशी के मारे ठीक से शब्द ही नहीं निकल पा रहे थे।

ब्लेड ने मुँह खोलकर अपनी चिर-परिचित किलकारी भरी हँसी निकाली और टीले के पास आकर रुक गया।

उसने अपनी पूँछ से ज़ारा को अपनी पीठ पर बैठने का इशारा किया।

ज़ारा ने बिना एक पल गँवाए छलाँग लगाई और उसकी चमकती, गीली पीठ पर चढ़ गई।

और फिर, ब्लेड समुद्र की उफ़नती लहरों को इस ज़बरदस्त तरीक़े से चीरता हुआ आगे बढ़ा, जैसे कोई तेज़ धार वाला ब्लेड किसी काग़ज़ को आराम से काट रहा हो। ज़ारा खिलखिलाकर हँस रही थी। तेज़ हवा उसके चेहरे को सहला रही थी,

और पानी के छींटे बार-बार उसे गुदगुदा रहे थे। उस पल में वह ख़ुद को बिल्कुल आज़ाद, निडर और जीवंत महसूस कर रही थी जैसे हवा, पानी और मुस्कान– ये तीनों मिलकर उसे अपने साथ उड़ाकर ले जा रहे हों, धीरे-धीरे समुद्र का रंग बदलने लगा।

नमकीन लहरें पीछे छूटती गईं, और सामने फैल गया– कच्छ की झील का शांत, नीला जल। उसके नीलेपन में जैसे आकाश उतर आया हो और लहरों के बीच एक अजीब-सी शांति तैर रही थी।

वहाँ पहले से खड़े थे– हेनरी, मम्मा, गीगी, पार्थ और पूरी VEZA टीम।

ज़ारा जैसे ही ब्लेड की पीठ से उतरी, सबकी आँखों में एक साथ चमक आ गई। मम्मा सबसे आगे दौड़ी और उसे अपने बाँहों में कसकर भर लिया–"तुम वापस आ गई, मेरी बच्ची, मुझे पता था, तुम ज़रूर आओगी!"

गीगी की आँखों से ख़ुशी के आँसू रुक ही नहीं रहे थे। उनके चेहरे पर ज़ारा की बहादुरी और समझदारी की चमक साफ़ झलक रही थी। पापा ने प्यार से ज़ारा के सिर पर हाथ फेरा और बोले,

"मेरी बहादुर ज़ारा, तुम्हारी हिम्मत और समझदारी पर मुझे गर्व है, मेरी ब्रेव एंजेल।"

पार्थ और पूरी टीम ने ज़ोरदार तालियों से उसका स्वागत किया– जैसे किसी सच्चे विजेता का किया जाता है।

पार्थ मुस्कराया और बोला, "तुम सिर्फ़ लौटकर नहीं आई हो, ज़ारा,इस बार तो तुम इतिहास बदलकर लौटी हो।"

ब्लेड ने किनारे से ही एक आख़िरी किलकारी भरी, जैसे कह रहा हो– "फिर मिलेंगे"

ज़ारा ने हाथ के इशारे से बाय कहा और, फिर ब्लेड चमकती नीली लहरों में धीरे-धीरे गायब हो गया।

शाम को सबसे पहले एक प्रेस कॉन्फ्रेंस रखी गई। सभी पत्रकार अपने पेन, पेपर और कैमरे लेकर गेस्ट हाउस में इकट्ठा थे।

हेनरी और उनकी पूरी टीम ने ज़ारा की अद्भुत वापसी और धोलावीरा की प्राचीन सभ्यता को बचाने की रोमांचक कहानी मीडिया के सामने साझा की। इसके बाद, ज़ारा मुस्कुराते हुए और आत्मविश्वास के साथ सभी को बताने लगी कि कैसे उसने छ: बुरे साथियों पर सफलतापूर्वक क़ाबू पाया और अपने साथियों के साथ मिलकर धोलावीरा के लोगों और उनकी सभ्यता को बचाया। यह सुनकर, सभी ने ज़ोरदार तालियों से उसका भव्य स्वागत किया, और ज़ारा की सूझबूझ और साहस की सराहना बड़े उत्साह के साथ की गई। प्रेस कांफ्रेंस ख़त्म होते ही, गेस्ट हाउस में धूमधाम से पार्टी शुरू हो गई।

हर कोई खुशियों में डूबा था– मौसम की हल्की बूँदों की फुहार भी मानो उत्सव में शामिल थी। मम्मा-पापा और गीगी सबसे आगे थे, ज़ारा को बार-बार आए हुए मेहमानों से मिलवा रहे थे, जो उसे गले लगाकर बधाई दे रहे थे। थोड़ी देर बाद, ज़ारा पार्थ के साथ बालकनी में चली आई।

वहाँ खड़ी होकर उसने सुदूर सफेद नमक की चादर ओढ़े धोलावीरा की नैसर्गिक छटा निहारनी शुरू की,..

ज़ारा को ऐसा महसूस हो रहा था जैसे अनंत छोर तक फैली, सफेद नमक की चादर ओढ़े शांत धोलावीरा स्वयं अपने प्राचीन इतिहास का मधुर गीत गा रहा हो,..

जिसे सुनकर खारी हवाएँ भी मीठी हो रही थीं।

"तुम जानते हो," ज़ारा ने धीमे स्वर में पार्थ से कहा, "यह विशाल नमक का सागर, जिसे हम रण ऑफ़ कच्छ कहते हैं, नेचर की मर्ज़ी से बना है। और आगे भविष्य में कुछ भी हो सकता है, क्योंकि नेचर के पास इतनी ज़बरदस्त ताक़त है कि वह पल भर में कुछ भी बना या बिगाड़ सकता है। फिर भी, हम मनुष्य अपने अंदर वही छः बुरे साथी पालते हैं, और यह सोचते हैं कि हम हर चीज़ जीत सकते हैं।"

पार्थ ने सहमति में सिर हिलाया, उसकी आँखों में ज़ारा की बातों का असर साफ़ दिखाई दे रहा था।

तभी गीगी ने उन दोनों के पास आकर मुस्कुराते हुए कहा, "सच में, यही जीवन की सबसे बड़ी चुनौती है– अपने अंदर छिपे दुश्मनों को पहचानना और उन्हें हर बार हराना।"

अगले दिन,

धोलावीरा से विदा लेने का समय आ चुका था।

सुबह का आसमान हल्की धूप से शांत चमक रहा था, मानो यह प्राचीन सभ्यता भी मुस्कुराते हुए अपने मेहमानों को खुशी से विदा कर रही हो।

मम्मा, पापा, गीगी, पार्थ और VEZA की पूरी टीम गाड़ियों के पास तैयारी से खड़े थे।

हर कोई एक बार मुड़कर पीछे देख रहा था– वे ऊँचे टीले, वो दूर तक फैली नमक से भरी ज़मीन, और वे पुराने खंडहर!!

जिनमें अब भी ज़ारा की रोमांचक कहानियों की गूँज बसी थी।

कुछ ही देर में गाड़ियों का काफ़िला धीरे-धीरे आगे बढ़ चला।

और पीछे रह गया शांत धोलावीरा, अपने अंदर छिपे अनगिनत रहस्यों के साथ, ज़ारा रोड टू हेवन में दौड़ती अपनी गाड़ी से बाहर, उस पीछे छूट रही धोलावीरा की अनंत सभ्यता को देख कर बुदबुदाई– आऊ जू

उसने अपनी कलम निकाली और डायरी में लिखना शुरू किया-

'जहाँ धोलावीरा, खारे नमक से घिरा होने के बावजूद,

ज़िन्दगी में प्यार की मिठास ढूँढ लेता है,

वहीं हम, जीवन की मिठास से घिरे होने के बावजूद,

बस प्यार करने की वजह ढूँढते रहते हैं, '

एक डेढ़ साल बाद,

ज़ारा अब अपनी 12वीं बोर्ड की परीक्षा की तैयारी में पूरी तरह व्यस्त थी। परीक्षा शुरू होने में बस एक हफ़्ता बचा था,

और वह अपनी किताबों में डूबकर अपने नोट्स दोहरा रही थी। अचानक दरवाज़े पर घंटी की आवाज़ गूँज उठी।

ज़ारा ने उठकर दरवाज़ा खोला, और उसके ठीक पीछे-पीछे स्काई भी दौड़ता हुआ आया।

दरवाज़ा खोलते ही ज़ारा की आँखें आश्चर्य से फटी की फटी रह गईं।

सामने दरवाज़े पर गुलाबों का एक बेहद सुंदर गुलदस्ता रखा था, और उसके साथ एक छोटा सा नोट भी था।

नोट पर लिखा था:

"बोर्ड परीक्षा के ख़त्म होते ही एक नई रोमांचक यात्रा आपका इंतज़ार कर रही है, और इस बार, रास्ता आसान नहीं होगा।"

ज़ारा मुस्कुराई और स्काई की ओर देखने लगी।

स्काई ने आँखें धीरे से दबाते हुए इशारा किया– जैसे कह रहा हो, तैयार हो जाओ, नया एडवेंचर शुरू होने वाला है!

प्रज्ञा मिश्रा

प्रज्ञा मिश्रा एक द्विभाषी लेखिका हैं, जो हिंदी और अंग्रेज़ी में बच्चों के लिए मनोरंजक एवं कल्पनाप्रवण कहानियाँ लिखती हैं। 'बोलते बुलबुले' शृंखला की उनकी पाँच पुस्तकें अनबाउंड स्क्रिप्ट से प्रकाशित होकर पाठकों के बीच लोकप्रिय रही हैं। उनका पहला कहानी-संग्रह 'फुहार' है। परम पूज्य श्री माताजी निर्मला देवी द्वारा प्रतिपादित सहज योग ध्यान का उनके जीवन और लेखन पर गहरा प्रभाव रहा है। वर्तमान में वे बाल साहित्य पर शोधरत हैं। यह उनका दूसरा बाल उपन्यास है, जो उनके पहले चर्चित बाल उपन्यास 'गीगी ज़ारा' का सीक्वल है।

pragya.allahabad@gmail.com
@pragya.mishra._